HAYMON verlag

Georg Herrmann

FC Wacker Innsbruck

die Legende

HAYMON verlag
Innsbruck-Wien
www.haymonverlag.at

ISBN 978-3-85218-676-4

Umschlag und Buchgestaltung:
hœretzeder grafische gestaltung, Scheffau/Tirol

Gedruckt auf umweltfreundlichem,
chlor- und säurefrei gebleichtem Papier.

Inhalt

Epilog – 11.09.2010

Am 11. September 2010 steht im Innsbrucker Tivoli-Stadion das Spiel zwischen dem FC Wacker Innsbruck und SV Josko Ried in der siebten Runde der höchsten österreichischen Meisterschaft auf dem Programm.

Der Tabellenzweite aus Innsbruck trifft auf den Tabellenführer aus Ried. Das Bergpanorama rund um die Landeshauptstadt leuchtet im Sonnenschein und bei herrlichem Spätsommerwetter wird das Spiel um 16 Uhr von Schiedsrichter René Eisner angepfiffen.

Bereits vor Spielbeginn sind die Kassen beim Tivoli-Stadion geschlossen. Mit einem schwarz-grünen Infoblatt bedankt sich der FC Wacker Innsbruck bei seinen Fans für ein ausverkauftes Tivoli-Stadion. Erstmals seit dem Neubeginn in der Saison 2002/2003 spielt der FC Wacker im

Der Meisterteller 2009/2010, die Medaillen und die Fans warten auf den FC Wacker Innsbruck

heimischen ausverkauften Stadion. 15.400 Zuseher verfolgen das Spitzenspiel. „Wunderschön. Schließlich kommt ja nicht Rapid oder Salzburg, sondern Ried. Heißt, dass alle Wacker schau'n kommen!", wird FC-Wacker-Innsbruck-Trainer Walter Kogler zitiert.

Pascal Grünwald im Tor und Inaki Bea Jauregi, Tomas Abraham, Alex Hauser, Georg Harding, Miran Burgic, Ernst Öbster, Fabian Koch, Marcel Schreter, Harald Pichler und Boris Prokopic am Feld beginnen das Spiel am grünen Rasen.

Bereits in der elften Minute gibt es im vollen Tivoli-Stadion Jubel. Boris Prokopic trifft mit links unhaltbar zum 1:0 für den FC Wacker Innsbruck. In einem harten Duell um die Tabellenspitze werden in der zweiten Hälfte Momo Ildiz (für Burgic), Julius Perstaller (für Öbster) und Bülent Bilgen (für Koch) von Wacker-Trainer Walter Kogler aufs Feld geschickt. Nach 94 Minuten darf Innsbruck über den 1:0-Erfolg und die Tabellenführung jubeln.

Nach sieben Meisterschaftsrunden liegt der FC Wacker Innsbruck mit einem Spiel weniger an der Tabellenspitze. Fünf Siege ohne Gegentor, ein Unentschieden und ein Torverhältnis von 14:2 sprechen für sich.

Viele Namen – ein Verein

1913–1971	FC Wacker Innsbruck
1971–1975	SPG Swarovski Wacker Innsbruck
1975–1986	Sparkasse Swarovski Wacker Innsbruck
1986–1992	FC Swarovski Tirol
1992–1993	FC Wacker Swarovski Innsbruck
1993–1994	FC Innsbruck Capillaris Tirol
1994–1995	FC Innsbruck Tirol
1995–2002	FC Tirol Milch Innsbruck
2002–2007	FC Wacker Tirol
2007–	FC Wacker Innsbruck

Wohl oder übel hat der „Weltmeister“
Ernst Happel Recht behalten:
„Herr Langes, Sie können in Innsbruck
keinen internationalen Spitzenklub errichten.“

Was sportlich eben richtig ist,
aber in Sachen Tradition, Emotionen
und Fans ist der FC Wacker Innsbruck
international sehr wohl ein Spitzenklub.

(Georg Herrmann, 2010)

„Bisch a Tiroler – bisch a Aufsteiger!"

„Es geht nur mehr 13 Minuten, jetzt ist die ultimative Phase angebrochen. Tor, Tor, Toor, Toor, Tooor, Toooooooor, Schreter, Schreter, Schreter läuft über das ganze Feld. Eiiiiiiiiins zu Null. Mamma mia, mamma mia, mamma mia. Mir bleibt die Luft weg, mir wird ganz schwindlig. Jetzt ist dieses Tor gekommen."

(O-Ton Rainer Dierkes am 28. Mai 2010 aus Pasching)

„Bisch a Tiroler, bisch a Aufsteiger" – Marcel Schreter mit der Wacker-Devise der Saison 2009/2010

Pasching, Freitag, der 28. Mai 2010. Seit 19 Uhr spielen die Red Bull Juniors Salzburg gegen den FC Wacker Innsbruck in der letzten, 33. Runde, der ADEG Ersten Liga. Die Ausgangslage für den FC Wacker Innsbruck ist einfach: Ein Sieg, und die Innsbrucker sichern sich den Meistertitel der ADEG Ersten Liga und steigen in die tipp3-Bundesliga powered by T-Mobile auf. 3.000 Fans, der Großteil dem Innsbrucker Lager zuzurechnen, verfolgen das von Schiedsrichter Manfred Krassnitzer geleitete Spiel. Während es zur Halbzeit im Waldstadion in Pasching noch 0:0 steht, ist der direkte Konkurrent von Wacker Innsbruck bereits sicher in Führung. Gespannt verfolgt die Mannschaft des FC Trenkwalder Admira bei ihrem Auswärtsspiel gegen TSV Sparkasse Hartberg die Meldungen aus Pasching. Um 20 Uhr 32 ist die Enttäuschung bei den Admira-Fans groß.

Marcel Schreter, die Nummer 13 des FC Wacker Innsbruck, erzielt das 1:0. Fabian Koch flankt, Schreter setzt sich gegen Wolfgang Stöger durch und platziert den Kopfball ins Eck. Das Waldstadion kocht. Die gesamte Bank des FC Wacker Innsbruck liegt sich in den Armen, und die dicht besetzte Fantribüne hinter Red-Bull-Juniors-Salzburg-Tormann Wolfgang Schober feiert und jubelt.

Nur acht Minuten später sorgt Marcel Schreter dann für die Gewissheit. Mario Sara spielt den Ball in den Lauf des Wacker-Goalgetters und der Telfer schiebt den Ball vorbei an Wolfgang Schober zum 2:0. Der FC Wacker Innsbruck ist wieder da.

Im strömenden Regen überreicht Georg Pangl den Meisterteller an die Mannschaft und Wacker-Obmann Kaspar Plattner. Nach erfolgreicher Rückkehr in Innsbruck feiert die Mannschaft den Meistertitel ausgiebig, ehe am nächsten Tag, nach einem gemeinsamen Mittagessen von Vorstand, Spielern und Familien, der wohlverdiente Urlaub angetreten wird.

Nach 33 Runden steht der FC Wacker Innsbruck an der Tabellenspitze der ADEG Ersten Liga 2009/2010. Eine Saison mit vielen Merkmalen. Nicht nur, dass der Hauptsponsor der Liga nach dieser Saison seine Aktivitäten beendet, stehen bereits vor Beginn der Meisterschaft zwei Absteiger fest. Die Red Bull Juniors Salzburg und die FK Austria Wien Amateure müssen aufgrund der Reform der Ersten Liga als Fixabsteiger in die Saison starten. Nach 33 Runden erreichen die Red Bull Juniors Salzburg mit 44 Punkten den sechsten Platz, die FK Austria Wien Amateure sind mit 35 Punkten Tabellenzehnte. Neben diesen Mannschaften steigt auch der FC Mohren Dornbirn 1913 in die Regionalliga ab. Detail am Rande: Dornbirn hat seinen Profibetrieb in eine Betriebsgesellschaft eingebracht, und diese Betriebsgesellschaft hat nach dem Abstieg Konkurs angemeldet.

Start der Spielsaison ist der 14. Juli 2009. Der FC Wacker Innsbruck spielt sein erstes Spiel im heimischen Tivoli-Stadion gegen die Red Bull Juniors Salzburg. Knapp über 4.000 Fans verfolgen das Spiel und müssen in der 21. Minute den ersten Schockmoment hinnehmen. Stefan Ilsanker bringt die Junior-Bullen mit 1:0 in Führung. Aber nur vier Minuten später heißt es wieder „Tor im Tivoli!“ durch Stadionsprecher Didi Hupfauf. Marcel Schreter spielt den Ball vom Strafraumeck auf Julius Perstaller und der junge Stürmer kann im zweiten Anlauf den Ausgleich erzielen. Nach dem Seitenwechsel sorgt Benjamin Pranter für die Entscheidung. Nach einem Eckball ist der Wacker-Spieler mit dem Kopf zur Stelle und erzielt das 2:1 für den FC Wacker Innsbruck.

Nur drei Tage später spielt der FC Wacker Innsbruck in der zweiten Runde auswärts gegen den TSV Sparkasse Hartberg. Immerhin 1.112 Zuseher sind im Stadion. Markus Unterrainer bringt den FC Wacker in der 33. Minute mit 1:0 in Führung und Fabiano de Lima Campos Maria erzielt in der 43. Minute den 2:0-Endstand in diesem Spiel. Drei Mannschaften haben nach zwei Runden das Punktemaximum erreicht: Cashpoint SCR Altach, FC Lustenau 1907 und der FC Wacker Innsbruck.

In der dritten Runde haben nur mehr zwei Teams das Punktemaximum: Altach und der FC Wacker Innsbruck. Die Schwarz-Grünen spielen im heimischen Tivoli-Stadion vor fast 4.500 Fans gegen das Team von SC Austria Lustenau. In der 21. Minute sorgt Fabiano für das 1:0 für den FC Wacker, was aber nicht dem Spielverlauf bis dahin entspricht. Nur sieben Minuten später wieder Jubel bei den Wacker-Fans. Fabiano spielt einen klugen Pass auf Marcel Schreter, der geht den Flügel entlang und spielt quer auf Markus Unterrainer, und dieser erhöht auf 2:0. In der 34. Minute holt Lustenau-Tormann Mario Krassnitzer Markus Unterrainer von den Beinen und Marcel Schreter lässt sich den Strafstoß zum 3:0 für Wacker nicht entgehen. Nach dem Seitenwechsel gehen die Wacker-Festspiele weiter. Marcel Schreter trifft in der 51. Minute zum 4:0. In der 83. Minute der Schlusspunkt im Tivoli: Mario Sara dreht einen Freistoß zur Mitte und Ulrich Winkler köpfelt zum 5:0-Sieg ein.

Am 1. August steigt in der Cashpoint-Arena das Schlagerspiel zwischen Cashpoint SCR Altach und dem FC Wacker Innsbruck. 6.780 Fans wollen diesen Schlager der vierten Runde, geleitet von Bernhard Brugger, mitverfolgen. In der 20. Minute trifft Thomas Miranda zum 1:0 für Altach. Winkler und Svejnoha stehen bei einer hohen Hereingabe schlecht, Bammer drückt ab. Pascal Grünwald kann noch abwehren, doch dann schiebt Miranda den Ball ins leere Tor. Mit diesem Spielstand geht es in die Halbzeit. Nach dem Seitenwechsel sorgt Marcel Schreter für Jubel bei den Wacker-Fans: In der 58. Minute spielt sich Martin Svejnoha durch die Altach-Verteidigung, und den idealen Pass verwertet Marcel Schreter sicher zum Ausgleich. Aber der Jubel ist nur von kurzer Dauer. In der 63. Minute nutzt Manfred Pamminger einen Fehler und trifft zum 2:1 für Altach. In der 70. Minute die Vorentscheidung: Orhan Ademi trifft zum 3:1 für Altach. Und der 17-jährige Stürmer erhöht schließlich in der 86. Minute auf 4:1. Die Bilanz des ausgesprochen fairen Spiels, nur zwei gelbe Karten, fällt aus Innsbruck-Sicht negativ aus. Die schweren Abwehrfehler der Innsbrucker wurden von den Vorarlbergern eiskalt ausgenutzt.

In der fünften Runde spielt der FC Wacker Innsbruck sein Heimspiel gegen die FK Austria Wien Amateure. Dank der Treffer von Markus Unterrainer in der 45. Minute und Julius Perstaller in der 70. Minute gewinnt der FC Wacker vor 3.961 Fans mit 2:0.

In der sechsten Runde übernehmen die Schwarz-Grünen erstmals die Tabellenführung. Trotz einem 0:0 gegen FC Pax Gratkorn vor 3.781 Zusehern liegt der FC Wacker Innsbruck mit 13 Punkten und +7 Toren in der Tabelle vor dem FC Lustenau 1907, einen Punkt zurück folgen Cashpoint SCR Altach und SC Austria Lustenau.

Am 28. August folgt die siebte Runde mit dem Auswärtsspiel gegen SKNV St. Pölten. Der FC Wacker Innsbruck verliert durch einen Treffer von Mirnes Becirovic in der 63. Minute vor über 1.600 Zusehern im Stadion Voithplatz mit 0:1 und ist in der Tabelle nur mehr an fünfter Stelle.

Zwei Wochen später steigt das Schlagerspiel der achten Runde zwischen dem FC Wacker Innsbruck und FC Trenkwalder Admira im Tivoli vor 4.195 Zusehern. Neuerlich setzt es für den FC Wacker Innsbruck eine Niederlage. Christopher Dibon trifft in der 60. Minute zum 1:0-Siegestreffer für Admira. In der Tabelle liegt Wacker auf Rang sieben.

Im Reichshofstadion spielt am 22. September in der neunten Runde der FC Lustenau 1907 gegen den FC Wacker Innsbruck. 1.591 Zuseher verfolgen diese Partie. Mario Sara trifft in der 26. Minute mit einem wuchtigen Schuss zum 1:0-Siegestreffer für den FC Wacker. In der Tabelle klettert man wieder auf den vierten Rang.

Am 25. September kommt es am Innsbrucker Tivoli zu einem Rekordsieg. 3.318 Zuseher sehen einen 7:0-Sieg des FC Wacker Innsbruck gegen den FC Mohren Dornbirn 1913. In der 36. Minute erzielt Fabiano das 1:0 für Wacker. In der 41. Minute darf sich Andreas Schrott als Torschütze feiern lassen und Julius Perstaller erzielt in der 45. Minute den 3:0-Pausenstand. Fabiano erhöht mit seinem zweiten Treffer in der 50. Minute auf 4:0, Marcel Schreter erzielt in der 60. Minute das 5:0, Benjamin Pranter macht in der 88. Minute das 6:0 und Markus Unterrainer setzt mit dem 7:0 in der 93. Minute den Schlusspunkt. In der Tabelle ist der FC Wacker hinter SC Austria Lustenau und Cashpoint SCR Altach an dritter Stelle.

In der elften Runde trifft der FC Wacker im Stadion Hohe Warte auf Fernwärme Vienna. Über 2.300 Zuseher verfolgen das Spiel und sehen, wie der Wiener Traditionsverein in der achten Minute durch Osman Bozkurt mit 1:0 in Führung geht. Thomas Löffler erzielt in der 19. Minute den Ausgleich und in der 27. Minute geht Wacker durch ein Kopfballtor von Julius Perstaller nach Vorlage von Fabiano mit 2:1 in Führung. In der 90. Minute sorgt Benjamin Pranter für die Entscheidung und erzielt den 3:1-Endstand. Wacker bleibt weiterhin am dritten Tabellenrang.

Die zwölfte Runde bringt für den FC Wacker Innsbruck das Auswärtsspiel gegen die Red Bull Juniors Salzburg in der Red Bull Arena auf Kunstrasen. Nur 418 Fans verfolgen dieses Spiel und sehen die Junior-Bullen durch Djordje Rakic in der 42. Minute mit 1:0 in Führung gehen. Nach Seitenwechsel erzielt Marcel Schreter durch einen Elfmeter in der 50. Minute den Ausgleich. Djordje Rakic bringt die Salzburger in der 63. Minute erneut in Führung. In der 79. Minute trifft Martin Svejnoha zum 2:2-Endstand. Wacker bleibt am dritten Tabellenrang.

In der 13. Runde gibt es neuerlich ein Torfestival am Innsbrucker Tivoli. Vor 3.248 Zusehern gewinnt der FC Wacker Innsbruck gegen TSV Sparkasse Hartberg mit 6:0. In der 20. Minute sorgt Fabiano für das 1:0, in der

35. Minute erhöht er auf 2:0 für Wacker. Nach dem Seitenwechsel trifft Bülent Kaan Bilgen zum 3:0, Julius Perstaller erzielt in der 57. Minute das 4:0, Fabiano macht in der 67. Minute sein drittes Tor und erhöht auf 5:0 und Marcel Schreter erzielt in der 92. Minute den 6:0-Endstand. In der Tabelle liegt der FC Wacker hinter SC Austria Lustenau auf dem zweiten Rang. Dank 31 erzielter Treffer hat Wacker mit +21 Toren auch die beste Tordifferenz in der Liga.

Am 31. Oktober tritt der FC Wacker Innsbruck wieder im Reichshofstadion an. Diesmal ist der Gegner der Tabellenführer, SC Austria Lustenau. 4.720 Zuseher verfolgen das Spitzenspiel. Nach vorsichtigem Beginn geht der FC Wacker in der 22. Minute mit 1:0 in Führung. Julius Perstaller lässt die Vorarlberger Verteidigung stehen, und seinen Pass verwertet Marcel Schreter sicher aus drei Metern zum 1:0. Wacker-Tormann Pascal Grünwald hat dank seiner Leistung einen großen Anteil an der Halbzeitführung der Schwarz-Grünen. In der zweiten Hälfte sorgt Bülent Bilgen in der 49. Minute für die 2:0-Führung des FC Wacker Innsbruck, und bis zur 91. Minute sehen die Wackerianer auch wie die sicheren Sieger aus. Nach Handspiel von Löffler gibt es Elfmeter für Lustenau und Daniel Sobkova lässt Pascal Grünwald keine Chance. Drei Minuten Nachspielzeit sind angezeigt, wir schreiben aber schon die 96. Spielminute. Eckball für Lustenau, die Innsbrucker bekommen den Ball nicht aus der Gefahrenzone und Benedikt Zach trifft den Ball im Fallen zum 2:2 ins Tor von Wacker. In der Tabelle liegt Cashpoint SCR Altach vor SC Austria Lustenau an der Spitze, der FC Wacker ist mit zwei Punkten Rückstand auf Rang 3.

Mit der 15. Runde beginnt eine Hochphase des FC Wacker Innsbruck. Im Tivoli-Stadion spielt man am 3. November das Schlagerspiel gegen Cashpoint SCR Altach. Fast 5.000 Zuseher verfolgen das Topspiel. Nach mäßigem Beginn herrscht in der 26. Minute Jubel im Tivoli. Fabiano flankt von links in den Strafraum, Koch verlängert mit dem Kopf zu Julius Perstaller, und der trifft zur 1:0-Führung für den FC Wacker Innsbruck. In der 36. Minute heißt es wieder: „Tor im Tivoli!" Fabiano passt zu Löffler, dieser weiter zu Marcel Schreter, und der setzt sich gegen die Altacher Verteidiger durch. 2:0 für den FC Wacker Innsbruck. Chancen auf beiden Seiten prägen die zweite Hälfte. Marcel Schreter trifft in der 69. Minute nur die Stange und in der 90. Minute erzielt Andreas Bammer mit dem ersten Tor für Altach den 2:1-Endstand. Der FC Wacker Innsbruck steht wieder an der Spitze der Tabelle und wird die Führung auch bis zur 20. Runde nicht mehr abgeben.

In der 16. Runde spielt Innsbruck vor nur 300 Zusehern im Franz-Horr-Stadion gegen die FK Austria Wien Amateure. Marcel Schreter bringt Wacker in der 43. Minute mit 1:0 in Führung, nur zwei Minuten später trifft Fabiano zur 2:0-Pausenführung. In der 63. Minute geht Wacker durch ein Eigentor von Manuel Wallner mit 3:0 in Führung, Bülent Bilgen trifft in der 88. Minute zum 4:0 und Marcel Schreter fixiert den Endstand von 5:0 in der 90. Minute.

In der 17. Runde geht es für Wacker auswärts gegen den FC Pax Gratkorn. Vor 477 Zusehern steht es zur Halbzeit 0:0. In der 56. Minute bringt Alex Hauser Wacker mit 1:0 in Führung. In der 58. Minute erhöht Julius Perstaller auf 2:0 und Ulrich Winkler fixiert in der 60. Minute den 3:0-Endstand.

Am 28. November kommt es im Tivoli zum Spiel zwischen FC Wacker Innsbruck und dem SKNV St. Pölten. 4.461 Zuseher wollen den Erfolgslauf der Wacker-Spieler fortgesetzt sehen, müssen aber in der 36. Minute das 1:0 für St. Pölten durch Vait Ismaili mitverfolgen. Nach dem Seitenwechsel folgt aber wieder ein Doppelschlag des FC Wacker Innsbruck. Marcel Schreter erzielt in der 47. Minute den Ausgleichstreffer und nur drei Minuten später stellt Georg

Harding auf 2:1 für den FC Wacker. In der 75. Minute trifft Vait Ismaili zum 2:2-Endstand.

Die ADEG Erste Liga geht in die Winterpause. Der FC Wacker Innsbruck geht mit 37 Punkten, elf Siegen, vier Unentschieden und drei Niederlagen als Winterkönig und Tabellenführer in die wohlverdiente Pause. Auf dem zweiten Tabellenrang folgt mit 36 Punkten der FC Trenkwalder Admira vor der SC Austria Lustenau.

Am 6. März wird die Liga fortgesetzt und in der Trenkwalder Arena kommt es zum Schlager zwischen FC Trenkwalder Admira und dem FC Wacker Innsbruck. 2.838 lassen sich diesen Schlager nicht entgehen, sehen aber in der spannenden Partie keine Tore. Nur zwei gelbe Karten für Admira und eine für Wacker sind bei Schneefall zu verbuchen.

In der 20. Runde tritt der FC Wacker zum ersten Heimspiel im Jahr 2010 an. Gegner ist der FC Lustenau 1907 und 3.529 Fans verfolgen die Partie. Nach einigen Chancen für Wacker geht jedoch Lustenau mit 1:0 in Führung. Nach einer Flanke trifft Thomas Fröschl zur 1:0-Pausenführung für Lustenau. Wacker hat in der zweiten Hälfte zwar mehr Spielanteile, aber Thomas Fröschl macht sein zweites Tor, und in der 80. Minute führen die Vorarlberger mit 2:0. Nur eine Minute später jubelt Wacker. Harding flankt auf Mossoró und es steht nur mehr 2:1 für Lustenau. Aber Wacker schafft den Ausgleich nicht mehr und liegt nach dieser Runde wieder auf dem vierten Tabellenplatz.

In der 21. Runde spielt der FC Wacker Innsbruck am 20. März 2010 im Stadion Birkenwiese gegen den FC Mohren Dornbirn 1913. Über 3.100 Fans verfolgen das Duell und sehen bereits in der vierten Minute das 1:0 für Wacker durch Marcel Schreter. Die Nummer 13 verwandelt einen Elfmeter sicher zur Führung. In der 26. Minute erhöht Marcel Schreter auf 2:0, wieder durch einen Elfmeter. Nach dem Seitenwechsel trifft Lukas Hinterseer zum 3:0. Koch flankt auf Fabiano, der gibt den Ball mit der Brust auf Mossoró. Sein Schuss wird abgeblockt, aber Hinterseer lässt dem Dornbirner Schlussmann keine Chance. Mit dem Auswärtssieg übernimmt der FC Wacker wieder die Tabellenführung.

Nur drei Tage später steigt im Tivoli das Heimspiel des FC Wacker gegen Fernwärme Vienna. 3.271 Fans dürfen in der 41. Minute über das 1:0 durch Mossoró jubeln. Nach einem Doppelpass mit Fabiano trifft der Brasilianer zur Pausenführung. In der zweiten Hälfte geht Wacker in der 51. Minute mit 2:0 in Führung. Harding flankt auf Fabiano, dessen Kopfball geht an die Stange, aber Mossoró schiebt den Ball aus kurzer Distanz ins Tor. In der 87. Minute folgt nochmals Jubel auf dem Tivoli. Marcel Schreter spielt den Ball in den Lauf von Fabian Koch, und der fixiert den 3:0-Endstand.

Drei Spiele in sechs Tagen. In Runde 23 spielt der FC Wacker im Tivoli gegen FC Pax Gratkorn. 3.415 Fans müssen in der 23. Minute das 1:0 für Gratkorn durch Andreas Bernhart mitverfolgen. In der zweiten Hälfte gelingt Marcel Schreter in der 60. Minute der Ausgleich. Die Nachspielzeit ist eigentlich vorbei, als Alex Hauser einen Abpraller der Gratkorner Hintermannschaft direkt übernimmt und den Ball vorbei an Tormann Götzinger zum 2:1-Siegestreffer für Wacker Innsbruck donnert.

In der 24. Runde folgt wieder ein Schlagerspiel gegen Cashpoint SCR Altach. 5.797 Zuseher sind am Dienstagabend in der Cashpoint-Arena und sehen eine ausgeglichene erste Hälfte. In der 61. Minute erzielt Altacher Stürmer Tomi einen Lattenpendler, Daniel Schütz kann aber zum 1:0 für Altach aus wenigen Zentimetern einköpfeln. Nur zwei Minuten später köpfelt Mattias Sereinig das 2:0 für Altach. In der 88. Minute die endgültige Entscheidung, Orhan Ademi erhöht auf 3:0 für Altach. Wacker in der Tabelle wieder an zweiter Stelle.

Die 25. Runde bringt die Partie zwischen dem FC Wacker Innsbruck und FC Lustenau 1907 auf dem Innsbrucker Tivoli. 3.670 Fans verfolgen das von Manuel Schüttengruber geleitete Spiel. Neun gelbe Karten prägen das Spiel, ehe in der 90. Minute die Entscheidung fällt. Ein hoher Ball kommt in den Vorarlberger Strafraum, Lukas Hinterseer setzt sich im Zweikampf durch und platziert den Ball vorbei an Lustenau-Tormann Dobnik zum 1:0-Sieg für den FC Wacker Innsbruck. Die Tabellenführung geht wieder an den FC Wacker Innsbruck.

Am 17. April 2010 steht im Tivoli der Schlager zwischen dem FC Wacker Innsbruck und FC Trenkwalder auf dem Programm. 10.654 Fans begrüßen die beiden Teams und Schiedsrichter Gerhard Grobelnik. Dieser verteilt in den 90 Minuten immerhin sieben gelbe Karten. Die Entscheidung im Schlagerspiel fällt in der 31. Minute. Löffler passt auf Schreter, der Ball springt weiter zu Julius Perstaller und nach einer Körperdrehung versenkt „Perschi" den Ball vorbei an Admira-Tormann Simon Manzoni zum 1:0-Sieg für den FC Wacker Innsbruck.

Runde 27, und der FC Wacker spielt im Franz-Horr-Stadion gegen FK Austria Wien Amateure. 436 Zuseher sehen ein 0:0 bis zum Pausenpfiff. In der 47. Minute bringt Rade Djokic die Wiener mit 1:0 in Führung. Fabiano trifft aber per Kopf nach Flanke von Löffler in der 79. Minute zum 1:1. In der 85. Minute jubelt wieder die Austria. Dragan Dimic trifft zum 2:1-Siegestreffer, Wacker bleibt aber an der Tabellenspitze.

Das Meisterschaftsfinale rückt näher. In der 28. Runde spielt Wacker im Tivoli gegen den SKNV St. Pölten. 4.635 Zuseher sehen in der 37. Minute den 1:0-Führungstreffer durch Julius Perstaller. Hauser schlägt den Ball nach vorn, Perstaller löst sich von seinem Gegenspieler und lässt Tormann Vollnhofer keine Chance. Mit der Wackerführung werden auch die Seiten gewechselt. In der 81. Minute trifft

Lukas Thürauer zum 1:1, aber nur vier Minuten später jubelt wieder Wacker. In der 85. Minute erzielt Marco Kofler den Endstand zum 2:1. Wacker bleibt an der Tabellenspitze.

4. Mai 2010, Wacker trifft im Reichshofstadion auf SC Austria Lustenau. 3.655 Fans sehen in der ersten Hälfte den ersten großen Auftritt von Boris Prokopic. Fabian Koch spielt einen Querpass auf Prokopic und er erzielt die 1:0-Pausenführung für den FC Wacker. In der 55. Minute gelingt Benjamin Freudenthaler der Ausgleichstreffer. In der 61. Minute spielt Marcel Schreter einen Querpass auf Mario Sara, dieser sieht Boris Prokopic, und der junge Spieler erzielt die neuerliche Führung für den FC Wacker Innsbruck. In der 66. Minute erzielt Lustenau-Spieler Manuel Honeck per Kopf den Ausgleichstreffer. In der 77. Minute muss Boris Prokopic nach Gelb-Rot den Platz verlassen, es bleibt aber beim 2:2. Der FC Wacker liegt vier Runden vor Schluss auf dem zweiten Tabellenrang.

Drei Tage später ist das Tabellenschlusslicht FC Mohren Dornbirn 1913 zu Gast im Tivoli. 3.845 Fans sehen eine Wacker-Mannschaft, die in den ersten 45 Minuten kein Tor erzielt. Aber nach dem Seitenwechsel gibt es schon in der 46. Minute Grund zum Jubeln. Julius Perstaller trifft zum 1:0 für den FC Wacker. In der 72. Minute spielt Obernosterer einen tollen Pass auf Perstaller, dieser sieht den mitgelaufenen Markus Unterrainer, und der FC Wacker führt 2:0. Der FC Wacker übernimmt wieder die Tabellenführung.

Runde 31, FC Wacker Innsbruck im Stadion Hohe Warte in Wien gegen Fernwärme Vienna. Bereits in der 17. Minute sehen 2.519 Zuseher die Entscheidung in diesem Spiel. Alex Hauser flankt in die Mitte des Vienna-Strafraums und Julius Perstaller erzielt per Kopf den 1:0-Siegestreffer. Der FC Wacker bleibt an der Tabellenspitze.

Vorletzte Runde in der ADEG-Ersten-Liga-Saison 2009/2010. Der Tabellenführer FC Wacker Innsbruck empfängt im heimischen Tivoli-Stadion vor 8.367

Fans die Mannschaft von TSV Sparkasse Hartberg. Acht gelbe Karten prägen dieses Spiel, ehe in der 67. Minute die Entscheidung fällt. Boris Prokopic spielt einen herrlichen Pass in den Lauf von Marcel Schreter, und dieser netzt zum 1:0-Sieg für den FC Wacker Innsbruck ein.

Runde 33, 28. Mai 2010, Waldstadion Pasching. Die Red Bull Juniors Salzburg müssen aufgrund der Neuverlegung des Rasens in der Red Bull Arena nach Oberösterreich ausweichen. Für den Tabellenführer FC Wacker Innsbruck zählt nur ein Sieg um die Meisterschale und den Aufstieg in die T-Mobile Bundesliga. Wacker-Trainer Walter Kogler schickt folgende Mannschaft aufs Feld: Pascal Grünwald im Tor, Uli Winkler, Georg Harding, Dario Dakovic, Mario Sara, Fabian Koch, Marcel Schreter (ab 88. Minute Markus Unterrainer), Boris Prokopic, Thomas Löffler (ab 37. Minute Bülent Bilgen), Fabiano (ab 57. Minute Julius Perstaller) und Alex Hauser. Auf der Ersatzbank fiebern Harald Planer und Markus Obernosterer mit.

Abschlusstabelle 2009/2010 nach 33 Runden

Mannschaft	S	U	N	Tore	Pkt.
FC Wacker Innsbruck	21	6	6	+ 41	69
FC Trenkwalder Admira	20	7	6	+ 46	67
Cashpoint SCR Altach	20	6	7	+ 33	66

In der Heimtabelle liegt der FC Wacker Innsbruck mit 41 Punkten durch 13 Siege, zwei Unentschieden und nur zwei Niederlagen an erster Stelle. Das Torverhältnis liegt bei 39:9 Toren, und somit hat Wacker die beste Heimtordifferenz. In der Auswärtstabelle liegt der FC Wacker Innsbruck mit acht Siegen, vier Unentschieden und vier Niederlagen mit 28 Punkten auf dem dritten Rang. Das Torverhältnis liegt bei 28:17 Toren.

Marcel Schreter ist mit 17 Treffern der Top-Torschütze in dieser Saison für den FC Wacker Innsbruck. Elf Tore erzielt Julius Perstaller. Neun Treffer steuert Fabiano bei. Fünf Treffer erzielt Markus Unterrainer, bei je drei Treffern halten Bülent Bilgen, Mossoró und Benjamin Pranter. Zwei Tore stammen von Ulrich Winkler, Alex Hauser, Boris Prokopic und Lukas Hinterseer. Je einen Treffer erzielen Fabian Koch, Mario Sara, Martin Svejnoha, Georg Harding, Thomas Löffler, Andi Schrott und Marco Kofler.

Drei Spieler des FC Wacker Innsbruck müssen nach Gelb-Rot das Spielfeld vorzeitig verlassen: Bülent Bilgen, Boris Prokopic und Mossoró. Martin Svejnoha bekommt die direkte rote Karte.

Folgender Kader erreicht für den FC Wacker Innsbruck den Meistertitel und den Wiederaufstieg:

Marcel Schreter (2.829 Einsatzminuten), Fabian Koch (2.810), Mario Sara (2.808), Pascal Grünwald (2.700), Fabiano (2.529), Martin Svejnoha (2.343), Ulrich Winkler (2.279), Alex Hauser (2.203), Georg Harding (2.125), Julius Perstaller (1.999), Thomas Löffler (1.411), Andi Schrott (1.175), Marco Kofler (857), Bülent Bilgen (814), Boris Prokopic (786), Markus Unterrainer (720), Mossoró (579), Markus Obernosterer (521), Dario Dakovic (414), Benjamin Pranter (310), Harald Planer (270), Lukas Hinterseer (115) und Mathias Gstrein (24).

2002 – der Neuanfang

Der Verein FC Wacker Tirol wird am 21. Juni 2002 gegründet und ist unter der ZVR-Zahl 180936826 gemeldet. Am 3. Juli 2002 wird die Spielgemeinschaft WSG Swarovski Wattens – FC Wacker Tirol, kurz SPG Wattens/Wacker, gegründet. Damit kann Schwarz-Grün in der Regionalliga West den Spielbeginn aufnehmen und den Platz der WSG Swarovski Wattens einnehmen. Als FC Wacker Tirol hätte der Verein in der untersten Liga des Tiroler Fußballverbandes beginnen müssen. Laut dem geschäftsführenden Obmann des Vereines, Friedl Peer, am 4. Juli 2002 gibt es eine perfekte Arbeitsaufteilung mit dem Wattener Klub. Gerhard Stocker und Christian Ablinger kümmern sich um das operative Tagesgeschäft, während in Innsbruck bis zum Juli die notwendigen Strukturen geschaffen werden.

Andreas Bammer: St.-Pauli-Fan, Trendsetter und Wacker-Stürmer

Im Rahmen der operativen Geschäftsführung der SPG Wattens/Wacker ist Gerhard Stocker als Geschäftsführer tätig. Sportlicher Leiter der SPG Wattens/Wacker ist Christian Ablinger. Unterstützung erhalten sie durch Dr. Hermann Holzmann, Heinz Scheiber und RgR Dir. Erwin Steinlechner.

Im Vorstand der WSG Wattens sind Mag. Klaus Haim als Obmann und Heinz Scheiber, Ing. Robert Ablinger, Franz Beirer, Adi Jud, Dr. Michael Kirchler und Gerhard Stocker als weitere Mitglieder vertreten.

Im Vorstand des FC Wacker Tirol ist Dr. Michael Bielowski als Obmann sowie Prof. Friedl Peer, Harald Höpperger, Dr. Hermann Holzmann, RgR Dir. Erwin Steinlechner und Mag. Ossi Wolkenstein vertreten. Dazu gibt es einen FC-Wacker-Tirol-Beirat, in dem Günter Leipelt, Helmut Lutz, Prof. Ing. Helmut Mader, Günter Platter (Platter ist zu dieser Zeit Sportlandesrat, ehe er am 28. Feber 2003 als Verteidigungsminister angelobt wird) und Dr. Jürgen Bodenseer vertreten sind. Dr. Michael Bielowski als Vizebürgermeister der Stadt Innsbruck will die Funktion des Obmannes nur kurzzeitig ausüben.

Als Einnahmequellen stehen dem FC Wacker Tirol Sponsorgelder der Tiroler Wasserkraft, Swarovski, Tirol Milch, RLB Tirol, IKB, Tiroler Tageszeitung und einiger weiterer Partner, wie des Transportunternehmens Morawa-Berchtold, zur Verfügung. Mit den Zuschauereinnahmen von rund 300.000,– Euro ergibt das ein Budget von 1,4 Millionen Euro. 80 Prozent davon sind für die Bezahlung der Spieler und Trainer nötig.

Die Eintrittspreise in der Regionalliga West 2002/2003: Vollzahler 7,– Euro, ermäßigt 4,50 Euro, Kinder und Damen haben freien Eintritt. Das Abo kostet 90,– Euro (ermäßigt 60,– Euro), das VIP-Förder-Abo 333,– Euro und die VIP-Tageskarte 25,– Euro.

Am 24. September 2002 präsentiert sich der Verein „Freunde des FC Wacker Tirol“ der Öffentlichkeit. Neben Obmann Ingo Rotter sind Jakob Platzer, Alfred Jordan, Herbert Peer, Luis Hauser, Dr. Karl Ischia und Hildegard Rotter im Vereinsvorstand. Zielsetzung ist die finanzielle Unterstützung für den Spielbetrieb der SPG Wattens/Wacker.

Am 5. November 2002 laden Dr. Michael Bielowski als Obmann, Gerhard Stocker (Geschäftsführung), Christian Ablinger (Sportliche Leitung), Andreas Altmayer, Christoph Sereinig, Ossi Wolkenstein (Fankoordinator) und Christian Knapp zum Pressegespräch. Unter dem Motto „Zurück zu den Wurzeln“ wird das neue Erscheinungsbild des Vereins präsentiert. Aus 30 Varianten wurde ein neues Vereinslogo entwickelt. Andreas Altmayer und Christoph Sereinig wollen mit den Grundfarben Schwarz-Grün an die jahrzehntelange Tradition anknüpfen. Neu ist auch die Führung des Vereines als Mitgliederverein. Hier lautet die Devise „Mitbestimmen durch aktive Mitgliedschaft“. Die ordentliche Mitgliedschaft beim FC Wacker Tirol kostet 2002 70,– Euro, die außerordentliche 30,– Euro.

Eine Anfrage der Grünen im Innsbrucker Gemeinderat am 17. November 2002 beschäftigt sich mit der SPG Wattens/Wacker. Unter anderem geht es um den Verbleib von Michael Bielowski als FC-Wacker-Obmann, die Kosten für das Tivoli-Stadion, die für den Verein anfallen, und eine mögliche Subvention für den Verein. Aus der Beantwortung der ISPA geht hervor, dass dem Verein pro Heimspiel 5.138,75 Euro an Betriebskosten vorgeschrieben werden. Weiters werden noch die Kosten für Kiosk, VIP-Bereich, Küche und Strom mit rund 1.800,– Euro pro Spiel vorgeschrieben.

Im Rahmen der Vorstandssitzung der WSG Swarovski Wattens am 6. Feber 2004 beschließt der Vorstand die Beendigung des Kooperationsvertrages mit sofortiger Wirkung. Auslöser sind Ankündigungen in Presse und Rundfunk, wonach der FC Wacker Tirol mit dem SV Wörgl eine neue Kooperationsbereitschaft eingehen wolle. Wattens-Obmann KR Gernot Langes Swarovski und Mag. Klaus Haim als geschäftsführender Obmann der WSG Wattens weiter: „Die Firmengruppe D. Swarovski & Co wird Zahlungen für die Kooperation FC Wacker Tirol – WSG Swarovski Wattens einstellen, da – wie offensichtlich geplant – zukünftig Wörgl diese Aufgabe wahrnehmen wird."

Landeshauptmann Herwig van Staa und LHStv. Hannes Gschwentner haben nach einer Regierungssitzung ein Fußballmodell „Wacker – Wörgl" andiskutiert.

Kurz nachdem die Vorstandsmitglieder RgR Dir. Erwin Steinlechner, Dr. Hermann Holzmann und Walter Höpperger aus dem Vorstand zurückgetreten sind und ebenso Beiratsmitglied Prof. Ing. Helmut Mader seinen Rückzug bekannt gab, ist die Entscheidung aus Wattens ein weiterer Paukenschlag für Gerhard Stocker. Im Vorstand des FC Wacker Tirol sind Klaus Winkler, Ossi Wolkenstein und Christian Kirchner vertreten.

Im 8. Juli 2004 wird auf Betreiben der Mitglieder des FC Wacker Tirol eine außerordentliche Generalversammlung einberufen. Zielsetzung ist die Umbenennung des Vereins in FC Wacker Innsbruck. Auf massiven Druck seitens der Politik, der Wirtschaft und des Vorstandes wird bei der außerordentlichen Generalversammlung in den Innsbrucker Stadtsälen nach hitzigen Wortmeldungen und Tumulten der Antrag auf Umbenennung zurückgezogen.

Die Saison 2005/2006 wird mit einem Bilanzverlust von 279.000,– Euro abgeschlossen. Grund: Es kamen weniger Zuschauer und es wurden keine zusätzlichen Sponsoren gefunden. Stockers Firma STASTO macht zwar nach wie vor – gratis – die Buchhaltung für das 70-Mitarbeiter-Unternehmen FC Wacker, kann aber auf Dauer nicht unentgeltlich Räume für die FC-Wacker-Geschäftsstelle zur Verfügung stellen. Verbessert wird die Bilanz durch einmalige Transfererlöse und das erfolgsabhängige FC-Wacker-Mitarbeitermodell, das im Bilanzjahr für viele Beschäftigte (darunter fünf Spieler) den Verzicht auf zwölf Prozent ihrer Entgelte bedeutet. Der FC Wacker Tirol muss 1,3 Millionen Euro für den Spielbetrieb (Stadionmiete, Rettung, Polizei, Kriegsopferabgabe etc) aufbringen.

Am 5. April 2006 geben Ossi Wolkenstein als Fanbeauftragter des FC Wacker Tirol und Christian Hummer von der Faninitiative Innsbruck eine Pressekonferenz. Im Mittelpunkt steht die GR-Wahl in Innsbruck. U.a. wird die Frage gestellt, wie das Proponentenkomitee, das am 20.6.2001 im Innsbrucker Gemeinderat gegründet wurde, zur Entwicklung des FC Wacker beigetragen hat. Außerdem wird die Entwicklung der Zuseherzahlen in den letzten Jahren präsentiert. So besuchten in der Saison 2002/2003 durchschnittlich 3.300 Fans die Heimspiele, in der Saison 2004/2005 liegt der Durchschnitt bei 5.900 Fans.

Mit 1. Juli 2007 lautet der Vereinsname FC Wacker Innsbruck. Eine überwältigende Mehrheit hat bei der Generalversammlung am 23. Feber 2007 die Namenänderung beschlossen.

Am 7. August 2007 wird in Innsbruck der „Wackerladen" eröffnet. In knapp zwei Monaten haben 20 Fans des FC Wacker Innsbruck den Laden errichtet. Um 17 Uhr 15 wird das schwarz-grüne Band am Eingang durchschnitten. Thomas Gassler und Co dürfen sich über zahlreiche Besucher freuen. Zu finden ist der Wacker-Laden in der Maria-Theresien-Straße 49 a, Durchgang der Maria-Theresien-Straße zum Landhausplatz. Im Internet unter www.wackerladen.at.

Am 11. Oktober 2007 einigt sich der Vorstand des FC Wacker Innsbruck mit LR Dr. Anna Hosp, LHStv. Hannes Gschwentner und dem LT-Präsidenten Helmut Mader auf ein Wirtschafts- und Personalpaket. 1,6 Millionen Euro werden vom

Land zur Verfügung gestellt. Im Verein wird die Funktion des Sportdirektors installiert. Die Dienstverhältnisse des FC Wacker Innsbruck mit Christian Ablinger und Mario Weger werden aufgelöst.

Im November 2007 scheiden bei der Generalversammlung Andreas Perger und Klaus Winkler aus dem Vorstand aus. 199 stimmberechtigte Mitglieder sind bei der Generalversammlung anwesend, davon haben 184 für die neuen Statuten gestimmt, zwölf dagegen und drei haben sich der Stimme enthalten. Die neuen Vorstandsmitglieder (Dr. Wolfgang Mader und Mag. Hannes Marsoner) werden mit 178 Pro-Stimmen gewählt. Die Statutenänderung beinhaltet die Installierung eines Beirates, vorgesehen dafür sind: Ferdinand Eberle, Bruno Wallnöfer (beide TIWAG), Roland Zankl (ÖWD), Elmar Schmid (IKB), Hannes Schmid (Raiffeisen), Andreas Geisler (Tirol Milch), Hermann Petz (Moser Holding) und Werner Pfeifer (Hypo) sowie Wolfgang Kuffner oder Josef Westermeier (Erdinger).

Am 4. Dezember 2007 wird die CD „Die Legende lebt" präsentiert. Gemeinsam mit den Sängerinnen und Sängern von Plan B, Offtang, THE PURE und U3 hat Toni Knittel den Song aufgenommen. Das Video wurde innerhalb von zwei Wochen mit Unterstützung vieler Wackerianer geschaffen. Neben altem Bildmaterial wurde im Tivoli und am Rangger Köpfl gedreht. In einigen Szenen ist auch Fritz Spielmann, ehemaliger Spieler des FC Wacker Innsbruck – unter anderem in der Staatsliga 1964 –, zu sehen.

Am 15. Feber 2008 findet eine außerordentliche Generalversammlung in den Raiffeisensälen in Innsbruck statt. Das bestehende Vorstandsteam des FC Wacker Innsbruck – Dr. Christian Kurz, Dr. Wolfgang Mader, Mag. Johannes Marsoner, Helmut Mutschlechner und Ing. Gerhard Stocker – stellt sich geschlossen der Wiederwahl.

Gerhard Stocker tritt am 24. April 2008 als Obmann des FC Wacker Innsbruck zurück. Seit Feber 2003 hat

Stocker das Amt, erst interimistisch als Nachfolger von Michael Bielowski und dann von den Mitgliedern gewählt, ausgeübt. „Offensichtlich stehe ich im Weg. Die Hoffnungsträger für den Verein sind Georg Willeit und Johannes Marsoner, die sich jetzt unglaublich einsetzen. Sie werden bessere Möglichkeiten bekommen und auch bekommen müssen, damit es funktioniert", so Ing. Gerhard Stocker.

Beim zwölften „Wir sind Wacker"-Vereinsabend am 9. September 2008 stellen sich Geschäftsführer Georg Willeit und Finanzreferent Johannes Marsoner der Diskussion mit den Vereinsmitgliedern des FC Wacker Innsbruck. Die Themen sind unter anderem die erfolgreichen Verhandlungen mit den Hauptsponsoren, die Suche nach einem Vereinsobmann sowie die sportliche Situation.

Am 14. Oktober 2008 wird Theo Grüner als Sportkoordinator des FC Wacker Innsbruck präsentiert. Die Aufgabengebiete von Theo Grüner, der seine aktive Fußballerkarriere nach zwölf Jahren und 221 Bundesligaspielen aufgrund einer schweren Krankheit beenden musste, umfassen neben Spielerbeobachtungen und Spielerbetreuung auch die Sicherstellung der Wacker-Philosophie vom eigenen Nachwuchs bis hin zur Kampfmannschaft.

Bereits seit Jahrzehnten kann der FC Wacker Innsbruck auf drei im Hintergrund tätige Ehrenamtliche zählen: Die Bandencrew. Die drei Pensionisten Franz, Willi und Horst können auf eine lange Mitarbeit beim Verein zurückblicken, die teilweise bis 1966 reicht. Das eingespielte Team im Hintergrund ist verantwortlich für Auf- und Abbau der Werbebanden an Spieltagen sowie allfällige Botendienste und steht jederzeit auf Abruf zur Verfügung. Im Rahmen des 17. Vereinsabends am 17. Jänner 2009 überreicht der FC Wacker Innsbruck den drei Urgesteinen jeweils eine mit dem jeweiligen Namen beflockte Heimdress als kleines Dankeschön.

Am 16. April 2009 wählt der FC Wacker Innsbruck in der Generalversammlung im Hypo-Saal in Innsbruck einen neuen Vorstand. Hannes Marsoner wird Obmann des FC Wacker Innsbruck. Zur Wahl des neuen Vorstands stellen sich neben den drei bisherigen Mitgliedern Johannes Marsoner, Helmut Mutschlechner und Christian Kurz die sechs neuen Gesichter Hannes Bodner, Fritz Unterberger, Franz Thurner, Erwin Tögel, Kaspar Plattner und Martin Weberberger. Von den 99 stimmberechtigten Mitgliedern erhält das neue Vorstandsteam 78 „Ja"-Stimmen. Ein Mitgliederantrag auf die Einsetzung einer Arbeitsgruppe zur Überarbeitung und Anpassung der derzeitigen Vereinsstatuten wird vom Vorstand mitgetragen und von den Mitgliedern angenommen.

Am 7. Juli 2009 wird in einem Testspiel der HSV durch einen herrlichen Treffer von Marcel Schreter vom FC Wacker Innsbruck mit 1:0 im Tivoli besiegt. Gleichzeitig gibt es auch erstmals das Wackerfestl am Parkplatz bei der Westtribüne.

Nach sechs Jahren als Nachwuchsleiter und Trainer des FC Wacker Innsbruck in der Nachwuchsabteilung übergibt Christian Stoff am 14. Juli 2009 die Agenden als Nachwuchsleiter an Christoph Aschenwald.

Am 2. November 2009 gibt es folgende Presseerklärung des FC Wacker Innsbruck: „Wie von Club-Management-Leiter Gerald Schwaninger bereits angekündigt, zieht der FC Wacker Innsbruck nach dem Fehlverhalten einzelner Stadionbesucher Konsequenzen. Nachdem diverse Geschehnisse aufgearbeitet wurden, wird der FC Wacker Innsbruck Stadion- und Hausverbote aussprechen und der aufkeimenden Unterwanderung der für tolle Unterstützung bekannten Fanszene einen Riegel vorschieben."

Johannes Marsoner übergibt am 9. Dezember 2009 das Amt des Obmanns an seinen bisherigen Stellvertreter Kaspar Plattner, der nunmehr dem Verein vorsteht. Ihm zur Seite stehen wird Hannes Bodner, der als Vorstandssprecher fungiert und zukünftig der erste Ansprechpartner für Öffentlichkeit und Presse ist. Hannes Marsoner bleibt dem Verein als Vorsitzender des Beirates erhalten.

Am 10. Dezember 2009 präsentiert der FC Wacker Innsbruck einen neuen Ausstatter: Mit Beginn der Frühjahrssaison wird JAKO bis 2012 der neue Ausrüster des FC Wacker Innsbruck. „Wir sind sehr froh darüber, dass wir den Verein in Form von neuen Dressen, Trainings- und Freizeitbekleidung unterstützen werden und hoffen, dass die Dress für die Rückrunde gleich eine Aufstiegsdress sein wird“, freut sich JAKO-Sponsoringleiter Marc Oberndörfer. Zuvor spielte der FC Wacker in Dressen der italienischen Marke KAPPA und kurzfristig in Dressen des Ausstatters „Do you Football“.

Neben der Neuaufstellung des Clubmanagements wird den etwa 60 anwesenden Mitgliedern am 27. „Wir sind Wacker“-Vereinsabend am 14. Jänner 2010 das FC-Wacker-Innsbruck-Markengrundbuch präsentiert. Josef Hauser und Hansjörg Krismer präsentieren die Entstehung des Markengrundbuches und erklären dessen praktische Bedeutung.

Am 27. März 2010 findet die achte ordentliche Generalversammlung des FC Wacker Innsbruck im Hypo-Saal statt. Auf der Tagesordnung stehen Änderungen und Anpassungen der Vereinsstatuten und die Novellierung der Mitgliedsbeiträge. Vorstandsmitglied Dr. Christoph Strobl unterstreicht die Wichtigkeit der Nachwuchsarbeit: Über 120 Spieler und Spielerinnen, verteilt auf acht Nachwuchsmannschaften, stellen die Zukunft des Vereins dar.

Derzeit präsentiert sich der Vorstand des FC Wacker Innsbruck wie folgt: Kaspar Plattner (Obmann), Christian Kurz (Obmannstellvertreter), Helmut Mutschlechner (Finanzreferent), Hannes Bodner (Rechtsreferent), Franz Thurner (Schriftführer) sowie die Mitglieder Martin Weberberger, Erwin Tögl (verstorben, 13. 10. 2010) und Dr. Christoph Strobl.

Das Clubmanagement ist mit Mag. Gerald (Gerry) Schwaninger als Clubmanagementleiter, Oliver Prudlo als Sportdirektor und Gogo S. Feistmantl als Team-Manager besetzt. Daneben sind Lukas Schweinberger im Bereich Stadionentwicklung & Vermarktung, Florian „Flo“ Sitz als Vereinssprecher und Fanbeauftragter, Harald Lederer für Marketing und Sponsoren und Sophia Jara im Clubservice tätig. Abgerundet wird das Team mit Mag. David Zieger, André Häberlein, Mag. Philipp Bechter, Martina Bodner, Christoph Aschenwald und Horst Braun.

Und am grünen Rasen

Sportlich startet die neue Spielgemeinschaft Wattens/ Wacker die Saison 2002/2003 in der Regionalliga West. Christian Ablinger, Gerhard Stocker, Michael Bielowski und Friedl Peer präsentieren die neue Mannschaft bei einer Pressekonferenz. Im Kader stehen Pascal Grünwald, Helmut Bischofer, Hannes Eder, Christoph Paris, Daniel Bierent, Alfred Hörtnagl, Christian Kellner, Dennis Mimm, Harald Schroll, Damir Djulic, Flo Mader, Anton Gogl, Marcus Hanikel, Marcel Schreter, Andreas Schrott, Hannes Aigner, Herbert Ramsbacher, Bernd Windisch, Christoph Damm, Matthias Riedl, Stefan Rapp, Robert Wazinger und Sammy Koejoe. Trainer der Mannschaft ist Michael Streiter, Co-Trainer Christoph Westerthaler. Gespielt wird traditionell in Schwarz-Grün, die Auswärtsdressen sind in Weiß gehalten.

FC Wacker Innsbruck jubelt mit der Nordtribüne im Tivoli

In der ersten Runde der dritthöchsten Spielklasse in Österreich ist im Tivoli am 27. Juli 2002 das Team aus Kundl zu Gast. 5.000 Fans feiern nach 90 Minuten einen 2:0-Sieg des Favoriten. Das erste Tor der SPG Wattens/Wacker erzielt Damir Djulic in der 45. Minute. Kundls Tormann Achleitner kann einen Schuss nur kurz abwehren und Djulic trifft zum 1:0. Den zweiten Treffer erzielt Sammy Koejoe nach einer herrlichen Flanke von Marcus Hanikel. Beim ersten Erfolg kamen folgende Spieler zum Einsatz: Grünwald, Wazinger, Schroll, Schrott, Riedl, Rapp (68./Hanikel), Hörtnagl, Schreter, Windisch, Djulic (72./Aigner), Koejoe.

Auch in der zweiten Runde spielt die SPG Wattens/Wacker im Tivoli. Diesmal aber als Gastmannschaft. Beim Innsbrucker Derby hat sich die SVG Reichenau für das Tivoli entschieden, und rund 3.500 Fans sehen einen groß aufspielenden Sammy Koejoe. In der 40. Minute bringt der Holländer die SPG Wattens/Wacker mit 1:0 in Führung. In der zweiten Hälfte erhöht Sammy per Elfmeter auf 2:0, in der 90. Minute auf 3:0. Den Endstand von 4:0 erzielt Andreas Schrott in der 92. Minute.

Beim Heimspiel in der dritten Runde gegen den Vfb Hohenems nimmt die ehemalige Kultfigur Nestor „Pipo" Gorosito den Ehrenanstoß vor. Wieder sind 3.500 Fans mit dabei, und wieder siegt die SPG Wattens/Wacker mit 4:0. Andreas Schrott trifft in der fünften Minute zum 1:0, Sammy Koejoe ist diesmal mit zwei Toren erfolgreich. Er trifft in der 39. und 53. Minute und den Endstand fixiert Ali Hörtnagl in der 58. Minute.

In der vierten Runde spielt die SPG Wattens/Wacker erstmals in einem auswärtigen Stadion. Gegen das Team der Salzburger Amateure steht es nach 90 Minuten 2:2. Sammy Koejoe und ein Eigentor sichern den Innsbruckern einen Punkt.

2.500 Fans sind beim Tiroler Derby zwischen der SPG Wattens/Wacker und der SPG Rum/IAC im Tivoli mit dabei. Hannes Aigner trifft in der 19. Minute zum 1:0, Sammy Koejoe erhöht in der 38. Minute auf 2:0. Nach dem Seitenwechsel treffen Marcel Schreter in der 48., Sammy Koejoe in der 77. und Damir Djulic im Doppelpack in der 80. und 83. Minute zum 6:0-Sieg.

Dasselbe Ergebnis gibt es in der sechsten Runde. Diesmal spielt die SPG Wattens/Wacker aber im Stadion Lehen in Salzburg gegen den Hypo SAK 1914. Den Pausenstand von 2:0 für die SPG Wattens/Wacker fixiert Hannes Aigner mit den Toren in der 24. und 43. Minute. Nach dem Seitenwechsel folgt wieder ein großer Auftritt von Sammy Koejoe. Mit drei Toren, eines davon per Elfmeter, erzielt der Torschützenliste-Führende einen lupenreinen Hattrick. Den Schlusspunkt zum 6:0 setzt Ali Hörtnagl mit einem schönen Heber in der 75. Minute.

Das Heimspiel gegen den FC Hard im Tivoli in der siebten Runde ist aus verschiedenen Gründen etwas Besonderes. Das Tivoli ist das erste Stadion Österreichs, in dem die Verwendung von Bengalen erlaubt ist und Christian Kellner kann nach längerer Verletzungspause wieder aktiv dabei sein. In einem überaus harten Spiel trifft Sammy Koejoe vor 4.500 Fans in der 67. Minute per Elfmeter zum 1:0 und erhöht knapp vor Schluss zum 2:0-Endstand.

In der achten Runde übernimmt die SPG Wattens/Wacker dank einem 3:1-Erfolg gegen RW Rankweil die Tabellenführung in der Regionalliga West. Sammy Koejoe bringt die SPG in der achten Minute mit 1:0 in Führung. Aber schon im Gegenzug kann Rankweil den Ausgleich erzielen. Nur vier Minuten später jubelt wieder die SPG Wattens/Wacker. Hannes Aigner trifft per Kopf nach Flanke von Sammy Koejoe zum 2:1 und Marcel Schreter ist ebenfalls per Kopf nach Flanke von Stefan Rapp in der 29. Minute zum 3:1 erfolgreich.

In der neunten Runde ist der FC Kufstein zu Gast im Tivoli. 4.000 Zuseher verfolgen das Tiroler Derby und sehen in der achten Minute den Führungstreffer für die SPG Wattens/Wacker durch Hannes Aigner. In der 58. Minute erhöht Bernd Windisch auf 2:0 und Sammy Koejoe fixiert in Minute 90 den Endstand von 3:0. Neben bengalischem Feuer präsentiert die „Tivoli-Nord“ auch die Devise für die Mannschaft: „Für den Rest der RL West bleibt unser Tor vernagelt.“ Schiedsrichter Habicher verteilt im Derby sechs gelbe Karten und Ali Hörtnagl muss in der 64. Minute nach einer Tätlichkeit das Spielfeld mit der roten Karte verlassen. In einem Laufduell hat Hörtnagl seinen Gegenspieler Matthias Hattenberger mit dem Ellbogen unabsichtlich im Gesicht getroffen.

„Wir putzen euch“, lautete die Ansage vom SCR ENJO Altach vor dem Schlagerspiel in der zehnten Runde gegen die SPG Wattens/Wacker im Tivoli. 8.500 Fans feiern unter der Innsbruck-Devise „Ihr seid ja nicht ganz sauber!“ ein Fußballfest. Bereits in der dritten Minute geht Innsbruck durch Stefan Rapp mit einem schönen Heber über den Altacher Torhüter mit 1:0 in Führung. Seinen 17. Saisontreffer erzielt Sammy Koejoe in der 28. Minute. Nach dem Seitenwechsel ist wieder Sammy Koejoe zur Stelle und es steht in der 47. Minute 3:0 für die SPG. Hannes Aigner erhöht in der 66. Minute auf 4:0 und Ali Hörtnagl trifft in der 86. Minute zum 5:0-Endstand. Mit 8.500 Fans hat Innsbruck an diesem Sportwochenende die meisten Fans in einem österreichischen Fußballstadion.

In der elften Runde spielt die SPG Wattens/Wacker in Puch gegen den FC Puch. Andreas Schrott erzielt in der 22. Minute per direkter Ecke den Führungstreffer und Sammy Koejoe erhöht in der 24. Minute auf 2:0. Marcel Schreter erzielt in der 69. Minute das 3:0. In der 80. und 85. Minute erzielt Puch die Anschlusstreffer, aber auch in der sechsminütigen Nachspielzeit können die Salzburger den Ausgleich nicht mehr schaffen.

Beim Heimspiel gegen BW Feldkirch sehen 3.700 Fans einen klaren Sieg der SPG Wattens/Wacker. Einmal mehr bleibt Tormann Pascal Grünwald in einem Heimspiel ohne Gegentor. Harald Schroll trifft in der 15. Minute per Freistoß zum 1:0. Hannes Aigner erhöht in der 32. Minute auf 2:0 und nach dem Seitenwechsel trifft Marcel Schreter in der 54. Minute zum 3:0. Den Endstand fixiert Sammy Koejoe in der 64. Minute.

In der 13. Runde trifft die SPG Wattens/Wacker auf der Haller Lend vor 2.000 Zusehern auf den SV Hall. Sammy Koejoe stellt in der 15. Minute auf 1:0 für die SPG. Er schließt ein tolles Solo zum 25. Saisontreffer ab. Aber die Haller Löwen geben sich nicht geschlagen und Martin Saltuari trifft in der 50. Minute zum 1:1-Ausgleich. Fünf Minuten später erzielt Stefan Platt den 2:1-Siegestreffer für den SV Hall. Es ist die erste von zwei Saisonniederlagen für die SPG Wattens/Wacker.

Beim Heimspiel der SPG Wattens/Wacker am 19. Oktober 2002 lässt der Trainer vom PSV Salzburg aufhorchen. Wolfgang Feiersinger will nicht zu hoch verlieren und ist froh darüber, dass Innsbruck einen Erfolgslauf hat. „Die Tiroler Mannschaft gehört einfach in die Bundesliga!“ Sammy Koejoe trifft vor 3.000 Fans in der 17. Minute zum 1:0. Dann muss Pascal Grünwald den ersten Gegentreffer im Tivoli hinnehmen. Mit dem 1:1 werden auch die Seiten gewechselt. Andreas Schrott bringt die SPG Wattens/Wacker in der 66. Minute mit 2:1 in Führung. Knapp davor wurde Hannes Aigner mit einer roten Karte vom Platz gestellt. Dennis Mimm erhöht in der 83. Minute auf 3:1 und Flo Mader fixiert in der 89. Minute den 4:1-Endstand.

In Runde 15 feiert die SPG Wattens/Wacker in Seekirchen einen 5:0-Auswärtssieg. Dennis Mimm in Minute 10, Sammy Koejoe in der 24. Minute und nochmals Sammy in der 40. Minute per Elfmeter bringen die SPG im Spiel gegen SV Seekirchen mit 3:0 bis zum Pausenpfiff in Führung. Knapp vor dem Ende treffen neuerlich Sammy Koejoe in der 89. Minute und Bernd Windisch in der 93. Minute zum 5:0-Endstand.

Tausend Fans verfolgen am Kundler Sportplatz bei strömendem Regen das Spiel zwischen Kundl und der SPG Wattens/Wacker in der 16. Runde. In der 19. Minute trifft Flo Mader zum 1:0 für die SPG und Hannes Aigner trifft vor dem Seitenwechsel zum 2:0. Nach der Pause erhöht Sammy Koejoe per Elfmeter in der 51. Minute auf 3:0, und nach dem Ehrentor von Kundl erzielen Hannes Aigner in der 75. und Andi Schrott in der 86. Minute die Tore zum 5:1-Endstand.

Im letzten Heimspiel vor der Winterpause trifft die SPG Wattens/Wacker in der 17. Runde auf die SVG Reichenau. Ausgetragen wird das Spiel im Wattener Alpenstadion. Knapp 2.000 Zuseher verfolgen bei Regen und Kälte das von Schiedsrichter Konrad Plautz geleitete Spiel. Sammy Koejoe bringt durch einen Doppelpack in der sechsten und achten Minute die SPG Wattens/Wacker mit 2:0 in Front. Wechselberger trifft in der 17. Minute zum Anschlusstreffer für die Reichenau. Nach dem Seitenwechsel trifft Harald Schroll in der 53. Minute zum 3:0 und Sammy Koejoe fixiert per Kopf in der 72. Minute den 4:1-Endstand. Mit einem Feuerwerk über dem Alpenstadion bedankt sich die SPG Wattens/Wacker bei den Fans und wohl auch für die eigene starke Leistung im Herbst in dieser Regionalliga-West-Saison.

Im Frühjahr 2003 wird Theo Grüner als Spieler verpflichtet. Theo Grüner, im SPG-Wattens/Wacker-Dress mit der Rücknummer 25, soll die Mannschaft verstärken.

Der Frühjahrsstart erfolgt mit Runde 18 und die SPG Wattens/Wacker ist in Hohenems beim VfB Hohenems zu Gast. Koejoe, Hörtnagl, Grüner, Wazinger und Eder können vom Trainer Michi Streiter nicht eingesetzt werden, aber die SPG Wattens/Wacker zeigt sich trotzdem von der besten Seite. Nach zehn Minuten bringt Andi Schrott die SPG Wattens/Wacker mit 1:0 in Führung. Dennis Mimm trifft in der 34. Minute zum 2:0-Pausenstand. Nach dem Seitenwechsel trifft Christian Kellner in der 54. Minute, Andi Schrott in der 70. und nochmals Kelly Kellner in der 85. Minute zum 5:0-Endstand.

Vor 4.000 Zusehern spielt die SPG Wattens/Wacker in der 19. Runde gegen die Salzburger Amateure. Nach einer torlosen ersten Halbzeit trifft Flo Mader in der 50. Minute zum 1:0 für die SPG. In den letzten zehn Minuten gelingt der SPG Wattens/Wacker noch ein deutlicher Sieg. Zwei Tore von Hannes Aigner (82. und 87. Minute) und ein Treffer von Ali Hörtnagl in der 91. Minute bedeuten einen 4:0-Erfolg für die SPG Wattens/Wacker.

Abschied vom Tivoli-Alt. 4.000 Fans sind beim Derby zwischen der SPG Rum/IAC und SPG Wattens/Wacker in der 20. Runde mit dabei. Der Titelfavorit geht in der 28. Minute durch einen Treffer von Dennis Mimm mit 1:0 in Führung. In der 66. Minute hält Rum/IAC-Tormann Markus Schmiedhofer einen Elfmeter, Hannes Aigner verwertet aber den Nachschuss zur 2:0-Führung. Damir Djulic überhebt den Tormann in der 72. Minute zum 3:0-Endstand. Auf der Nord wird letztmalig gefeiert.

Dank der Tore von Damir Djulic in der 48. und Flo Mader in der 75. Minute gewinnt die SPG Wattens/Wacker das Heimspiel in der 21. Runde im Tivoli vor 3.000 Zusehern gegen den SAK mit 2:0.

In der 22. Runde gibt es für die SPG Wattens/Wacker die zweite Niederlage in der Meisterschaft. Knapp 1.200 Zuschauer sehen im Waldstadion das Spiel zwischen dem FC Hard und der SPG. Bereits in der vierten Minute geht Hard durch einen verwandelten Foul-Elfmeter von Volker Lindinger mit 1:0 in Führung. Der Vorarlberger Spielmacher beendet nach 437 Minuten die Torsperre der SPG Wattens/

Wacker. Nach 90 Minuten, sechs gelben und zwei gelb-roten Karten endet das Spiel mit 1:0 für Hard.

Im Heimspiel im Tivoli gegen Rankweil in der 23. Runde geht die SPG Wattens/Wacker erst in der zweiten Hälfte in Führung. Hannes Aigner und Sammy Koejoe bringen die SPG Wattens/Wacker vor 2.400 Fans mit einem Doppelschlag in Führung. Für Sammy Koejoe ist es bereits der 30. Treffer in der Meisterschaft. Dennis Mimm in der 57. Minute und Marcus Hanikel in der 89. Minute treffen zum 4:1-Endstand.

Tiroler Derby-Zeit im Grenzlandstadion in Kufstein: 1.200 Zuseher sind in der 24. Runde beim Spiel zwischen dem FC Kufstein und der SPG Wattens/Wacker mit dabei. In der 28. Minute bringt Sammy Koejoe die SPG mit 1:0 in Führung. Nach dem Seitenwechsel trifft Matthias Hattenberger in der 83. Minute zum 1:1-Ausgleich. Schiedsrichter Conny Plautz muss in diesem Derby nur eine gelbe Karte zeigen.

In der 25. Runde steigt in Schnabelholz in Altach der große Schlager zwischen dem SCR ENJO Altach und der SPG Wattens/Wacker. Altach ist seit 14 Heimspielen ohne Niederlage und hat vier Punkte Rückstand auf den Tabellenführer SPG Wattens/Wacker. 4.200 Zuschauer sehen in der 13. Minute den Führungstreffer der SPG Wattens/Wacker durch Sammy Koejoe. Hanikel per Kopf zum Tiroler Goalgetter, dieser umspielt zwei Vorarlberger Verteidiger und trifft aus dreizehn Metern ins rechte Eck. In der 35. Minute legt Sammy Koejoe den Ball zurück auf Stefan Rapp, und dessen Schuss wird unhaltbar zum 2:0 abgefälscht. In der zweiten Hälfte wird das Spiel minutenlang unterbrochen, aber am Ende bleibt die SPG Wattens/Wacker mit 2:0 erfolgreich.

Knapp über 2.000 Fans sind beim Heimspiel im Tivoli gegen den SV Puch in der 26. Runde mit dabei. In der 93. Minute erzielt Sammy Koejoe durch einen Handelfmeter seinen 36. Treffer in der laufenden Meisterschaft. Drei Runden vor Schluss hat die SPG dank dem 1:0-Sieg neun Punkte Vorsprung auf den SCR Altach und außerdem die weitaus bessere Tordifferenz.

Einen 4:1-Auswärtserfolg feiert die SPG Wattens/Wacker in der 27. Runde. Im Waldstadion gibt sich die SPG gegen BW Feldkirch vor 1.100 Zusehern keine Blöße. In der neunten Minute bringt Flo Mader die SPG mit 1:0 in Führung, und Stefan Rapp erzielt in der 35. Minute den 2:0-Halbzeitstand. Hannes Aigner fixiert mit seinem Doppelpack in der 77. und 85. Minute den 4:1-Sieg.

Das letzte Heimspiel in der Regionalliga West bestreitet die SPG Wattens/Wacker vor 2.500 Zusehern gegen den SV Hall. Nach dem 0:0-Halbzeitstand erzielt Hannes Aigner in der 49. Minute den Führungstreffer und Marcus Hanikel erzielt in der 63. Minute den 2:0-Endstand. Die SPG Wattens/Wacker weist mit 15 Heimsiegen eine makellose Heimbilanz auf.

In der vorletzten Runde spielt die SPG Wattens/Wacker auswärts gegen den PSV/SW Salzburg. Die Tiroler feiern mit einem 5:1 den elften Auswärtssieg in der Meisterschaft. Hannes Aigner in der zwölften und 29. Minute, Herbert Ramsbacher in der 25., Marcel Schreter in der 39. und Theo Grüner per Elfmeter in der 76. Minute treffen für die SPG Wattens/Wacker. Das Tor von Marcel Schreter ist im Übrigen der einhundertste Treffer der Spielgemeinschaft in der laufenden Meisterschaft.

Die 30. Runde wurde vorgezogen und 1.900 Fans sind im Tivoli beim Spiel gegen den SV Seekirchen mit dabei. Vor dem Spiel wird die positive Lizenzierung der Bundesliga bekanntgegeben. Bereits in der ersten Minute trifft Sammy Koejoe zum 1:0. Hannes Aigner stellt in der elften Minute auf 2:0, Sammy Koejoe erhöht in der 16. Minute auf 3:0 und vor dem Pausenpfiff erzielt Hannes Aigner noch das 4:0. Sammy Koejoe erzielt in der 64. Minute den fünften Treffer der SPG Wattens/Wacker, die das Spiel mit 5:2 gewinnt.

Nach 30 Runden ist die SPG Wattens/Wacker mit 26 Siegen, zwei Unentschieden und zwei Niederlagen überlegener Tabellenführer. Mit 80 Punkten hat Innsbruck zwölf Punkte Vorsprung auf den Tabellenzweiten SCR Altach und das Torverhältnis beträgt eindrucksvolle 101:17 Tore.

Zwei Spiele trennen die SPG Wattens/Wacker von dem Aufstieg in die nächste Liga. Die Innsbrucker müssen gegen SV Schwechat, den Meister der Regionalliga Ost, die Relegationsspiele bestreiten. Das erste Spiel steigt im Tivoli vor 14.000 Fans. Im Mittelpunkt der Choreo der Nordtribüne steht das alte FCW-Logo und die Stimmung ist bundesligareif. Aber auf dem grünen Rasen geht es zwar hart zur Sache, am Ende steht es 0:0. Der SPG-Wattens/Wacker-Trainer ist trotzdem zufrieden und spricht von einer guten Ausgangsposition für das Rückspiel.

Rund tausend Fans begleiten die SPG Wattens/Wacker nach Schwechat. Bei idealem Fußballwetter steigt das letzte Spiel der SPG Wattens/Wacker in Drittklassigkeit. Nach drei Minuten zieht Flo Mader ab, der Schuss wird abgewehrt, aber Sammy Koejoe ist zur Stelle und stellt auf 1:0 für Innsbruck. Nach dem Seitenwechsel tankt sich Dennis Mimm in der 50. Spielminute auf der rechten Seite durch, und seinen idealen Pass verwandelt Sammy Koejoe mit links zum 2:0. Nach dem Anschlusstreffer erhöht Sammy Koejoe per Elfmeter auf 3:1. Zwar erzielt Schwechat noch das 2:3, aber die SPG Wattens/Wacker feiert dank dem Erfolg den Aufstieg in die Zweite Liga.

Mit Helmut Kraft startet der FC Wacker Tirol in die neue Saison. Spielerisch steht das Team in der Red Zac Ersten Liga vor einer neuen Herausforderung. Verändert hat sich die personelle Zusammensetzung des FC Wacker Tirol, der sich mit folgendem Kader in der Saison präsentiert:

Harald Planer, Harald Schroll, Theo Grüner, Wolfi Mair, Alfred Hörtnagl, Andreas Schrott, Dennis Mimm, Robert Wazinger, Sammy Koejoe, Flo Mader, Hannes Eder, Mario Mühlbauer, Roman Stary, Bernd Windisch, Marcel Schreter, Hannes Aigner, Andi Hölzl, Herbert Ramsbacher, Christian Kellner, Ousseni Zongo, Helmut Bischofer, Marcus Hanikel und Akif Güclü.

In der Zehner-Liga der Red Zac Ersten Liga werden 36 Runden ausgetragen. Neben dem FC Wacker Tirol sind auch der Bundesliga-Absteiger SV Josko Ried, SV Kapfenberg, SC Interwetten.com (Untersiebenbrunn), LASK und der SV Bio Perlinger Wörgl vertreten.

Start in die Liga ist am 15. Juli 2003, und der FC Wacker Tirol trifft im Reichshofstadion auf SC Austria Lustenau. Nach 90 Minuten trennen sich die Mannschaften mit einem 0:0.

In der zweiten Runde spielt der FC Wacker Tirol im Tivoli gegen den SV Kapfenberg. Bei strömendem Regen und vor 6.683 Fans verliert der FC Wacker mit 1:3. Den Innsbrucker Ehrentreffer erzielt Roman Stary, das 1:0 für Kapfenberg Tormann Kazimierz Sidorczuk mit einem direkten Tormannausschuss.

Das Tiroler Derby zwischen SV Bio Perlinger Wörgl als Heimmannschaft und dem FC Wacker Tirol wird am 29. Juli 2003 im Tivoli ausgetragen. 8.676 sehen in der 26. Minute den Führungstreffer für den FC Wacker durch Wolfi Mair. Roman Stary erhöht auf 2:0, ehe Matthias Hattenberger für Wörgl auf 1:2 verkürzt. Christian Kellner erzielt in der 90. Minute den 3:1-Endstand. In den Startformationen der beiden Tiroler Mannschaften waren insgesamt nur drei Nicht-Tiroler zu finden.

In der vierten Runde gewinnt der FC Wacker im Tivoli gegen BSV Juniors mit 1:0. Das Auswärtsspiel gegen LASK Linz auf der Gugl gewinnt der FC Wacker dank der Tore von Theo Grüner und Wolfi Mair mit 2:0. Gegen den FC Lustenau gibt es im Reichshofstadion ein 2:2 und

Interwetten.com wird im Tivoli mit 1:0 besiegt. Den Treffer erzielt Stary in der 22. Minute per Elfmeter. In der achten Runde setzt es in Ried gegen SV Josko Ried eine 2:4-Niederlage. Das anschließende Heimspiel im Tivoli gegen DSV Leoben geht mit 0:1, das Auswärtsspiel gegen Leoben sogar mit 0:4 verloren. Am 19. September 2003 gibt es im Tivoli einen 4:3-Sieg des FC Wacker Tirol gegen SC Austria Lustenau. Vor 3.667 Fans kann Wacker durch Tore von Theo Grüner, Dennis Mimm und dem Doppelpack von Ali Hörtnagl das Spiel noch umdrehen. Der Siegestreffer fällt in der 93. Minute.

Gegen Kapfenberg spielt der FC Wacker im Franz-Fekete-Stadion 1:1, gegen Wörgl wird im Tivoli 1:0 gewonnen, wobei Wörgl-Spieler Alex Gruber den Treffer in der 33. Minute als Eigentor definiert und Sammy Koejoe den Treffer für sich gutschreiben will. Die BSV Juniors werden im Stadion Villach-Lind 4:0 besiegt. Wolfi Mair mit einem Doppelpack, Sammy Koejoe und Flo Mader treffen für den FC Wacker. In der 15. Runde erzielt Sammy Koejoe per Elfmeter das Goldtor zum 1:0-Sieg gegen den LASK und eine Woche später wird der FC Lustenau im Tivoli mit 4:0 geschlagen. Dreimal ins Netz trifft dabei Sammy Koejoe. Im Marchfeldstadion setzt es am 28. Oktober 2003 eine 0:2-Niederlage für den FC Wacker gegen Interwetten.com. Das Heimspiel gegen SV Josko Ried gewinnt der FC Wacker im Tivoli mit 1:0. In Runde 19 verliert der FC Wacker auswärts gegen SC Austria Lustenau mit 1:3. Bis zur 85. Spielminute führt der FC Wacker dank einem Treffer von Dennis Mimm mit 1:0. Dann folgen der Ausgleich per Elfmeter sowie zwei Tore zum 3:1-Endstand.

Das Heimspiel gegen Interwetten.com endet mit einem 4:0-Erfolg für den FC Wacker. Im letzten Spiel des Jahres 2003 besiegt der FC Wacker in der Home Life Arena den SV Josko Ried mit 3:1. Andreas Schrott, Sammy Koejoe und Mario Mühlbauer treffen für Wacker.

Am 7. März 2004 geht es mit der Meisterschaft weiter und der FC Wacker Tirol trifft im Tivoli auf den DSV Leoben. Vor 3.770 Zusehern erzielt Wolfi Mair den 1:0-Siegestreffer für Wacker. In der 23. Runde erreicht Wacker im Stadion Villach-Lind bei BSV Juniors ein 1:1, und in der 24. Runde wird das Tiroler Derby mit dem FC Wacker als Heimmannschaft im Tivoli gegen den SV Bio Perlinger Wörgl mit 5:2 gewonnen. 4.970 Fans sehen nach einer 2:0-Führung für Wörgl durch Thomas Silberberger und Miron Muslic die Wacker-Treffer durch Wolfi Mair und Roman Stary sowie den Hattrick von Sammy Koejoe.

Am 19. März 2004 verliert der FC Wacker im Reichshofstadion gegen den FC Lustenau mit 1:2. Eine Woche später wird der LASK im Tivoli mit 2:0 besiegt. In der Runde 27 besiegt der FC Wacker auswärts Kapfenberg mit 2:1, im folgenden Heimspiel im Tivoli gegen Kapfenberg gibt es wiederum einen 2:1-Erfolg für Wacker. Am 13. April 2004 ist der FC Wacker im Tivoli gegen SC Austria Lustenau mit 2:0 erfolgreich, in der darauffolgenden Runde schlägt Wacker im Marchfeldstadion Interwetten.com mit 2:1 und in Runde 31 folgt der 1:0-Heimerfolg im Tivoli gegen SV Josko Ried.

Nach 31 Runden liegt der FC Wacker mit 64 Punkten an der Tabellenspitze. An der zweiten Stelle ist der SC Austria Lustenau mit 55 Punkten.

In der 32. Runde spielt der FC Wacker auswärts gegen DSV Leoben 1:1 und am 7. Mai schlägt Wacker im Tivoli die BSV Juniors mit 1:0. Das letzte Derby mit Wörgl als Heimmannschaft im Tivoli steigt am 11. Mai. Vor 3.073 Zusehern trennen sich die Mannschaften nach Toren von Flo Schwarz für Wörgl und Hannes Aigner für Wacker mit 1:1.

Das letzte Heimspiel der Saison findet am 14. Mai 2004 statt und der FC Wacker trifft auf den FC Lustenau. 4.874 Fans feiern einen 5:3-Erfolg und den Meistertitel des FC Wacker Innsbruck. Je zwei Tore von Wolfi Mair und

Sammy Koejoe sowie der Treffer von Harald Schroll besiegeln den Aufstieg in die höchste österreichische Fußballliga. Bundesliga-Vorstand Peter Westenthaler überreicht den Meisterteller an Wacker-Kapitän Robert Wazinger.

In der letzten Runde der Red Zac Liga 2003/2004 verliert der FC Wacker Tirol gegen LASK mit 6:2.

Abschlusstabelle 2003/2004 nach 36 Runden

Mannschaft	S	U	N	Tore	Pkt.
FC Wacker Tirol	22	6	8	+ 21	72
SC Austria Lustenau	18	11	7	+ 19	65
SV Kapfenberg	18	6	12	+ 13	60

Heimtabelle 2003/2004 nach 18 Runden

Mannschaft	S	U	N	Tore	Pkt.
FC Wacker Tirol	16	0	2	+ 24	48
SC Austria Lustenau	12	6	0	+ 20	42
SV Josko Ried	10	4	4	+ 16	34

Auswärtstabelle 2003/2004 nach 18 Runden

Mannschaft	S	U	N	Tore	Pkt.
SC Interwetten.com	9	2	7	+ 3	29
SV Kapfenberg	9	2	7	+ 2	29
FC Wacker Tirol	6	6	6	- 3	24

Die interne Torschützenliste des FC Wacker Tirol führt Sammy Koejoe mit 22 Toren an. 13 Treffer kommen von Wolfi Mair, fünfmal ist Flo Mader erfolgreich. Je vier Treffer erzielen Theo Grüner, Dennis Mimm, Roman Stary und Hannes Aigner. Zwei Treffer erzielen Christian Kellner und Alfred Hörtnagl. Ein Tor können Harald Schroll, Andreas Schrott, Robert Wazinger, Mario Mühlbauer und Andreas

Hölzl für sich verbuchen. Das einzige Eigentor des FC Wacker muss Bernd Windisch auf sich nehmen.

Spitzenreiter bei den gelben Karten in der Saison ist Harald Schroll mit zwölf Karten, Alfred Hörtnagl erhielt zweimal Gelb-Rot und Andreas Schrott die einzige rote Karte in der Saison.

Die meisten Spielminuten in der Saison hat Harald Planer mit 2.970 Minuten (33 Spiele), gefolgt von Harald Schroll mit 2.926, Theo Grüner mit 2.675, Wolfi Mair mit 2.608 und Alfred Hörtnagl mit 2.588 Minuten.

Die Saison 2004/2005 bestreitet der FC Wacker Tirol in der T-Mobile Bundesliga. Als Trainer des FC Wacker Tirol fungiert Stani Tschertschessow und folgende Spieler laufen für den FC Wacker Tirol auf: Zeljko Pavlovic, Harald Schroll, Wolfi Mair, Theo Grüner, Andreas Schrott, Jerzy Brzeczek, Bernd Windisch, Dennis Mimm, Hannes Eder, Alfred Hörtnagl, Ned Zelic, Sammy Koejoe, Flo Mader, Marcel Schreter, Hannes Aigner, Mario Mühlbauer, Andreas Hölzl, Olushola Aganun, Benedict Akwuegbu, Harald Planer, Walter De Vora, Robert Wazinger, Alex Hörtnagl und Markus Seelaus.

Auftakt für die Saison in der T-Mobile Bundesliga ist am 13. Juli 2004 mit dem Spiel im Tivoli gegen den GAK. 9.730 Fans sind bei der Rückkehr in die höchste Liga mit dabei und können nach dem Kopfballtreffer von Sammy Koejoe in der 72. Minute den ersten Erfolg feiern.

In der zweiten Runde setzt es für den FC Wacker im Hanappi-Stadion gegen Rapid eine 1:4-Niederlage, Wolfi Mair erzielt den Ehrentreffer. Im Westderby am 31. Juli gegen SV Wüstenrot Salzburg erreicht der FC Wacker im Stadion Wals-Siezenheim ein 0:0. Das Heimspiel gegen Casino SW Bregenz endet mit 1:1, vor 7.423 Fans erzielt Wolfi Mair den Treffer für den FC Wacker.

Am 15. August erkämpft der FC Wacker im Horr-Stadion gegen FK Austria Magna ein 2:2. Wolfi Mair und Theo Grüner erzielen die Tore. In der sechsten Runde besiegt der FC Wacker im Tivoli Sturm Graz durch zwei Tore von Sammy Koejoe mit 2:1. Sammy Koejoe hat bis dahin 428 Minuten keinen Treffer mehr erzielt.

Gegen den SV Mattersburg verliert der FC Wacker im Pappelstadion mit 1:2. Das Wacker-Tor erzielt Sammy Koejoe und den FC Superfund besiegt Wacker am heimischen Tivoli mit 2:1. Hannes Eder und Wolfi Mair in der 92. Minute erzielen die Treffer für die Schwarz-Grünen.

Am 18. September 2004 besiegt der FC Wacker in der Südstadt Nordea Admira durch Tore von Jerzy Brzeczek und Hannes Aigner mit 2:0. Eine Woche später muss sich Wacker aber der Admira mit dem gleichen Ergebnis im Tivoli geschlagen geben. Es folgen eine 1:2-Auswärtsniederlage gegen den GAK im Arnold-Schwarzenegger-Stadion – Tor durch Sammy Koejoe – und eine 0:2-Heimniederlage vor 8.648 Fans gegen Rapid Wien.

Am 23. Oktober 2004 feiert der FC Wacker Tirol im Westderby gegen den SV Wüstenrot Salzburg einen 3:1-Erfolg. 6.393 Zuschauer sehen die Führung zum 1:0 durch Theo Grüner und den Doppelpack von Wolfi Mair zum Wacker-Erfolg.

Im Casino-Stadion muss sich der FC Wacker Casino SW Bregenz mit 2:3 geschlagen geben. Sammy Koejoe bringt den FC Wacker Tirol zweimal in Führung. Das Heimspiel gegen FK Austria Magna in der 15. Runde verliert der FC Wacker mit 0:2.

Am 6. November verliert Wacker gegen Sturm Graz mit 1:3, Flo Mader trifft für den FC Wacker. 48 Stunden später wird der Vertrag mit Trainer Helmut Kraft gelöst und Kraft bis zum Vertragsende beurlaubt.

Eine Woche später wird SV Mattersburg mit 5:1 im Tivoli besiegt. Vor 4.537 Fans sorgen Theo Grüner, Sammy Koejoe, Jerzy Brzeczek und zweimal Wolfi Mair für die Tiroler Treffer. Erstmals steht Stani Tschertschessow an der Seitenlinie als Trainer des FC Wacker Tirol. Stani wechselte vom FC Kufstein zum FC Wacker. Im Waldstadion in Pasching verliert der FC Wacker gegen den FC Superfund mit 2:3. Sammy Koejoe trifft im Doppelpack.

In der 19. Runde feiert der FC Wacker Tirol im Tivoli gegen Nordea Admira einen 4:0-Erfolg. 3.445 Fans feiern die Tore von Sammy Koejoe (zwei), Hannes Eder und ein Eigentor. Am 4. Dezember 2004 erreicht der FC Wacker im Auswärtsspiel gegen SK Puntigamer Sturm Graz ein 0:0. Im letzten Spiel im Jahr 2004 muss der FC Wacker Tirol im Hanappi-Stadion gegen Rapid antreten. Durch ein Tor von Andreas Schrott und ein Eigentor liegt der FC Wacker bis zur 84. Minute mit 2:0 vorne. In der 91. Minute gelingt Rapid vor über 10.000 Fans noch der 2:2-Ausgleichstreffer. Der FC Wacker Tirol geht als Tabellensechster in die Winterpause.

In der Winterpause wechselt Sammy Koejoe vom FC Wacker Tirol um kolportierte 400.000,– Euro zum SC Freiburg.

Am 19. Feber 2005 trifft vor 3.643 Fans im Tivoli der FC Wacker Tirol auf Casino SW Bregenz. Dank einem Eigentor und den Treffern von Dennis Mimm und Wolfi Mair feiert der FC Wacker Tirol einen 3:2-Erfolg.

In Runde 23 ist der FC Wacker wieder zu Gast in Wals-Siezenheim. Das Westderby zwischen SV Wüstenrot Salzburg und dem FC Wacker Tirol endet 1:1. Den Treffer erzielt Olushola Aganun. Das Heimspiel gegen den GAK endet mit 1:1, Wolfi Mair trifft in der 96. Minute per Elfmeter vor 3.843 Fans zum Ausgleich. Auch in der 25. Runde spielt der FC Wacker unentschieden. Im Pappelstadion trennen sich der SV Mattersburg und der FC Wacker Tirol mit 1:1. Das Tiroler Tor erzielt Dennis Mimm in der ersten Minute.

Am 19. März 2005 trennen sich der FC Wacker Tirol und der FC Superfund im Tivoli mit einem torlosen Remis und in der 27. Runde muss sich der FC Wacker im Horr-Stadion FK Austria Magna mit 0:1 geschlagen geben – nach acht Spielen die erste Niederlage für den FC Wacker Tirol. Das Rückspiel gegen FK Austria Magna im Tivoli endet am 10. April mit einem 3:0-Sieg der Wiener Mannschaft. Eine Woche später gibt es in der Südstadt eine 0:1-Niederlage gegen Nordea Admira.

In der 30. Runde hat der FC Wacker Tirol wieder Grund zum Jubeln. Im Tivoli wird der SK Puntigamer Sturm Graz vor 4.860 Fans mit 2:0 besiegt. Flo Mader und Wolfi Mair sind die Tiroler Torschützen. Das Heimspiel gegen Rapid Wien am 29. April 2005 wird verloren. 6.721 Fans sehen zwar den Führungstreffer von Theo Grüner in der 39. Minute, am Ende geht Rapid als 2:1-Sieger vom Platz. In der Startelf des FC Wacker Tirol stehen zehn Tiroler Spieler. Ali Hörtnagl zieht sich bei diesem Spiel einen Bruch der Kniescheibe zu – das Ende einer langen und eindrucksvollen Karriere. 20 Jahre spielte Ali als Profi und bekam unter anderem den Dank der Fans mit dem berühmt-berüchtigten Transparent und Schlachtgesang: „Ali, pack die Sensen aus!“ Ali Hörtnagl wechselt in das Management des FC Wacker Tirol.

Im Casino-Stadion feiert der FC Wacker Tirol am 7. Mai gegen Casino SW Bregenz einen 3:0-Erfolg. Hannes Aigner, Wolfi Mair und Olushola Aganun sind für Schwarz-Grün erfolgreich.

In der 33. Runde steht wieder ein Westderby am Programm. Der FC Wacker Tirol und der SV Wüstenrot Salzburg trennen sich vor 4.881 Fans mit einem torlosen Unentschieden. In der 34. Runde verliert der FC Wacker im Schwarzenegger-Stadion gegen Liebherr GAK mit 1:2. Flo Mader erzielt den Ehrentreffer.

Am 26. Mai 2005 findet das letzte Heimspiel der Saison im Tivoli statt. Gegner ist der SV Mattersburg und 4.450 Fans sehen eine torlose erste Hälfte. Nur zwei Minuten nach dem Rückstand trifft Hannes Eder in der 74. Minute zum 1:1-Ausgleich und Olushola Aganun fixiert in der 87. Minute den 2:1-Heimerfolg des FC Wacker Tirol. Nach dem Spiel werden die Wacker-Oldboys Ali Hörtnagl (411 Bundesligaspiele) und Robert Wazinger (381 Bundesligaspiele) offiziell vom Verein und von den Fans verabschiedet.

In der letzten Runde am 29. Mai 2005 endet das Spiel zwischen dem FC Superfund und dem FC Wacker Tirol im Waldstadion mit 1:1. Olushola Aganun trifft für Wacker.

Abschlusstabelle 2004/2005 nach 36 Runden

Mannschaft	S	U	N	Tore	Pkt.
SK Rapid Wien	21	8	7	+ 36	71
Liebherr GAK	21	7	8	+ 30	70
FK Austria Magna	19	12	5	+ 40	69
FC Superfund	17	9	10	+ 5	60
SV Mattersburg	12	9	15	- 10	45
FC Wacker Tirol	11	11	14	0	44

In der Heimtabelle liegt der FC Wacker Tirol nach 18 Spielen mit neun Siegen, vier Unentschieden und fünf Niederlagen sowie der Tordifferenz von 27:20 an siebter Stelle. 31 Punkte haben die Innsbrucker im Tivoli erkämpft, Spitzenreiter in der Heimtabelle ist der SK Rapid Wien mit 14 Siegen, drei Unentschieden und nur einer Niederlage.

In den auswärtigen Stadien erreicht der FC Wacker Tirol zwei Siege, sieben Unentschieden und neun Niederlagen und somit 13 Punkte. Das Torverhältnis liegt bei 21:28.

Das beste Auswärtsteam ist FK Austria Magna mit neun Siegen, sechs Unentschieden und drei Niederlagen.

Je zwölf Treffer für den FC Wacker Tirol erzielen Wolfi Mair und Sammy Koejoe, bei vier Treffern halten Theo Grüner und Olushola Aganun, drei Treffer gehen auf das Konto von Hannes Eder und Flo Mader, je zweimal sind Jerzy Brzeczek, Dennis Mimm und Hannes Aigner erfolgreich. Einen Treffer erzielt Andreas Schrott.

Andreas Schrott, Harald Planer und Robert Wazinger müssen nach einer roten Karte und Jerzy Brzeczek, Hannes Eder und Flo Mader nach einer gelb-roten Karte das Spielfeld verlassen.

Die meisten Einsatzminuten hat mit 3.150 Minuten (35 Einsätze) Harald Schroll. Wolfi Mair kommt auf 2.935, Theo Grüner auf 2.631, Andreas Schrott auf 2.523, Jerzy Brzeczek auf 2.411 und Zeljko Pavlovic auf 2.340 Minuten.

Die Bundesliga-Saison 2005/2006 beginnt am 13. Juli 2005 und der FC Wacker Tirol trennt sich im Fill Metallbau Stadion vom SV Josko Fenster Ried mit einem torlosen Unentschieden. In der zweiten Runde muss der FC Wacker Tirol vor 7.859 Fans gegen Rapid Wien eine 0:3-Niederlage hinnehmen. In der dritten Runde trennt sich der FC Wacker Tirol im Schwarzenegger-Stadion vom SK Puntigamer Sturm Graz mit 0:0.

In der vierten Runde gibt es den ersten Sieg und das erste Tor zu bejubeln. Vor 3.603 Fans wird Nordea Admira durch einen Treffer von Olushola Aganun mit 1:0 besiegt – nach 327 torlosen Minuten der erste Treffer für den FC Wacker Tirol. Am 6. August 2005 gibt es im Tivoli gegen den FC Superfund ein 2:2. Olushola Aganun und Hannes Aigner können vor 4.273 Fans den 0:2-Rückstand aufholen.

In Runde sechs gibt es in Wals-Siezenheim gegen Red Bull Salzburg eine 0:2-Niederlage. Im Heimspiel gegen FC Austria Magna am 20. August erreicht der FC Wacker

Tirol ein 2:2-Unentschieden. Vor 4.837 Fans liegt der FC Wacker Tirol bis zur 87. Minute durch Treffer von Milan Pacanda und Olushola Aganun mit 2:1 vorne, ehe durch einen Elfmeter der Ausgleich der Wiener gelingt. Eine Woche später spielt der FC Wacker Tirol in der UPC-Arena gegen den Liebherr GAK 1:1 unentschieden. Olushola Aganun trifft für den FC Wacker.

Das Heimspiel im Tivoli gegen den SV Mattersburg gewinnt der FC Wacker Tirol mit 4:2. 5.202 Fans sehen eine torlose erste Hälfte. Die Tore von Jerzy Brzeczek, Theo Grüner und der Doppelpack von Hannes Aigner innerhalb von 36 Minuten sichern den Tirolern drei Punkte. Das darauffolgende Rückspiel in der zehnten Runde im Pappelstadion endet mit einem torlosen Remis. In der elften Runde trennt sich der FC Wacker Tirol im Tivoli mit einem 1:1 vom SV Josko Fenster Ried. Vor 4.148 Fans erzielt Milan Pacanda den Innsbrucker Treffer. Bereits das siebte Unentschieden in der laufenden Saison. In der zwölften Runde verliert der FC Wacker im Hanappi-Stadion gegen Rapid Wien mit 0:2. Die Runde 13 am 1. Oktober bringt eine 0:2-Niederlage vor 4.569 Fans im Tivoli gegen den SK Puntigamer Sturm Graz. In der 15. Runde erzielen zwar Olushola Aganun und Harald Schroll in der Südstadt zwei Treffer für den FC Wacker Tirol, das Spiel geht aber mit 2:5 gegen Nordea Admira verloren.

Am 22. Oktober 2005 gelingt dem FC Wacker Tirol ein 3:2-Auswärtserfolg gegen den FC Superfund. Im Waldstadion in Pasching erzielen Jerzy Brzeczek, Olushola Aganun und Marcel Schreter die Tiroler Treffer. Hannes Aigner steuert ein Eigentor bei. Vier Tage später gibt es im Tivoli den Westschlager zwischen dem FC Wacker Tirol und Red Bull Salzburg. Vor der Rekordkulisse von fast 14.000 Fans geht der FC Wacker Tirol in der 25. Minute durch Matthias Hattenberger mit seinem ersten Bundesligator mit 1:0 in Führung. Ferdinand Feldhofer und Marcel Schreter erreichen den 3:0-Erfolg für den FC Wacker.

Gegen FK Austria Magna erreicht der FC Wacker Tirol in der Runde 17 im Horr-Stadion ein torloses Remis. In Runde 18 muss sich der FC Wacker Tirol dann im Tivoli Liebherr GAK vor 6.279 Fans mit 0:1 geschlagen geben. Es folgt eine 0:3-Niederlage im Fill Metallbau Stadion gegen den SV Josko Fenster Ried. Am 26. November 2005 trennen sich der FC Wacker Tirol und Rapid Wien im Tivoli vor 4.357 Fans mit einem torlosen Unentschieden. In Graz-Liebenau wird der SK Puntigamer Sturm Graz mit 3:2 besiegt. Milan Pacanda trifft dreimal für den FC Wacker. Das letzte Spiel im Jahr 2005 gewinnt der FC Wacker Tirol im Tivoli mit 4:0. Vor 3.346 Fans treffen Matthias Hattenberger, Hannes Eder, Milan Pacanda und Andreas Hölzl gegen Nordea Admira. Der FC Wacker Tirol geht als Tabellensiebter in die Winterpause.

Am 18. Feber startet der FC Wacker Tirol gegen FK Austria Magna ins Frühjahr. Vor 4.438 Fans verliert Wacker das Spiel mit 0:2. In Runde 24 gibt es in Wals-Siezenheim gegen Red Bull Salzburg eine 2:5-Niederlage. Vaclav Kolousek und Andi Hölzl treffen für Wacker. Am 4. März 2006 feiert der FC Wacker Tirol den ersten Sieg. Im Tivoli erzielt Jerzy Brzeczek das Goldtor in der 56. Minute vor 2.777 Fans gegen den FC Superfund. Am 11. März 2006 gelingt dem FC Wacker der erste Auswärtssieg im Jahr 2006. In der UPC-Arena wird der Liebherr GAK dank dem Treffer von Matthias Hattenberger mit 1:0 bezwungen. Zuvor war der GAK 20 seit 28. November 2004 in 20 Spielen auf eigener Anlage unbesiegt.

Das Heimspiel in der 27. Runde gegen den SV Mattersburg entscheidet der FC Wacker Tirol vor 3.115 Fans mit 2:0 für sich. Milan Pacanda und Hannes Aigner treffen für Schwarz-Grün, der dritte Sieg in Serie. Das Rückspiel im Pappelstadion eine Woche später endet mit 2:2. Vaclav Kolousek und Hannes Eder sind die Torschützen des FC Wacker Tirol. Hannes Eder scheint der Mann des Spieles zu sein. In der dritten Minute wird ein Treffer von ihm nicht anerkannt, in der achten Minute fälscht er den Ball zur Führung für Mattersburg ab, dann bugsiert er den Ball bei einem Rettungsversuch zum 2:1 für Mattersburg per Kopf über die eigene Linie, bevor er den Ausgleich erzielt. Knapp vor Schluss rettet Hannes Eder auf der eigenen Linie zumindest den einen Punkt.

Am 1. April 2006 gibt es im Tivoli vor 4.361 Fans eine 0:1-Niederlage gegen SV Josko Fenster Ried. In Runde 30 muss sich der FC Wacker Tirol im Hanappi-Stadion Rapid Wien mit 2:1 geschlagen geben. Florian Sturm erzielt den Ehrentreffer. Im Heimspiel gegen SK Puntigamer Sturm Graz gibt es im Tivoli am 12. April eine 2:4-Niederlage. Vor 3.775 Fans erzielen Torsten Knabel und Hannes Aigner die Tiroler Treffer. Am 15. April erreicht der FC Wacker Tirol in der Südstadt gegen Nordea Admira ein 1:1. Hannes Eder trifft in der 93. Minute zum Ausgleich. Nach dem Schlusspfiff, der für die Admira gleichbedeutend mit dem Abstieg ist, kommt es zu unglaublichen Szenen am Platz. Gerd Wimmer schlägt Wacker-Co-Trainer Vogler ins Gesicht, Pashazadeh (Admira-Spieler in Zivil) schlägt Pavlovic in die Nieren, Wimmer schlägt Pavlovic von hinten gegen den Kopf. Bule tritt Feldhofer und steigt auch noch auf den am Boden Liegenden drauf, Faraji, Admira-Amateur in Zivil, tritt Hölzl in den Unterleib.

Ebenfalls 1:1 endet das Spiel im Waldstadion gegen den FC Superfund. Andreas Hölzl trifft für den FC Wacker Tirol. Am 29. April steigt das letzte Westderby in dieser Saison. 6.010 Fans sind beim Spiel gegen Red Bull Salzburg mit dabei. Jerzy Brzeczek bringt den FC Wacker in der ersten Hälfte in Führung. Der 2:2-Ausgleich fällt durch ein Eigentor von Red Bull Salzburg und Dennis Mimm schießt per Kopf in der 92. Minute den 3:2-Siegestreffer für den FC Wacker Tirol.

In der vorletzten Runde verliert der FC Wacker Tirol im Horr-Stadion gegen FK Austria Magna mit 1:2. Alex Gruber erzielt den Treffer für den FC Wacker Tirol. Das letzte Spiel am 13. Mai 2006 in dieser Saison im Tivoli gegen den GAK wird mit 1:3 verloren. Olushola Aganun erzielt den letzten Saisontreffer für den FC Wacker Tirol.

Abschlusstabelle 2005/2006 nach 36 Runden

Mannschaft	S	U	N	Tore	Pkt.
FK Austria Magna	10	10	7	+ 18	67
Red Bull Salzburg	20	3	13	+ 20	63
FC Superfund	16	10	10	+ 11	58
SV Josko Fenster Ried	13	13	10	+ 1	52
SK Rapid Wien	13	10	13	+ 10	49
Liebherr GAK	13	6	17	- 1	45
SV Mattersburg	12	8	16	- 14	44
Sturm Graz	10	12	14	- 7	42
FC Wacker Tirol	10	12	14	- 11	42
Nordea Admira	9	6	21	- 27	33

In der Heimtabelle liegt der FC Wacker Tirol mit sieben Siegen, vier Unentschieden und sieben Niederlagen sowie dem Torverhältnis von 26:25 und 25 Punkten auf dem achten Rang. In der Auswärtstabelle reicht es für den FC Wacker Tirol mit drei Siegen, acht Unentschieden und sieben Niederlagen und 17 Punkten für den sechsten Rang. Das Torverhältnis liegt bei 18:30.

Die besten Torschützen des FC Wacker Tirol sind Olushola Aganun und Milan Pacanda mit je sieben Treffern. Hannes Aigner trifft fünfmal, vier Tore hat Jerzy Brzeczek auf dem Konto, Hannes Eder und Andi Hölzl haben je drei Tore. Vaclav Kolousek und Marcel Schreter waren je zweimal erfolgreich.

Hannes Eder muss zweimal das Spielfeld nach gelb-roten Karten verlassen, ebenfalls Gelb-Rot haben Theo Grüner und Ferdinand Feldhofer ausgefasst. Mit Rot muss Andi Hölzl den grünen Rasen verlassen.

Die meisten Spielminuten in der Saison 2005/2006 hat Andi Hölzl mit 2.886 Minuten. Zeljko Pavlovic kommt auf 2.773, Ferdinand Feldhofer auf 2.722 und Filip Tapalovic auf 2.449 Minuten. Bernd Windisch erreicht 2.401 und Dennis Mimm 2.321 Minuten.

In der Saison 2005/2006 sind folgende Spieler für den FC Wacker Tirol auf das Spielfeld gelaufen: Andi Hölzl, Zeljko Pavlovic, Ferdinand Feldhofer, Filip Tapalovic, Bernd Windisch, Dennis Mimm, Jerzy Brzeczek, Olushola Aganun, Hannes Aigner, Theo Grüner, Hannes Eder, Alex Gruber, Matthias Hattenberger, Milan Pacanda, Torsten Knabel, Vaclav Kolousek, Alex Hörtnagl, Marcel Schreter, Harald Schroll, Flo Mader, Harald Planer, Flo Sturm, Benedict Akwuegbu und Martin Dollinger.

Am 19. Juli 2006 startet die Saison 2006/2007 mit einem Auswärtsspiel in der UPC-Arena. Der FC Wacker Tirol besiegt SK Puntigamer Sturm Graz mit 3:2. Ferdinand Feldhofer, Andi Schrott und Jiri Masek treffen im ersten Saisonspiel für den FC Wacker Tirol. In der zweiten Runde besiegt der FC Wacker Tirol im Fill Metallbau Stadion den SV Josko Fenster Ried mit 1:0. Vaclav Kolousek erzielt das entscheidende Tor. In der dritten Runde folgt der nächste Auswärtssieg für den FC Wacker Tirol. Im Stadion Schnabelholz wird der Cashpoint SCR Altach mit 1:0 besiegt, Torschütze Andi Hölzl.

Am 5. August steigt im Tivoli das erste Heimspiel. FC Wacker Tirol und FK Austria Magna trennen sich mit 1:1, vor 11.386 Fans erzielt Andi Hölzl den Tiroler Treffer. Nach vier Runden liegt der FC Wacker Tirol punktegleich mit Red Bull Salzburg an der Tabellenspitze. Aufgrund der

Umbauarbeiten im Tivoli-Stadion ist das Stadion ausverkauft.

In der fünften Runde muss sich der FC Wacker in der UPC-Arena Liebherr GAK mit 2:1 geschlagen geben. Alex Gruber erzielt den Ehrentreffer der Innsbrucker. Am 19. August trennen sich der FC Wacker Tirol und der FC Superfund im Tivoli vor 6.978 Fans mit 0:0. In der siebten Runde setzt es für den FC Wacker Tirol in Wals-Siezenheim gegen Red Bull Salzburg eine 0:4-Niederlage. Am 9. September 2006 besiegt der FC Wacker Tirol im Tivoli den SV Mattersburg mit 2:1. Vor 4.285 Fans trifft Jiri Masek zum 1:0. Das 2:0 ist ein Eigentor vom SV Mattersburg, ehe Ferdinand Feldhofer in der 92. Minute ebenfalls ins eigene Tor trifft.

Am 16. September 2006 trifft der FC Wacker Tirol im Tivoli auf Rapid Wien. 7.021 Fans sehen die Tore von Ferdinand Feldhofer und Andi Schrott sowie den Endstand von 2:2. Das Rückspiel gegen Rapid im Hanappi-Stadion eine Woche später endet 1:1. Jiri Masek erzielt den Ausgleichstreffer für den FC Wacker Tirol. Am 1. Oktober 2006 wird der SK Puntigamer Sturm Graz im Tivoli mit 2:0 besiegt. 5.714 Fans feiern Olushola Aganun in der 86. Minute und Marcel Schreter in der 89. Minute als Torschützen.

Das Heimspiel im Tivoli in der zwölften Runde gegen SV Josko Fenster Ried verliert der FC Wacker Tirol mit 1:2. 4.742 Fans sehen drei Treffer von Ried. Nach einem Eigentor zum 1:0 für Wacker trifft Ried zweimal ins Wacker-Tor.

Die 13. Runde bringt eine Heimniederlage für den FC Wacker Tirol. Vor 5.339 Fans verliert man gegen Cashpoint SCR Altach mit 0:1. In der Tabelle liegt man immer noch an vierter Stelle.

Am 28. Oktober verliert der FC Wacker Tirol im Horr-Stadion gegen FK Austria Magna mit 1:4. Marcel Schreter erzielt den Ehrentreffer. In Runde 15 erreicht der FC Wacker Tirol am Tivoli gegen Liebherr GAK vor 3.592 Fans ein 1:1. Marcel Schreter hat den FC Wacker bereits in der zweiten

Minute per Elfmeter in Führung gebracht. Am 8. November gelingt dem FC Wacker Tirol ein 2:0-Auswärtssieg. Im Waldstadion erzielen Torsten Knabel und Andi Hölzl die Treffer gegen den FC Superfund.

Am 12. November 2006 kommt es im Tivoli zum Westderby gegen Red Bull Salzburg. 9.187 Fans sehen in der 19. Minute den Führungstreffer für den FC Wacker Tirol durch Martin Dollinger. In der 69. Minute erzielt Bernd Windisch den 2:1-Siegestreffer für den FC Wacker. Eine Woche später erreicht der FC Wacker Tirol im Pappelstadion gegen den SV Mattersburg ein 1:1. Dennis Mimm ist für den FC Wacker Tirol erfolgreich. In der Runde 19 muss sich der FC Wacker Tirol in der UPC-Arena SK Puntigamer Sturm Graz mit 2:0 geschlagen geben. Im letzten Heimspiel im Jahr 2006 erreicht der FC Wacker Tirol im Tivoli vor 3.887 Fans gegen SV Josko Fenster Ried ein 0:0 und das letzte Spiel am 10. Dezember 2006 im Stadion Schnabelholz wird gegen Cashpoint SCR Altach mit 0:2 verloren. In der Tabelle liegt der FC Wacker Tirol vor der Winterpause auf dem vierten Rang.

Am 25. Feber 2007 startet der FC Wacker Tirol mit einem Heimspiel gegen FK Austria Magna in das Frühjahr. Vor 5.076 Fans trennen sich die Mannschaften mit einem 2:2. Nach einem 2:0-Rückstand gelingt Matthias Hattenberger in der 78. und 81. Minute ein Doppelpack. Jeweils nach einer Flanke von Flo Mader kann Hattenberger einköpfeln. Das erste Auswärtsspiel im Jahr 2007 verliert der FC Wacker Tirol in der UPC-Arena gegen Liebherr GAK mit 2:3. Dennis Mimm und Jerzy Brzeczek treffen für den FC Wacker Tirol. Seit 624 Minuten ist Wacker-Stürmer Aganun ohne Treffer, Jiri Masek wartet schon 1083 Minuten auf einen Treffer.

In der 24. Runde trennen sich der FC Wacker Tirol und der FC Superfund im Tivoli vor 4.047 Fans mit einem torlosen Unentschieden. Das Spiel gegen Red Bull Salzburg in Wals-Siezenheim verliert der FC Wacker Tirol mit 0:3. Am 31. März setzt es im Tivoli vor 3.758 Fans eine 1:3-Heimniederlage gegen den SV Mattersburg. Matthias Hattenberger erzielt den Treffer für den FC Wacker Tirol.

Auch gegen Rapid Wien gibt es am 7. April 2007 eine Heimniederlage. Trotz der Tore von Marcel Schreter und Olushola Aganun verliert der FC Wacker Tirol vor 5.365 Fans mit 2:3. Das Rückspiel eine Woche später im Hanappi-Stadion geht mit 1:2 verloren. Für den FC Wacker Tirol trifft Andreas Hölzl in der 3. Minute zur kurzzeitigen Führung. Seit dem 12. November 2006 ist der FC Wacker Tirol ohne Sieg.

In der 29. Runde gibt es die fünfte Niederlage in Folge für den FC Wacker Tirol. Im Tivoli gewinnt SK Puntigamer Sturm Graz vor 3.482 Fans mit 2:0. Und in Runde 30 gibt es im Fill Metallbau Stadion gegen SV Josko Fenster Ried eine 1:2-Niederlage. Torsten Knabel erzielt den Treffer für den FC Wacker Tirol. Nach zwölf Spielen ohne Sieg wird der Vertrag mit Trainer Frantisek Straka einvernehmlich gelöst. Co-Trainer Klaus Vogler übernimmt die Mannschaft.

Nach sechs Niederlagen gelingt dem FC Wacker Tirol beim Heimspiel im Tivoli gegen Cashpoint SCR Altach wieder ein Punktegewinn. Olushola Aganun erzielt den Treffer zum 1:1-Endstand.

Am 5. Mai 2007 verliert der FC Wacker Tirol im Horr-Stadion gegen FK Austria Magna mit 1:4. Olushola Aganun bringt den FC Wacker Tirol kurzzeitig mit 1:0 in Führung. In der 33. Runde ist der Liebherr GAK zu Gast im Tivoli. Der FC Wacker Tirol feiert einen 5:1-Erfolg. Torsten Knabel bringt den FC Wacker in Führung, dann folgen drei Treffer von Vaclav Kolousek, ehe Alex Gruber den 5:1-Endstand fixiert. Es ist der erste volle Erfolg für den FC Wacker Tirol nach 16 sieglosen Bundesligaspielen.

Am 12. Mai 2007 verliert der FC Wacker Tirol im Waldstadion gegen den FC Superfund mit 1:3. Flo Mader bringt den FC Wacker kurzzeitig mit 1:0 in Führung. Das letzte Heimspiel der Saison geht am 17. Mai 2007 über die Bühne. Red Bull Salzburg gewinnt im Tivoli mit 2:0.

In der letzten Runde der Saison ist der FC Wacker Tirol im Pappelstadion zu Gast. Der SV Mattersburg gewinnt das Spiel mit 6:1. Den letzten Treffer der Saison für den FC Wacker Tirol erzielt Jerzy Brzeczek in seinem 301. Bundesligaspiel.

Abschlusstabelle 2006/2007 nach 36 Runden

Mannschaft	S	U	N	Tore	Pkt.
Red Bull Salzburg	22	9	5	+ 47	75
SV Josko Fenster Ried	15	11	10	+ 5	56
SV Mattersburg	16	7	13	+ 3	55
SK Rapid Wien	14	10	12	+ 6	52
FC Superfund	14	10	12	+ 6	52
FK Austria Magna	11	12	13	0	45
SK Sturm Graz	16	6	14	0	41
Cashpoint SCR Altach	11	5	20	- 19	38
FC Wacker Tirol	8	10	18	- 24	34
GAK	8	10	18	- 24	6

Sturm Graz startete mit - 3 Punkten und zehn Punkte wurden im Lizenzierungsverfahren abgezogen;

GAK startete mit - 6 Punkten lt. FIFA-Entscheid und 22 Punkte wurden im Lizenzierungsverfahren abgezogen.

In der Heimtabelle der Saison 2006/2007 liegt der FC Wacker Tirol mit vier Siegen, acht Unentschieden und sechs Niederlagen an letzter Stelle der Tabelle. Das Torverhältnis beträgt 22:23 Tore. In der Auswärtstabelle reicht es für den FC Wacker Tirol mit vier Siegen, zwei Unentschieden und zwölf Niederlagen für den siebten Tabellenrang. Das Torverhältnis liegt bei 18:41 Toren.

Mit je vier Toren sind Andreas Hölzl, Vaclav Kolousek, Olushola Aganun und Marcel Schreter die besten Torschützen des FC Wacker Tirol. Drei Treffer erzielt Jiri Masek. Ein Eigentor erzielt Ferdinand Feldhofer.

Ferdinand Feldhofer muss zweimal das Spielfeld nach gelb-roten Karten verlassen, je eine gelb-rote Karte müssen Vaclav Kolousek, Theo Grüner, Flo Mader und Harald Planer hinnehmen. Martin Saltuari wird mit der roten Karte des Feldes verwiesen.

Die meisten Spielminuten der Saison hat Dennis Mimm mit 2.909 Spielminuten aufzuweisen. Jiri Masek erreicht 2.478 Minuten, Andreas Hölzl 2.330 und Ferdinand Feldhofer 2.311 Minuten.

In der Saison sind folgende Spieler für den FC Wacker Tirol aufgelaufen: Zeljko Pavlovic, Harald Planer, Dennis Mimm, Jiri Masek, Andreas Hölzl, Ferdinand Feldhofer, Vaclav Kolousek, Matthias Hattenberger, Olushola Aganun, Bernd Windisch, Andreas Schrott, Theo Grüner, Torsten Knabel, Alex Gruber, Flo Mader, Jerzy Brzeczek, Marcel Schreter, Hannes Eder, Martin Saltuari, Martin Dollinger, Sandro Samwald, Fabian Schumacher, Emidio Wellington, Marco Hesina und Florian Jamnig.

Am 11. Juli 2007 startet der FC Wacker Innsbruck in die Saison 2007/2008. Im Hanappi-Stadion muss sich Wacker Rapid Wien mit 1:3 geschlagen geben. Olushola Aganun bringt Innsbruck in der fünften Minute mit 1:0 in Führung. Geprägt wird das Spiel auch durch die Entscheidungen von Schiedsrichter Stefan Meßner. Der ehemalige Wacker-Verteidiger und jetzt bei Rapid spielende Hannes Eder erhält nach einem Ellbogencheck gegen Peter Orosz die rote Karte. Matthias Hattenberger muss in der 83. Spielminute nach Gelb-Rot das Spielfeld verlassen und Vaclav Kolousek bekommt im Kabinentrakt die rote Karte. Daneben verteilt Messner noch sieben gelbe Karten.

In der zweiten Runde trennt sich der FC Wacker Innsbruck im Tivoli im ersten Heimspiel vor 3.570 Fans vom SK Puntigamer Sturm Graz mit einem torlosen Unentschieden. Auch die dritte Runde bringt ein Heimspiel im Tivoli für den FC Wacker Innsbruck. Gegen den SV Mattersburg erreichen die Innsbrucker vor 4.068 Fans durch Tore von Peter Orosz und Dennis Mimm ein 2:2. Am 29. Juli verliert der FC Wacker Innsbruck im Stadion Schnabelholz gegen Cashpoint SCR Altach mit 1:2, Peter Orosz erzielt den Innsbrucker Treffer. In der fünften Runde spielt der FC Wacker Innsbruck im Tivoli gegen SK Austria Kelag Kärnten und 3.730 Fans sehen ein weiteres Tor von Peter Orosz und einen 1:1-Endstand. In der Tabelle liegt der FC Wacker nach fünf Runden auf dem neunten Platz.

In Runde sechs gibt es gegen FK Austria Magna im Horr-Stadion eine 1:6-Niederlage, Marcel Schreter erzielt den Ehrentreffer.

Bei Theo Grüner wird ein bösartiger Tumor an der rechten Niere festgestellt. Wenige Stunden nach der Diagnose wird dem 30-jährigen Imster das befallene Organ operativ entfernt. In der ganzen Liga lautet die Devise: „Alles Gute, Theo!"

Mit der 1:2-Heimniederlage im Tivoli in der siebten Runde gegen LASK Linz rutscht der FC Wacker Innsbruck erstmals an das Tabellenende. Vor 3.964 Fans erzielt Thomas Eder den Innsbrucker Treffer. Am 25. August 2007 geht das Westderby gegen FC Red Bull Salzburg in Wals-Siezenheim mit 1:3 verloren. Durch einen Treffer von Thomas Eder und einem gehaltenen Elfmeter von Pascal Grünwald führt Innsbruck bis zum Pausenpfiff mit 1:0.

In Runde neun verliert der FC Wacker Innsbruck im Tivoli vor 4.108 Fans gegen SV Josko Fenster Ried mit 0:1. Wacker-Fans stürmen nach der roten Karte für Saltuari in der 88. Minute das Spielfeld. Zwei nicht gegebene Elfmeter für den FC Wacker Innsbruck und Provokationen von Ried-Tormann Berger führten zur explosiven Stimmung. Außerdem muss Wacker-Trainer Lars Sondergaard von der Trainerbank auf die Tribüne. Wacker-Obmann Gerhard Stocker, Fanbeauftragter Ossi Wolkenstein sowie Spieler und Ordner beruhigen die Fans und das Spiel wird nach sieben Minuten von Schiedsrichter Michael Robitsch fortgesetzt.

Das Rückspiel im Fill Metall Bau Stadion gegen SV Josko Fenster Ried endet mit einem torlosen Unentschieden. Am 23. September 2007 erreicht der FC Wacker Innsbruck mit einem 1:1 gegen Rapid Wien einen Teilerfolg. Vor 5.600 Fans erzielt Michael Madl den Führungstreffer für den FC Wacker.

In der zwölften Runde gibt es gegen SK Puntigamer Sturm Graz in der UPC-Arena eine 0:3-Niederlage, in Runde 13 verliert der FC Wacker im Pappelstadion gegen den SV Mattersburg mit 1:3. Martin Dollinger erzielt den Ehrentreffer für den FC Wacker Innsbruck. In der 15. Runde am 20. Oktober 2007 gibt es gegen SK Austria Kelag Kärnten in der Hypo Group Arena eine 0:2-Niederlage.

Das Heimspiel zwischen dem FC Wacker Innsbruck und Cashpoint SCR Altach in der 14. Runde wird am 24. Oktober 2007 im Tivoli ausgetragen. An der Seitenlinie steht erstmals Helmut Kraft als Trainer des FC Wacker Innsbruck. Er und 4.104 Fans müssen eine 0:1-Heimniederlage mit ansehen.

Am 28. September 2007 wird die 16. Runde der Saison gespielt. Im Tivoli ist FK Austria Magna zu Gast. Vor 5.500 Fans darf der FC Wacker Innsbruck den ersten vollen Erfolg der Saison feiern. Peter Orosz sorgt mit einem Doppelpack in der 31. und 57. Minute für den 2:0-Heimsieg des FC Wacker Innsbruck. Ehrengast im Tivoli ist Euro-Botschafter und ehemaliger Innsbruck-Liebling Hansi Müller.

Nur drei Tage später spielt der FC Wacker Innsbruck im Stadion der Stadt Linz gegen LASK Linz und verliert mit 0:5. Am 3. November findet im Tivoli das Westderby gegen FC Red Bull Salzburg statt. 6.800 Fans sehen in der 41. Minute den Führungstreffer durch Matthias Hattenberger für den FC Wacker Innsbruck. In der 51. Minute erhöht Hattenberger auf 2:0 und Flo Mader erzielt in der 74. Minute den 3:0-Führungstreffer. Endstand im Tivoli: 3:1 für den FC Wacker Innsbruck.

In der 19. Runde holt der FC Wacker Innsbruck in der Cashpoint-Arena gegen den SCR Altach mit einem 1:1-Unentschieden einen Punkt. Peter Orosz erzielt den Ausgleichstreffer für den FC Wacker. Am 24. November besiegt der FC Wacker Innsbruck im Tivoli LASK Linz mit 2:0. 4.090 Fans sehen die Tore von Peter Orosz und Matthias Hattenberger. In der 21. Runde gelingt der erste Auswärtssieg in der Saison. Durch Tore von Ferdinand Feldhofer und Andi Hölzl wird der SK Austria Kelag Kärnten in der Hypo Group Arena mit 2:0 besiegt. Der FC Wacker Innsbruck rückt in der Tabelle auf den vorletzten Platz vor.

Am 8. Dezember 2007 erreicht der FC Wacker Innsbruck im Tivoli gegen Rapid Wien ein 1:1-Unentschieden. 9.825 Fans bejubeln den Führungstreffer von Dennis Mimm für den FC Wacker Innsbruck. Das letzte Spiel im Jahr 2007 findet am 15. Dezember 2007 im Fill Metall Bau Stadion statt. SV Josko Fenster Ried und der FC Wacker Innsbruck trennen sich 0:0.

Das Frühjahr beginnt für den FC Wacker Innsbruck am 16. Feber 2008 mit einem Heimspiel im Tivoli gegen SK Puntigamer Sturm Graz. 7.100 Fans jubeln dank einem Tor von Torsten Knabel über den Punktegewinn. In Runde 25 verliert der FC Wacker Innsbruck im Pappelstadion gegen SV Mattersburg mit 1:2. Bis zum Pausenpfiff führt der FC Wacker durch ein Tor von Andreas Hölzl mit 1:0. Am 27. Feber gewinnt FK Austria Magna im Tivoli mit 2:1. 5.082 Fans sehen den Treffer von Marcel Schreter für den FC Wacker Innsbruck durch einen Elfmeter. In Runde 27 gibt es in Wals-Siezenheim gegen den FC Red Bull Salzburg eine 0:2-Auswärtsniederlage für den FC Wacker Innsbruck. Das Rückspiel am 9. März 2008 im Tivoli verliert der FC Wacker Innsbruck mit 1:2. In der 72. Minute erzielt Peter Orosz vor 7.103 Fans den Ausgleichstreffer, ehe Salzburg in der 94. Minute den Sieg fixiert. Am 15. März erreicht der FC Wacker Innsbruck im Tivoli gegen Cashpoint SCR Altach ein 1:1-Unentschieden. Vor 5.888 Fans trifft Andreas Hölzl zum Ausgleich. In der Tabelle rutscht der FC Wacker Innsbruck wieder auf den letzten Tabellenplatz.

In Runde 30 trennen sich der LASK Linz und der FC Wacker Innsbruck im Stadion der Stadt Linz mit einem 3:3. Vaclav Kolousek in Halbzeit eins und Peter Orosz und Michael Madl in der zweiten Hälfte treffen für den FC Wacker Innsbruck. Am 22. März 2008 trennen sich der FC Wacker Innsbruck und SK Austria Kelag Kärnten im Tivoli torlos. 6.762 Fans sehen vier gelbe und eine gelb-rote Karte in diesem Spiel. In der Runde 32 verliert der FC Wacker Innsbruck im Hanappi-Stadion gegen Rapid Wien mit 1:4. Andreas Schrott erzielt den Ehrentreffer. Am 5. April 2008 gewinnt der FC Wacker Innsbruck im Tivoli gegen SV Josko Fenster Ried mit 1:0. Olushola Aganun erzielt in der 60. Minute vor 4.696 Fans den Siegestreffer. In Runde 34 muss sich der FC Wacker Innsbruck in der UPC-Arena SK Puntigamer Sturm Graz mit 2:0 geschlagen geben. Das letzte Heimspiel der Saison findet am 20. April 2008 im Tivoli gegen SV Mattersburg statt. 9.800 Fans sehen einen 5:0-Erfolg der Burgenländer im Tivoli. Innsbruck kann nur drei gelbe und eine rote Karte für sich verbuchen. In der letzten Runde am 26. April 2008 ist der FC Wacker Innsbruck im Horr-Stadion bei FK Austria Magna zu Gast. Trotz der Pausenführung durch Vaclav Kolousek verliert der FC Wacker Innsbruck das Spiel mit 1:2 und muss als Tabellenletzter in die ADEG Erste Liga absteigen.

Abschlusstabelle 2007/2008 nach 36 Runden

Mannschaft	S	U	N	Tore	Pkt.
Rapid Wien	21	6	9	+ 33	69
Red Bull Salzburg	18	9	9	+ 21	63
FK Austria Magna	15	13	8	+ 13	58
SK Sturm Graz	15	11	10	+ 19	56
SV Mattersburg	13	14	9	+ 12	53
LASK Linz	14	11	1	+ 7	53
SV Josko Fenster Ried	10	8	18	- 15	38
Cashpoint SCR Altach	8	12	16	- 27	36
SK Austria Kelag Ktn.	8	9	19	- 32	33
FC Wacker Innsbruck	6	11	19	- 31	29

In der Heimtabelle liegt der FC Wacker Innsbruck mit fünf Siegen, sieben Unentschieden und sechs Niederlagen und 22 Punkten auf dem neunten Tabellenrang. Das Torverhältnis liegt bei 18:20 Treffern. In der Auswärtstabelle liegt der FC Wacker Innsbruck mit nur einem Sieg, vier Unentschieden und 13 Niederlagen und sieben Punkten an der letzten Stelle.

Der Top-Torschütze in der Saison für den FC Wacker Tirol ist mit neun Treffern Peter Orosz. Je drei Treffer erzielen Andreas Hölzl und Matthias Hattenberger. Sechs FC Wacker Spieler sind zweimal erfolgreich und je einen Treffer steuern fünf Wacker-Spieler bei.

Mit gelb-roten Karten müssen Peter Orosz, Matthias Hattenberger, Sandro Samwald und Thomas Eder das Spielfeld vorzeitig verlassen. Gleich sechs Spieler erhalten direkt die rote Karte. Vaclav Kolousek, Andreas Schrott, Michael Madl, Ferdinand Feldhofer, Thomas Eder und Martin Saltuari sind davon betroffen.

Die meisten Spielminuten in der Saison 2007/2008 für den FC Wacker Innsbruck hat Dennis Mimm mit 2.807 Minuten, ihm folgen Vaclav Kolousek mit 2.745, Peter Orosz mit 2.721, Bernd Windisch mit 2.365 und Zeljko Pavlovic mit 2.340 Minuten.

In der Saison 200/2008 laufen folgende Spieler für FC Wacker Innsbruck auf: Zeljko Pavlovic, Pascal Grünwald, Dennis Mimm, Vaclav Kolousek, Peter Orosz, Bernd Windisch, Andreas Schrott, Andreas Hölzl, Torsten Knabel, Florian Mader, Michael Madl, Ferdinand Feldhofer, MatthiasHattenberger, Sandro Samwald, Marcel Schreter, Mattias Lindström, Thomas Eder, Olushola Aganun, Martin Dollinger, Markus Seelaus, Theo Grüner, Amer Durmic, Sergio Guillermo Imhoff, Emmanuel Clottey, Martin Saltuari, Dario Dakovic, Besian Idrizaj, Julius Perstaller und Benjamin Pranter

Der FC Wacker Innsbruck beginnt am 12. Juli 2008 mit einem Auswärtsspiel im Stadion Wiener Neustadt gegen SC Magna Wiener Neustadt die ADEG-Erste-Liga-Saison. Durch Tore von Julius Perstaller, Sammy Koejoe und Markus Seelaus gewinnt der FC Wacker Innsbruck den Auftakt mit 3:0. Im ersten Heimspiel trifft der FC Wacker Innsbruck im Tivoli auf FK Austria Wien Amateure und siegt nach torloser erster Halbzeit mit 3:0. 6.672 Fans sehen die Treffer von Markus Unterrainer, Sammy Koejoe und Bilent Bülgen zwischen der 71. und 78. Minute. In der dritten Runde trifft der FC Wacker Innsbruck im Stadion Voithplatz auf SKNV St. Pölten. Nach Toren von Markus Unterrainer, Marcel Schreter und Fabiano liegen die Innsbrucker nach 50 Minuten mit 3:0 vorne, müssen aber in der 91. Minute noch den 3:3-Ausgleichstreffer hinnehmen. In der vierten Runde wird der SV Scholz Grödig im Tivoli mit 3:1 besiegt. Vor 5.274 Fans treffen Markus Unterrainer, Fabiano und Marcel Schreter für den FC Wacker Innsbruck. Im Reichshofstadion gelingt dem FC Wacker Innsbruck am 8. August 2008 ein 3:2-Auswärtserfolg. Markus Unterrainer, Julius

Perstaller und Fabiano treffen gegen SC Austria Lustenau. Nach fünf Runden liegt der FC Wacker Innsbruck an der Tabellenspitze.

In der sechsten Runde trennen sich der FC Wacker Innsbruck und Red Bull Juniors Salzburg im Tivoli mit 2:2. Vor 5.073 Fans erzielen Markus Unterrainer und Fabiano die Treffer für den FC Wacker. Im Spitzenspiel gegen FC Trenkwalder Admira am 29. August im Bundesstadion Südstadt ist der FC Wacker Innsbruck mit 2:1 erfolgreich. Marcel Schreter und Fabiano treffen für den FC Wacker Innsbruck, insgesamt gibt es acht gelbe und eine gelb-rote Karte in diesem Spiel. In der achten Runde gibt es die erste Niederlage für den FC Wacker Innsbruck. Im Stadion Gratkorn verliert der FC Wacker gegen FC Pax Gratkorn mit 0:2. Das darauffolgende Heimspiel im Tivoli gegen DSV Leoben gewinnt der FC Wacker Innsbruck mit 4:1. Manuel Schmid, Julius Perstaller, Sammy Koejoe und Mario Sara erzielen vor 3.586 Fans die Treffer für den FC Wacker. In Runde zehn trennen sich der FC Lustenau 1907 und der FC Wacker Innsbruck im Reichshofstadion mit einem torlosen Unentschieden. Der FC Wacker Innsbruck liegt auch nach zehn Runden an der Tabellenspitze.

Das Heimspiel gegen den 1. FC RFE Vöcklabruck im Tivoli gewinnt der FC Wacker Innsbruck am 3. Oktober 2008 mit 2:1. Nach einer torlosen ersten Halbzeit sehen 3.500 Fans die Wackertore von Markus Unterrainer und Fabiano. Das Spitzenspiel in der zwölften Runde zwischen dem FC Wacker Innsbruck und SC Magna Wiener Neustadt im Tivoli endet 1:1. Vor 7.018 Fans bringt Julius Perstaller den FC Wacker in der 31. Minute in Führung. Der Ausgleich fällt in der 89. Minute. In der 14. Runde muss sich der FC Wacker Innsbruck im Horr-Stadion den FK Austria Wien Amateuren mit 4:1 geschlagen geben. Sammy Koejoe bringt den FC Wacker kurzzeitig in Führung. In Runde 14 verliert der FC Wacker Innsbruck das Heimspiel gegen SKNV

St. Pölten vor 4.070 Fans mit 0:1. Damit rutscht der FC Wacker Innsbruck auch erstmals von der Tabellenspitze.

Am 8. November 2008 muss sich der FC Wacker Innsbruck in der Untersbergarena dem SV Scholz Grödig mit 2:1 geschlagen geben. Fabiano erzielt den Ehrentreffer für Wacker. In Runde 16 gibt es im Tivoli vor 3.618 Fans eine 2:4-Niederlage gegen SC Austria Lustenau. Ulrich Winkler und Fabiano können jeweils für den FC Wacker Innsbruck ausgleichen. Am 14. November 2008 spielt der FC Wacker Innsbruck in der Red Bull Arena gegen die Red Bull Juniors Salzburg 2:2. Durch die Tore von Mathias Gstrein und Ulrich Winkler in der 82. und 85. Minute kann der FC Wacker Innsbruck einen 2:0-Rückstand aufholen. Das Spitzenspiel zwischen dem FC Wacker Innsbruck und dem FC Trenkwalder Admira am 22. November im Tivoli endet ebenfalls mit 2:2. Markus Unterrainer erzielt vor 3.745 Fans einen Doppelpack. Am 28. November 2008 wird die letzte Runde im Jahr 2008 gespielt und der FC Wacker Innsbruck besiegt im Tivoli den FC Pax Gratkorn mit 2:0. Julius Perstaller und Mathias Gstrein dürfen sich als Torschützen von 2.973 Fans bejubeln lassen. Der FC Wacker Innsbruck geht als Tabellenvierter in die Winterpause.

In Runde 20 (Nachtragsspiel am 28. März 2010) trifft der FC Wacker Innsbruck im Stadion Donawitz auf den DSV Leoben. Dank der Tore von Fabiano und Markus Unterrainer gewinnt der FC Wacker mit 2:1.

Das erste Spiel im Frühjahr bestreitet der FC Wacker Innsbruck am 14. März 2009 im Tivoli gegen den FC Lustenau 1907. 4.239 Fans sind beim Frühjahrsauftakt mit dabei und dürfen sich über die Tore von Sammy Koejoe, Fabiano und Marcel Schreter zum 3:0-Sieg des FC Wacker Innsbruck freuen. In der Runde 21 gewinnt der FC Wacker Innsbruck im Voralpenstadion Vöcklabruck gegen den 1. FC RFE Vöcklabruck mit 1:0. Thomas Löffler erzielt das Goldtor. Am 20. März 2009 besiegt der FC Wacker Innsbruck im Tivoli den SKNV St. Pölten mit 3:0. Mossoró (Joao Batista Lima Gomes) mit einem Doppelpack und Marcel Schreter erzielen vor 3.711 Zuschauern die Tore für den FC Wacker Innsbruck. In Runde 24 trennen sich SC Austria Lustenau und der FC Wacker Innsbruck im Reichshofstadion mit einem 2:2-Unentschieden. Marcel Schreter und Fabiano erzielen die Treffer für den FC Wacker Innsbruck.

Am 11. April 2009 kommt es im Tivoli zum Schlagerspiel zwischen dem FC Wacker Innsbruck und SC Magna Wiener Neustadt. Durch ein Eigentor in der 15. Minute geht der FC Wacker Innsbruck vor 7.021 Fans mit 1:0 in Führung. Neustadt kann das Spiel aber noch drehen und gewinnt am Ende mit 3:1. In Runde 26 besiegt der FC Wacker Innsbruck den FC Pax Gratkorn im Tivoli mit 4:1. Julius Perstaller mit einem Doppelpack sowie Thomas Löffler und Marcel Schreter erzielen vor 3.831 Fans die Treffer für den FC Wacker Innsbruck.

Am 24. April besiegt der FC Wacker Innsbruck im Horr-Stadion die FK Austria Wien Amateure mit 1:0. Mossoró erzielt in der 84. Minute den entscheidenden Treffer. Am 1. Mai verliert der FC Wacker Innsbruck das Heimspiel im Tivoli gegen die Red Bull Juniors Salzburg mit 0:1. In Runde 29 trennen sich der FC Lustenau 1907 und der FC Wacker Innsbruck im Reichshofstadion mit 1:1. Markus Unterrainer erzielt den Ausgleichstreffer für den FC Wacker Innsbruck. Am 12. Mai spielt der FC Wacker Innsbruck das Heimspiel gegen den 1. FC RFE Vöcklabruck. Vor 3.416 Fans geht der FC Wacker in der zweiten Minute durch Manuel Schmid in Führung. Vor dem Seitenwechsel geht der FC Wacker durch ein Eigentor und einen Treffer von Fabiano mit 3:1 in Führung. In der 52. Minute erhöht Fabiano auf 4:1, nach 90 Minuten gewinnt der FC Wacker mit 4:3. In der 31. Runde spielt der FC Wacker Innsbruck in der Untersbergarena gegen den SV Scholz Grödig. Durch

Tore von Fabiano und dem Doppelpack von Marcel Schreter gewinnt der FC Wacker Innsbruck mit 3:2.

Das letzte Heimspiel der Saison findet am 19. Mai 2009 gegen den FC Trenkwalder Admira statt. Zur Halbzeit führt die Admira vor 4.684 Fans mit 1:0, nach dem Seitenwechsel kann Manuel Schmid in der 55. Minute den Ausgleich fixieren und Marcel Schreter trifft in der 63. Minute zum 2:1-Siegestreffer für den FC Wacker Innsbruck.

Das letzte Spiel der Saison findet am 29. Mai 2009 im Stadion Donawitz statt. Der FC Wacker Innsbruck gewinnt gegen den DSV Leoben mit 2:0. Mario Sara und Fabiano erzielen die Innsbrucker Tore.

Abschlusstabelle 2008/2009 nach 33 Runden

Mannschaft	S	U	N	Tore	Pkt.
Wr. Neustadt	21	6	6	+ 39	69
FC Wacker Innsbruck	18	8	8	+ 21	62
FC Trenkwalder Admira	18	6	9	+ 19	60

In der Heimtabelle erreicht der FC Wacker Innsbruck mit zehn Siegen, drei Unentschieden und vier Niederlagen sowie 33 Punkten den zweiten Tabellenrang. Das Torverhältnis liegt bei 38:22 Treffern, wobei der FC Wacker am meisten Heimtore erzielt hat. Auch in der Auswärtstabelle liegt der FC Wacker Innsbruck an zweiter Stelle. Acht Siege, fünf Unentschieden und drei Niederlagen bedeuten 29 Punkte in der Fremde. Das Torverhältnis liegt bei 27:22 Toren.

Mit 15 Toren ist Fabiano Top-Torschütze des FC Wacker Innsbruck. Je zehn Treffer erzielen Markus Unterrainer und Marcel Schreter. Sieben Tore gehen auf das Konto von Julius Perstaller. Fünf Treffer erzielt Sammy Koejoe, drei Tore steuern zwei Wacker-Spieler bei, vier Spieler trafen zweimal und zwei Spieler je einmal ins Tor. Ein Eigentor geht auf das Konto von Bülent Bilgen.

Mario Sara, Andreas Schrott, Manuel Schmid und Mossoró müssen nach einer gelb-roten Karte das Spielfeld verlassen, Schmid erhält außerdem einmal direkt die rote Karte.

Die meisten Spielminuten in der Saison kann Ulrich Winkler mit 2.970 Minuten (alle 33 Runden im Einsatz) vorweisen. Ihm folgen Mario Sara mit 2.761 Minuten, Pascal Grünwald mit 2.700, Fabiano mit 2.656 und Andreas Schrott mit 2.490 Minuten.

In der schwarz-grünen Dress liefen in der Saison 2008/2009 auf: Pascal Grünwald, Harald Planer, Fabian Schumacher, Ulrich Winkler, Mario Sara, Fabiano, Andreas Schrott, Manuel Schmid, Markus Unterrainer, Marcel Schreter, Thomas Schrammel, Rene Gsellmann, Julius Perstaller, Sammy Koejoe, Dario Dakovic, Fabian Koch, Bülent Bilgen, Semsudin Mehic, Mossoró, Markus Obernosterer, Markus Seelaus, Markus Anfang, Mathias Gstrein, Thomas Löffler, Niklas Lercher und Sandro Samwald.

FC Wacker im Cup seit 2002

In der Saison 2002/2003 nennt sich der Cupbewerb „ÖFB-Memphis-Cup“. Die SPG Wattens/Wacker trifft in der ersten Runde am 27. August 2002 auf den Wiener-Liga-Klub Fortuna 05 und gewinnt durch einen Treffer von Andreas Schrott mit 1:0. In der zweiten Runde empfängt die SPG Wattens/Wacker am 24. September 2002 im Tivoli SC Austria Lustenau und gewinnt sensationell mit 4:0. In der dritten Runde am 18. März 2003 besiegt die SPG Wattens/Wacker im Tivoli den FC Lustenau mit 5:3. Unter den 4.000 Zusehern auch Ex-Trainer Jogi Löw (jetziger Nationaltrainer der deutschen Nationalmannschaft). Der Doppelpack von Sammy Koejoe in der 108. und 112. Minute der Verlängerung sorgt für die Entscheidung. In der vierten Runde (die besten acht des Bewerbs) trifft die SPG Wattens/Wacker im Tivoli am 8. April 2003 auf SV Wüstenrot Salz-

Der Traditionsverein freut sich über treue und junge Fans in Schwarz-Grün

burg. Bei einem Besucherrekord mit 10.000 Fans im Tivoli verabschiedet sich die SPG Wattens/Wacker mit einer 2:0-Niederlage vom Bewerb.

In der Saison 2003/2004 startet der FC Wacker Tirol mit einem 3:0-Auswärtssieg gegen Union Sparkasse Pettenbach in den Stiegl-Cup. In der zweiten Runde steht es nach 90 Minuten in Schwanenstadt zwischen dem SC Schwan Schwanenstadt und dem FC Wacker Tirol 2:2, in der Verlängerung setzt sich der FC Wacker mit 4:2 durch. In der dritten Runde trifft der FC Wacker Tirol im Tivoli am 23. März 2004 auf den Liebherr GAK. Der FC Wacker Tirol muss sich mit 1:2 geschlagen geben.

In der Saison 2004/2005 verliert der FC Wacker Tirol in der ersten Runde am Red-Star-Platz in Wien gegen die SK Rapid Amateure mit 1:2.

In der Saison 2005/2006 startet der FC Wacker Tirol mit einem 3:0-Auswärtssieg gegen ATSV Bamminger Sattledt in den Stiegl-Cup. In der zweiten Runde werden die SK Sturm Amateure auswärts mit 3:0 besiegt. In der dritten Runde verliert der FC Wacker Innsbruck im Horr-Stadion im dritten Auswärtsspiel im Cup gegen FK Austria Magna mit 0:2.

In der Saison 2006/2007 verliert der FC Wacker Tirol in Voitsberg in der ersten Runde gegen den Arbeiter Sport-Klub Voitsberg mit 0:1.

In der Saison 2008/2009 scheidet der FC Wacker Innsbruck bereits in der ersten Runde aus. Nach 90 Minuten steht es gegen den SC/ESV Parndorf 0:0 unentschieden. In der Verlängerung trifft Parndorf zum 1:0-Erfolg.

In der Saison 2009/2010 gewinnt der FC Wacker Innsbruck in der ersten Runde gegen den FC Kufstein in Kufstein mit 2:1. In der zweiten Runde spielt der FC Wacker Innsbruck in Schwaz gegen die SPG Reichenau/Union und gewinnt mit 4:1. Am 9. März 2010 spielt der FC Wacker Innsbruck im Tivoli gegen SC Austria Lustenau und muss sich mit 1:0 geschlagen geben.

Die Trainer seit 2002

Acht Trainer waren seit 2002 im Dienste des FC Wacker. In der ersten Saison führte Michi Streiter die Mannschaft durch die Regionalliga West. Während seiner aktiven Karriere als Abwehrspieler spielte der 1966 in Hall geborene Michael Streiter für den SV Volders, FC Wacker Innsbruck, FC Swarovski Tirol, FC Tirol Innsbruck, Austria Wien und WSG Wattens. 34-mal spielte Streiter im österreichischen Nationalteamdress, unter anderem bei der Fußball-Weltmeisterschaft 1990 in Italien.

Nach dem Aufstieg wurde Streiter von Helmut Kraft abgelöst. Der 1958 in Hall geborenen Kraft spielte 19 Jahre für den SV Hall, ehe er 1997 sein erstes Traineramt beim SV Wörgl übernahm. Nach einer Saison beim SC Untersiebenbrunn war Kraft für den FC Wacker Tirol vom 1. Juni 2003 bis 9. November 2004 als Trainer tätig.

Der Trainer mit seinem Stürmer: Walter Kogler mit Anweisungen an Marcel Schreter

Als neuen Trainer präsentierte der FC Wacker Tirol Stani Tschertschessow. Der ehemalige Fußballnationaltorhüter wurde 1963 in Alagir, Nordossetien, geboren. 1996 wechselte Tschertschessow zum FC Tirol Innsbruck und erreichte als Tormann die Meistertitel in den Jahren 2000, 2001 und 2002 und bei den Fans einen Kultstatus. In der Saison 2003/2004 betreute er das Team des FC Kufstein. Im Sommer 2006 unterzeichnete Tschertschessow einen Kontrakt als Teammanager bei Spartak Moskau, wo er unter anderem auch als Trainer bis zum August 2008 tätig war. Die richtige Schreibweise von Stanis Namen sorgt ein wenig für Verwirrung – lt. Wikipedia wird er Stanislaw Tschertschessow bzw. Stanislav Čerčesov geschrieben.

Die Saison 2006/2007 startete der FC Wacker Tirol mit Frantisek Straka als Trainer. Straka wurde 1958 in der Tschechoslowakei geboren und war als Verteidiger zwischen 1977 und 1998 bei verschiedenen Vereinen aktiv. Nach einer Serie von zwölf sieglosen Spielen musste Straka im April 2007 den FC Wacker Tirol verlassen.

Vom April bis Juli 2007 übernahm Klaus Vogler das Traineramt. Vogler war seit 27.6.2005 als Co-Trainer beim FC Wacker tätig. Nach sieben Spielen übernahm Vogler bis 30.6.2008 wieder das Co-Traineramt.

Zu Beginn der Saison 2007/2008 war Lars Sondergaard als Trainer tätig. Sondergaard wurde 1959 in Dänemark geboren und als Jugend- und Co-Trainer beim Aalborg BK tätig. Ab 2000 war Sondergaard bei verschiedenen österreichischen Vereinen als Trainer verantwortlich. Der Vertrag mit dem FC Wacker Innsbruck wurde am 22. Oktober 2007 gelöst.

Am 22. Oktober 2007 kehrte Helmut Kraft als Sportdirektor zum FC Wacker Innsbruck zurück. Der gewünschte Trainer kam nicht nach Innsbruck, und so fungierte Kraft in einer Doppelfunktion. Am 28. April 2008 wurde der Vertrag zwischen Helmut Kraft und dem FC Wacker Innsbruck einvernehmlich gelöst.

Seit Mai 2008 führt Walter Kogler das Training beim FC Wacker Innsbruck. Kogler wurde 1967 in Wolfsberg geboren. Ab 1987 spielte der Abwehrspieler bei österreichischen Topvereinen, ehe er 1999 zum FC Tirol Innsbruck wechselte. Zwischen 1991 und 2001 bestritt er 28 Spiele für die österreichische Nationalmannschaft. Nach seiner aktiven Karriere übernahm er die sportliche Leitung der Nachwuchsakademie des FC Kärnten. Dann folgten Trainertätigkeiten bei WAC/St. Andrä und dem DSV Leoben, ehe er das Traineramt beim FC Wacker Innsbruck übernahm. Neben den drei Meistertiteln mit dem FC Tirol wurde Kogler auch mit Austria Wien und Salzburg österreichischer Fußballmeister. Den österreichischen Cup konnte Kogler einmal gewinnen, den Supercup dreimal. In seinen 17 Profijahren spielte Kogler 495-mal in der Bundesliga.

Eindrucksvoll seine Bilanz in den ersten zwei Jahren mit dem FC Wacker Innsbruck: In den Spielen der Ersten Liga gab es unter ihm 39 Siege, 14 Unentschieden und 13 Niederlagen. Das Torverhältnis lag bei 132:70 Toren.

FC Tirol – der Fall

Ab 1995 lautet der Vereinsname FC Tirol Milch Innsbruck, in der ersten Saison wird das Vereinslogo ohne Sponsor geführt, dann wird das Logo mit Tirol Milch am unteren Ende verwendet. In der Saison kehrt der Verein wieder zum Logo ohne Tirol Milch zurück, der Vereinsname an sich bleibt aber bestehen. Laut den Statuten, die dem Gericht vorgelegt werden, führt der Verein den Namen FC Tirol Innsbruck, kurz FC Tirol.

Sportlich beginnt das Jahr 2002 für den FC Tirol Innsbruck mit dem Auswärtsspiel im Schwarzenegger-Stadion am 19. Feber 2002 gegen SK Puntigamer Sturm Graz. Es ist das Nachtragsspiel der sechsten Runde und der FC Tirol Innsbruck gewinnt dank einem Treffer von Jürgen Panis in der 20. Minute mit 1:0.

Der Baske als Bollwerk in der Abwehr: Inaki Bea Jauregi, eine der Stützen des Traditionsvereins

Am 23. Feber 2002 findet das Heimspiel gegen Casino SW Bregenz in der 23. Runde statt. Vor rund 10.000 Zusehern gewinnt der FC Tirol durch Tore von Jürgen Panis, Zoran Barisic, Michael Baur und Roland Kirchler klar mit 4:1. Am 3. März unterliegt der FC Tirol im Schwarzenegger-Stadion dem SK Puntigamer Sturm Graz mit 0:1. Das Siegestor fällt zwei Minuten vor Spielende.

Am 6. März 2002 spielt der FC Tirol das Nachtragsspiel der zehnten Runde im Wörthersee-Stadion gegen den FC Kelag Kärnten. In der 41. Minute erzielt Radoslav Gilewicz den Führungstreffer für den FC Tirol. Es ist sein erstes Tor seit dem 25. August 2001, damals traf er ebenfalls gegen Kärnten.

Am 10. März 2002 besiegt der FC Tirol im Tivoli FK Austria Memphis mit 2:0. Markus Anfang und Patrik Jezek erzielen vor dem Seitenwechsel die Tore. Der FC Tirol Innsbruck ist nach 25 Runden überlegener Tabellenführer. 19 Siege, drei Unentschieden und nur drei Niederlagen bedeuten 60 Punkte und 17 Punkte Vorsprung auf den Tabellenzweiten, SK Puntigamer Sturm Graz. Das Torverhältnis liegt bei eindrucksvollen 49:6 Toren. Am meisten Tore der Liga erzielt, am wenigsten Tore erhalten.

Am 17. März verliert der FC Tirol im Wörthersee-Stadion gegen FC Kelag Kärnten mit 1:2. Edi Glieder erzielt den Ehrentreffer.

In Runde 27 spielt der FC Tirol im Tivoli am 23. März 2002 gegen SV Wüstenrot Salzburg. Knapp 10.000 Fans sehen den Siegestreffer von Roli Kirchler in der 22. Minute. Das Rückspiel am 30. März 2002 im Casino-Stadion endet mit einem 1:1-Unentschieden. Jerzy Brzeczek bringt den FC Tirol in der 18. Minute in Führung.

Am 2. April siegt der FC Tirol im Tivoli gegen VfB Admira Wacker Mödling mit 2:1. Rund 7.500 Fans sehen die Treffer von Radoslav Gilewicz in der 26. Minute per Elfmeter und Michi Baur in der 37. Minute. Gegen Liebherr

GAK spielt der FC Tirol am 6. April 2002 im Schwarzenegger-Stadion 0:0. Ebenfalls unentschieden endet das Heimspiel im Tivoli gegen SV Josko Ried. Rund 11.000 Fans sehen den Ausgleichstreffer von Michi Baur in der 76. Minute zum 1:1-Endstand.

In der 32. Runde spielt der FC Tirol am 20. April 2002 im Happel-Stadion gegen den SK Rapid Wien. Durch den Treffer von Radoslav Gilewicz in der 16. Minute siegt der FC Tirol 1:0 und sichert sich vorzeitig den dritten Titelgewinn in Folge.

Am 27. April unterliegt der FC Tirol im Casino-Stadion gegen Casino SW Bregenz mit 0:2. Am 1. Mai 2002 ist der SK Puntigamer Sturm Graz zu Gast im Tivoli. Rund 11.000 Fans sehen den 1:1-Ausgleichstreffer per Elfmeter in der sechsten Minute durch Radoslav Gilewicz. In der 18. Minute bringt Patrik Jezek den FC Tirol mit 2:1 in Führung. In der 41. Minute trifft Radoslav Gilewicz zur 3:2-Führung, am Ende siegt Sturm aber mit 4:3.

Am 4. Mai 2002 spielt der FC Tirol in der vorletzten Runde im Horr-Stadion gegen FK Austria Memphis. Der FC Tirol verliert erneut mit 1:2. Den Ehrentreffer erzielt Patrik Jezek in der 57. Minute. In der letzten Runde am 9. Mai 2002 ist der FC Kelag Kärnten zu Gast im Tivoli. Über 14.000 Fans feiern den 23. Saisonsieg des FC Tirol. Radoslav Gilewicz in der 30. und 76. Minute sowie Jerzy Brzeczek in der 86. Minute erzielen die Tore zum 3:1-Erfolg. Das Team rund um Jogi Löw feiert den Meistertitel.

Am 6. Juni 2002 um 13 Uhr 12 teilt die österreichische Bundesliga dem FC Tirol mit, dass der FC Tirol für die Spielsaison 2002/2003 keine Lizenz bekommt. Der amtierende Meister (drei Meistertitel in Folge) wird in den Amateurbereich zurückversetzt.

Weil wenige Tage später das Ständige Neutrale Schiedsgericht der Bundesliga die Klage des FC Tirol gegen die freiwillige Verzichtserklärung des Präsidenten Othmar

Bruckmüller abweist, ist eine Klage gegen die negative Entscheidung vom 6. Juni nicht mehr möglich. Dem FC Tirol bleibt die Lizenz verwehrt und er muss – sofern der Verein weiterbesteht – in den Landesverband absteigen.

Das Ende des FC Tirol am grünen Rasen. Am grünen Tisch wird der Fall FC Tirol juristisch aufgearbeitet. Dieser Schlusspfiff erfolgt am 10. Jänner 2005 mit dem Urteil von Dr. Anton Mayr. Unter der Gerichtszahl 28 Hv 143/04d verkündet das Landesgericht Innsbruck das Urteil im Namen der Republik. Martin Kerscher, Robert Hochstaffl und Dr. Othmar Bruckmüller werden im Sinne der Anklage für schuldig befunden.

Im Vorstand des Vereines sind in der Periode 1.5.1997 bis 30.9.1999 Martin Kerscher als Präsident, Robert Hochstaffl für Marketing und Finanzen und Kurt Papst und Dr. Hansjörg Mader als weitere Vorstandsmitglieder verantwortlich. Vom 1.9.1999 bis 31.10.2001 sind Martin Kerscher als Präsident (bis zu seinem Rücktritt am 14.10.2001), Dr. Othmar Bruckmüller als Finanzreferent und Vizepräsident sowie Robert Hochstaffl, Kurt Papst und Dr. Hansjörg Mader als weitere Vorstandsmitglieder tätig. Vom 1.11.2001 bis zur Konkurseröffnung am 25.6.2002 sind als Präsident Dr. Othmar Bruckmüller sowie als weitere Vorstandsmitglieder Robert Hochstaffl, Dr. Hansjörg Mader (bis 29.3.2002) und Mag. Gerd Bloder (ab 5.2.2002) im Vorstand des Vereins FC Tirol tätig. Zwischen 1988 und Juni 2002 sind Dr. Alois Pircher und Mag. Gert Arnold als Rechnungsprüfer bei der Vereinsbehörde bekanntgegeben. Robert Hochstaffl ist Manager, Geschäftsführer der Firma FC Tirol Marketing GmbH und selbstständiger Unternehmer.

Im Protokoll der Vorstandssitzung am 20. Oktober 1999 im Gasthof Kapeller wird Othmar Bruckmüller bereits als Finanzreferent geführt. Er berichtet über die Finanzlage des FC Tirol und präsentiert Überlegungen zur Umwandlung des Vereins in eine Kapitalgesellschaft.

Im Rahmen der Gerichtsverhandlungen wird auch die finanzielle Entwicklung des Vereines begutachtet. Am 1.7.1993 hat der Verein ein Eigenkapital von minus 1.294.418,39 Schilling. Am 30. Juni 1966 lag das Eigenkapital bei 6.531.458,76 Schilling. Am 31.12.2001 wird ein Eigenkapital von minus 184.335.522,80 Schilling ausgewiesen.

Bereits im November 1997 wird im Protokoll festgehalten, dass der Verein 5 Millionen Schilling für die Liquidität in den Monaten Jänner und Feber 1998 benötigt. Am 4.1.1999 wird beschlossen, keine Neuverpflichtungen zu tätigen, ohne vorher Spieler zu verkaufen. Im Wirtschaftsjahr 1998/1999 wird ein operativer Verlust von 29 Millionen Schilling erwirtschaftet. Aufgrund eines Forderungsverzichts von Martin Kerscher und Othmar Bruckmüller sind nur vier Millionen im Jahresabschluss ausgewiesen. Die Verbindlichkeiten gegenüber Banken, Lieferanten, Finanzamt, Gebietskrankenkasse und sonstigen Gläubigern liegen lt. Jahresabschluss 1998/99 bei 52,5 Millionen Schilling. Im Wirtschaftsjahr 1999/2000 wird ein operativer Verlust von 69,4 Millionen Schilling erwirtschaftet, im Wirtschaftsjahr 2000/2001 liegt der operative Verlust bei 93,8 Millionen Schilling. Abgabenrechtlichen Verpflichtungen kommt der FC Tirol im Wirtschaftsjahr 2000/2001 nicht mehr nach. Die Schulden beim Finanzamt liegen am 13.12.2000 bei 27,1 Millionen Schilling. Der Schuldenstand gegenüber der Gebietskrankenkasse beträgt am 5.3.2001 2,9 Millionen Schilling. Ein Konkursantrag der Gebietskrankenkasse wird am 26.6.2001 zurückgezogen.

Der Personalaufwand im Wirtschaftsjahr 2000/2001 liegt bei 143.875.575,90 Schilling und hat sich innerhalb von vier Jahren verdreifacht.

Am 21.5.1997 hat die Bundesliga dem FC Tirol die Lizenz für das Bundesligajahr 1997/1998 erteilt. Für die Lizenzerteilung 1998/1999 hat Martin Kerscher eine Haftungserklärung abgegeben. Am 22.10.1998, 1.12.1998 und

18.1.1999 verhängt der Senat 5 der Bundesliga über den FC Tirol Geldstrafen von insgesamt 375.000,– Schilling für nicht fristgerecht eingebrachte Unterlagen. Am 24.3.1999 wird eine Geldstrafe von 112.500,– Schilling für einen nicht vollständigen Halbjahresabschluss ausgesprochen. Die Lizenz für das Spieljahr 1999/2000 wird nur mit Auflagen erteilt. Ebenso wird dem FC Tirol die Lizenz 2000/2001 nur mit Auflagen erteilt. Die Auflagen der Lizenz für die Saison 2001/2002 umfassen bereits sechs Punkte.

Für das Spieljahr 2002/2003 werden vom Senat 5 der Bundesliga am 29. April 2002 wiederum Auflagen erteilt. Unter anderem muss eine Eigenkapitalzufuhr in der Höhe von 4,5 Millionen Euro bis zum 31. Mai 2002 erfolgen. Da diese Auflage nicht erfüllt wird, zieht der Senat 5 am 3.6.2002 die Lizenz zurück.

Der finanzielle Aufwand für Spieler und Trainer entwickelt sich von 1998 bis 2002 wie folgt:

1998: 4.173.689,49 Euro
1999: 6.719.426,51 Euro
2000: 10.846.657,77 Euro
2001: 8.510.890,18 Euro

Beispiel einer Spielervereinbarung mit Robert Hochstaffl: Beginn des Vertrages am 1.7.1997, Ende am 30.6.2000. Monatlicher Grundbezug netto 65.000,– Schilling, 14-mal jährlich. Zusätzlich wird eine Siegesprämie von 55.000,– Schilling und eine Prämie von 25.000,– Schilling bei Unentschieden vereinbart. Bei weniger als 20 Spielminuten wird die Prämie auf 75 Prozent und bei Nennung als Ersatzspieler auf 50 Prozent reduziert. In einem Sideletter wird eine Prämie von 200.000,– Schilling für den Gewinn der Meisterschaft 1999/2000 vereinbart. Trotz eines laufenden Vertrags wird mit demselben Spieler am 19. Feber 2000 ein weiterer Vertrag aufgesetzt. Diesmal liegt der monatliche Bruttobezug bei 159.000,– Schilling, 14-mal jährlich. Die Prämie für den

Sieg liegt bei 90.000,– Schilling, bei einem Unentschieden bei 40.000,– Schilling. Im August wird mit dem Spieler die Prämie von netto 350.000,– Schilling für den Meistertitel, netto 200.000,– Schilling für einen UEFA-Cup-Platz und netto 100.000,– Schilling für den Gewinn des Cup-Titels vereinbart. Der betroffene Spieler erhält folgende Bruttobeträge:

1998/1999:	2.183.320,– Schilling
1999/2000:	2.473.840,– Schilling
2000/2001:	5.310.682,– Schilling
2001/2002:	4.272.321,03 Schilling

Der Spitzenjahresgehalt eines FC-Tirol-Spielers liegt in der Saison 2000/2001 bei 13.334.009,– Schilling brutto.

Im Sommer 2001 lernt Martin Kerscher über Vermittlung von Robert Hochstaffl den Sportmanager Ian Hetherington (Betreiber der Firma Touchline Sports) kennen. Hetherington schlägt Kerscher ein Leasinggeschäft mit der Firma Parker Leasing & Financing vor. Mit dem Betrag von 15 Millionen US-Dollar soll der FC Tirol in Österreich Franchise-Shops eröffnen, Spielerwohnungen finanzieren, Werbeeinrichtungen (Videowall) erstellen und eine Nachwuchsakademie finanzieren.

Kerscher trifft mit Hetherington und Mitarbeitern der Firma Parker in Florida zusammen und schließt einen Vorvertrag. Nach seiner Rückkehr zeigt Kerscher den Vorvertrag dem FC-Tirol-Rechtsreferenten Dr. Hansjörg Mader. Dieser warnt vor einem derartigen Geschäft und schlägt vor, allfällige Vorabzahlungen durch den FC Tirol über ein Treuhandkonto abzuwickeln. Da der FC Tirol über keine liquide Mittel verfügt, ersucht Martin Kerscher Robert Hochstaffl, die Geldmittel für die erforderliche Anzahlung von 150.000,– US-Dollar durch den FC Tirol aufzutreiben.

Hochstaffl überweist den Betrag am 27.6.2001 auf ein Konto der Firma Parker in den USA. Nach Eingang der Zahlung beauftragt die Firma Parker die amerikanische Firma IQC-International Consulents mit der Überprüfung der Projekte des FC Tirol. Am 3.7.2001 kommt ein Mitarbeiter dieser Firma zum Gespräch mit den Verantwortlichen des FC Tirol nach Innsbruck.

Am 16. Juli 2001 wird ein „Master Lease Agreement" abgeschlossen. Martin Kerscher, Othmar Bruckmüller und Robert Hochstaffl unterzeichnen diese Leasingvereinbarung. Der FC Tirol erhält lt. dieser Vereinbarung 15 Millionen US-Doller bei einer Laufzeit von 180 Monaten und einer Verzinsung von 8,5 Prozent. Als Kaution wird ein Prozent des Finanzvolumens vereinbart (Überweisung am 27.6.2001), die monatliche Leasingrate wird mit 147.710,93 US-Dollar festgesetzt, die ersten drei Leasingraten sollen vorausbezahlt werden.

Nach der Erstellung einer Machbarkeitsstudie drängt die Firma Parker auf die Überweisung eines weiteren Betrages in der Höhe von 443.132,– US-Dollar. Robert Hochstaffl beauftragt Reinhard Nachbagauer, den Betrag von einem Verrechnungskonto des FC Tirol bei der österreichischen Bundesliga an die Firma Parker zu überweisen. Am 31. August 2001 wird das Geld überwiesen. Nachdem die Firma Parker das versprochene Geld in Höhe von 15 Millionen US-Dollar nicht zur Verfügung stellt, beauftragt der FC Tirol Martin Schneider (FC-Tirol-Finanzchef), nach Florida zu fahren. Nach Einschaltung eines Anwaltbüros und des FBI kann nur festgestellt werden, dass seitens der Firma Parker weder die Rückzahlung der geleisteten Anzahlung noch sonstige Leistungen zu erwarten sind. Der Verlust für den FC Tirol beläuft sich auf 593.132,– US-Dollar.

Anfang April 2002 erhält der Manager des FC Tirol von der Raiffeisen Bank Tirol einen Kredit über neun Millionen Schilling. Als Sicherheit wurde ein lastenfreies Grundstück in Hötting angegeben. Erst nach Auszahlung des Kredites muss bei einer Überprüfung festgestellt werden, dass das angegebene Grundstück durch Pfandrechte verschiedener Banken bereits belastet ist.

Am 6. Mai 2002 präsentiert Finanzvorstand Mag. Gerd Bloder in einer Pressekonferenz das Sanierungskonzept für den österreichischen Fußballmeister. Laut Bloder liegen die Verbindlichkeiten des Vereins bei 16 Millionen Euro. Innerhalb von fünf Jahren sollen nach Vorstellungen des Vereins diese Verbindlichkeiten abgebaut werden.

Am 25.6.2002 wird über das Vermögen des Vereins FC Tirol Innsbruck beim Landesgericht unter der Aktenzahl 19 S 92/02f das Konkursverfahren eröffnet. Insgesamt werden Forderungen in der Höhe von 36 Millionen Euro angemeldet. Infolge von Einschränkungen reduziert sich die Summe auf 32 Millionen Euro.

Am 23.12.1997 wird die FC Tirol Marketing GmbH gegründet. Beteiligt sind laut Angaben im Juni 2002 Othmar Bruckmüller, Robert Hochstaffl und Martin Kerscher. Als Geschäftsführer ist Robert Hochstaffl tätig. Mit 11. Juli 2002 wird das Konkursverfahren eröffnet. Die Forderungen belaufen sich auf anerkannte 4.571.392,86 Euro.

Über die GmbH sollen alle kaufmännischen Bereiche des FC Tirol geführt werden. Im Jahr 2000 tätigt die GmbH unter anderem Investitionen in den Infrastrukturbereich der Kabinen, den Geschäftsstellenbereich, den Fanshop und den Café-Bereich. Ab 1.7.2000 trägt die GmbH die Aufwendungen für die Persönlichkeitsrechte an der Firma Global Marketing & Merchandising. Die GmbH wendet dafür im Jahr 2000 rund 17,7 Millionen Schilling, im Jahr 2001 rund 38,6 Millionen und im Jahr 2002 rund 4,1 Millionen Schilling auf. Bis zum Ende der GmbH werden vom Geschäftsführer 45 Millionen Schilling an Krediten aufgenommen. Die Geldmittel werden auf Bankkonten des FC Tirol transferiert und zur Abdeckung von Aufwendungen für Persönlichkeitsrechte und andere Investitionen verwendet.

Die Firma Global Marketing & Merchandising mit Hauptsitz in Innsbruck und einer Betriebsstätte in Schleitz-Oschitz (D) ist das Einzelunternehmen von Robert Hochstaffl. Aufgabengebiet ist die Vermarktung von Sportlern und Künstlern.

1998 entwickelt Hochstaffl ein Steuersparmodell, bei dem 30 Prozent der Spielergehälter der Spieler des FC Tirol unter dem Titel Persönlichkeitsrechte abgegolten werden sollen. Der FC-Tirol-Spieler trifft mit der Firma Global eine Vermarktungsvereinbarung, dass er seine Persönlichkeitsrechte gegen einen bestimmten Nettobetrag an die Firma Global/Deutschland überträgt. Die Firma Global tritt wiederum diese Persönlichkeitsrechte im Rahmen einer Nutzungsvereinbarung um einen Bruttobetrag an den FC Tirol ab. Nach Berechnung von Hochstaffl erspart sich der Verein mit dieser Vorgehensweise 23 Prozent des Nettobetrages unter Berücksichtigung der unterschiedlichen Steuersätze in Österreich und Deutschland. Am 10. September 1998 beschließt der Vorstand des FC Tirol einstimmig dieses Modell. Im Juli 2000 wird beschlossen, die Nutzung der Persönlichkeitsrechte auf die Firma FC Tirol Marketing GmbH zu übertragen. Vom FC Tirol bzw. der Firma FC Tirol Markting GmbH werden rund 100,4 Millionen Schilling (genau 7.295.874,44 Euro) an die Firma Global als Nutzungsentgelt für Persönlichkeitsrechte bezahlt. Die Firma Global hat neben einer 15-%-Provision vom Nettobetrag (Euro 604.630,48) rund 4,3 Millionen Euro an Spieler ausbezahlt. Über den Restbetrag von rund 2,3 Millionen Euro verfügt die Firma Global nicht mehr. Dieser Betrag hätte jedoch zur Abdeckung der Steuern und Abgaben dienen sollen.

Robert Hochstaffl bietet sein Steuersparmodell auch den Vereinen Austria Memphis Wien und SK Rapid Wien an. Bei der Austria handelt es sich um einen Betrag in der Höhe von rund 15,2 Millionen Schilling, bei Rapid um rund 5,3 Millionen Schilling.

Am 4. Juni 2002 kommt es in den Geschäftsräumlichkeiten des FC Tirol zu einer Hausdurchsuchung und Beschlagnahme sämtlicher Geschäftsunterlagen. Zugleich werden alle Geschäftsunterlagen der Firma FC Tirol Marketing GmbH und der Firma Global beschlagnahmt.

Im Bericht des Masseverwalters wird ein Schreiben von Rechnungsprüfer Dr. Alois Pircher vom 21. November 2000 angeführt. In diesem Schreiben wird darauf hingewiesen, dass die Rechnungsprüfer bereits im Zuge der Besprechung zur Rechnungsprüfung 30.6.1998 auf die äußerst bedenkliche Lage des Vereins aufmerksam gemacht haben.

Die Prüfung des Abschlusses zum 30.6.1998 wurde erst am 22. September 2000 fertiggestellt. Die Abschlüsse 1998/1999 und laufend können nicht mehr geprüft werden. In einem Schreiben am 23.2.2001 urgieren Dr. Alois Pircher und Dr. Hansjörg Mader die Abschlüsse, in einem Schreiben am 1.10.2001 werden höchste Bedenken hinsichtlich der Vorgangsweise erhoben.

Am 19. April 2002 wird bei der Raiffeisenkasse Wattens ein Überbrückungskredit in der Höhe von Euro 950.000,- aufgenommen. Damit sollen Spielergehälter, die zum Großteil seit Dezember 2001 offen sind, bezahlt werden.

Der Masseverwalter wickelt auch das Geschäft hinsichtlich Abdel Sattar Sabry ab. Der FC Tirol verkauft den Spieler an den griechischen Verein PAOK Saloniki. Erst durch Druck des Masseverwalters bietet PAOK Saloniki die Zahlung des restlichen Transfererlöses in drei Raten an. Als keine Zahlung erfolgt, wird bei der FIFA eine Sperre für internationale Transfers verhängt. Am Ende bezahlt der griechische Fußballverband für den FC PAOK Saloniki den Transferbetrag von 143.428,56 Euro an die FIFA. Diese leitet im Oktober 2002 das Geld an den ÖFB weiter und dieser bringt die Summe in die Konkursmasse ein.

Im Laufe der Jahre wurden zahlreiche Erklärungen abgegeben:

- Haftungserklärung Martin Kerscher vom 8.3.1999;
- Rückstehungserklärung für Forderungen gegenüber dem FC Tirol von Martin Kerscher mit 22.4.1999;
- Ergänzung zur Rückstehungserklärung von Martin Kerscher am 23.4.1999;
- Erklärung von Dr. Othmar Bruckmüller und Robert Hochstaffl vom 2.5.20Besserungsschein von Martin Kerscher, Dr. Othmar Bruckmüller und Robert Hochstaffl vom 21.2.2001;
- Haftungserklärung von Dr. Othmar Bruckmüller gegenüber der österreichischen Bundesliga vom 27.4.2001;
- Haftungserklärung von Dr. Othmar Bruckmüller gegenüber dem FC Tirol vom 14.5.2001;
- Haftungserklärung von Dr. Othmar Bruckmüller gegenüber den Forderungen des FC Tirol gegenüber der Firma FC Tirol Markting vom 12.4.2002;
- Haftungserklärung von Dr. Othmar Bruckmüller gegenüber dem FC Tirol vom 12.4.2002.

Am 1. Juni 2002 teilt der FC Tirol über eine Presseaussendung mit, dass der FC Tirol um eine Fristerstreckung ersucht. „Nach Aufbringung von 3,6 der vom Senat 5 der Bundesliga im Zuge des Lizenzierungsverfahrens eingeforderten 4,5 Millionen Euro hat der FCT-Präsident Dr. Othmar Bruckmüller nun um eine Fristverlängerung gebeten." Und weiter: „Noch heute wird der Bundesliga per Fax eine detaillierte Auflistung der obig genannten Summe zugesendet. Die fehlenden 9000.000,– Euro werden in den nächsten Tagen aufgebracht."

Bereits 1998 wird Thomas Gassler vom Fanklub Verrückte Köpfe (VK) zitiert: „Wenn weiterhin so wenig

Zuschauer ins Stadion kommen und so hohe Gehälter bezahlt werden, wird sich der FC Tirol in ein paar Jahren in der Zweiten Liga wiederfinden." (Echo, 10/1998)

1998 wird in der Öffentlichkeit über die finanziellen Probleme des FC Tirol offen diskutiert. Dr. Hansjörg Mader spricht von 50 Gläubigern und rund viereinhalb Millionen Schilling Aussenständen. Erste Gerüchte in der Branche sprechen bereits von einem Schuldenstand in der Höhe von 20 Millionen Schilling. Auch Sponsoren des Vereines gehen 1998 an die Öffentlichkeit. Vogart-Line klagt 468.000,– Schilling (Unter anderem wurden 1.000 Brillen im FC-Tirol-Design an das FC Tirol-Büro in der Resselstraße geliefert). KIKA Innsbruck ermöglichte Spielern und Funktionären den Einkauf auf Kommission. Eine allerletzte Mahnung von KIKA beläuft sich auf 350.000,– Schilling. 1999 führt das Meinungsforschungsinstitut „Fishers Z" eine repräsentative Umfrage durch, nach der sich über die Hälfte der Tiroler Bevölkerung für den FC Tirol interessieren, aber nur 19 Prozent ihr Geld auch in eine „FC-Tirol-Aktie" investieren würde.

Im Jahr 2003 beginnt der Prozess am Landesgericht Innsbruck gegen Dr. Othmar Bruckmüller, Martin Kerscher und Dr. Hansjörg Mader. 14 ehemalige FC-Tirol-Spieler fordern über eine Million Euro an Spielergehältern ein. Am 11. Mai 2005 wird das Urteil mit einem Umfang von 287 Seiten bekanntgegeben. Die Forderungen der Spieler an Martin Kerscher und Dr. Hansjörg Mader werden vom Gericht abgewiesen. Dr. Othmar Bruckmüller wird zur Zahlung von rund 900.000,– Euro verurteilt.

Zitate und Sprüche …

Dietmar Constantini, Oktober 1998:
„Beim Vorstand Kerscher und Mader weiß jeder immer besser, warum sich der Ball verspringt, obwohl sie selbst nie über die Tiroler Landesliga oder Hirschenliga hinausgekommen sind."

Martin Kerscher, Oktober 1998:
„Wenn die öffentliche Hilfe für unseren FC Tirol ausbleibt, wird der Schlager im neuen Stadion halt Zirl gegen ISK lauten."

Robert Hochstaffl, März 2000:
„Natürlich sind wir auch gewissenhafte Kaufleute. Wir klären immer alles sorgfältig ab."

Othmar Bruckmüller, Juni 2002:
„Wir haben laut Beschluss vom 30.4. die Punkte A, B und C erfüllt. Punkt B war in sich widersinnig, Punkt A war unmöglich zu realisieren."

Wacker-Geschichte

Wann war der Anfang von Schwarz-Grün? Offiziell wird der Verein als FC Wacker Innsbruck 1913 geführt. Und diese Jahreszahl bewegt die Gemüter seit langem. Am 17. Dezember 1914 beantragt Benedikt Hosp die Eintragung in das Vereinregister. Die Gründungsversammlung soll erst nach der Genehmigung der Statthalterei erfolgen. Im Jänner 1915 wird die Gründung nicht untersagt und die Medien berichten:

> Sport. (Neuer Verein.) In Innsbruck hat sich ein neuer Verein, der Fußballklub „Wacker" Innsbruck, gegründet. Die Statuten sind bereits von der Statthalterei in Innsbruck bewilligt. Beitrittsanmeldungen werden beim Schriftführer des Vereines Kiebachgasse Nr. 15, 3. Stock rechts, entgegengenommen.
>
> (Innsbrucker Nachrichten, Jahrgang 1915, Nummer 63, 5. Februar 1915, Seite 8.)

Torjubel in Schwarz-Grün: Dakovic, Harding, Bammer, Inaki Bea, Abraham

> Innsbruck. Dort hat sich ein Fußballclub gebildet, der sich den Namen „Wacker" beigelegt hat. Die Statuten sind bereits von der k. k. Statthalterei bewilligt und will der Verein auch dem Österreichischen Fußballverband beitreten.
>
> Illustriertes Österreichisches Sportblatt, Jahrgang IX, Nummer 3, 5. Februar 1915, Seite 7.

Bereits 1902 wird der Fußball durch den Münchner Arthur Ringler – einem ehemaligen Spieler des FC Bayern München – in Innsbruck etabliert. Er findet Anschluss an den Innsbrucker Turnverein und wirbt intensiv für den Fußballsport. Am 1. Juni 1903 findet das erste öffentliche Fußballwettspiel in Innsbruck statt. Im Rahmen des 3. Tiroler Gauturnfestes stehen einander der ITV und der Meraner TV gegenüber. Das Spiel endet mit einem 5:1-Erfolg der Innsbrucker. Gespielt haben: Gärtner, Edgar Leibnitz, Knapp, Dr. Janovska, Kundigraber, Kirchberger, Wartisch, Erich Leibnitz, Ringler, Amberg, Dr. Lantscher.

Zum ersten internationale Spiel kommt am 26. Juni 1904 die zweite Garnitur des FC Bayern München nach Innsbruck. Das Spiel findet anlässlich des ersten Stiftungsfestes der ITV-Fußballriege am Klosterkasernenhof statt. Der ITV erreicht ein ehrenvolles 1:1-Remis. Immer mehr aber kommt es zu internen Differenzen im ITV. Zum einen ist die finanzielle Belastung hoch, zum anderen gibt es Bedenken seitens des Turnrates in völkischer Hinsicht. Arthur Ringler hat Mühe, die Spannungen im ITV abzubauen. Die meisten Aktiven der Fußballriege des ITV fühlen sich durch den Turnrat in der Freizügigkeit und Entwicklung stark gehemmt.

Vorstand Anton Tschon beruft für den 3. April 1905 eine Besprechung ein, um die Gründung eines selbständigen Fußballvereines zu erörtern. Schon eine Woche später findet im „Gasthof Bierwastl" die Gründungsversammlung statt. 18 Anwesende erklären sich sofort bereit, als aktive Spieler beizutreten. Am 22. Mai 1905 werden von der k. k. Statthalterei für Tirol und Vorarlberg die Vereinsstatuten zur Kenntnis genommen. Damit ist die Gründung des Fußball Innsbruck (FI) vollzogen.

Am 29. September 1909 steht nachstehender Aufruf in den Innsbrucker Nachrichten: „Zur Hebung des Fußballsports in Tirol und Vorarlberg hat der FI gemeinschaftlich mit dem FC Lustenau beschlossen, eine Meisterschaft von Tirol und Vorarlberg auszutragen."

Am 24. Oktober 1909 kommt es nach einer Tiroler Vorrunde gegen die FI-B-Mannschaft und die Realschule zum Finalspiel zwischen dem FI und dem FC Lustenau, das die Innsbrucker mit 3:2 für sich entscheiden. Damit hat der „Fußball Innsbruck" die erste gemeinsame Meisterschaft gewonnen.

1914 findet der Fußballsport in Innsbruck immer mehr Zulauf. Die Jungmannschaften wie Kriketer, Punktum, Premiere, Olympia und FC Rapid haben aber nur eine sehr unstabile Basis.

Karl Langisch schreibt in seinem Buch „Fußballclub Wacker Innsbruck" (Austria Edition, Wien, 1996):

„Jakob Hanspeter, Benedikt Hosp, Josef Leitner, Josef Albrecht und weitere – heute nicht mehr namentlich bekannte – Fußball-Idealisten gründen den Fußballclub Wacker als dritten Innsbrucker Fußballverein."

Und Langisch weiter über die Geschichte:

„Die Vereinsfarben Wackers wurden mit Schwarz-Grün festgelegt, die Gründungsversammlung mit der Möglichkeit zur Einschreibung für Mitglieder folgte anschließend. Nach nur einer geringen Anzahl an Freundschaftsspielen gegen andere Innsbrucker und auch Meraner Vereine musste der Spielbetrieb allerdings auf Grund des Ersten Weltkriegs bereits nach wenigen Monaten eingestellt werden. An einen geregelten Meisterschaftsbetrieb war auf

Grund der Kriegsnachwirkungen vorerst bei keinem Tiroler Verein zu denken."

Am 23. März 1919 spielt der FC Wacker gegen den SVI. Hosp, Saurwein, Legner, Leitner, Schöpf, Schwab, Gadner, Koller, Wolchowe, Lauder und Schmid laufen für den FC Wacker auf.

„Am 18. September 1920 trug das Gründungsmitglied des Tiroler Fußballverbandes schließlich sein erstes Tiroler A-Meisterschaftsspiel aus, es endete 1:1 gegen den FC Rapid Innsbruck. Nachdem es für die Schwarz-Grünen jedoch nicht richtig laufen sollte, fand sich der Verein 1922 als Tabellenletzter wieder. Um den Abstieg zu verhindern, fusionierte Wacker mit Rapid Innsbruck und legte sich den neuen Namen FC Sturm Innsbruck bei. Wegen Uneinigkeit der Funktionäre und Spieler kam jedoch 1923, trotz eines dritten Tabellenplatzes, die Auflösung des Vereines."

Am 28. Juni 1921 kommt es zu einem Länderspiel gegen Kärnten. Von Seiten des FC Wacker werden Ortler, Wolchowe und Franzelin ins Tiroler Team berufen.

„Noch im selben Jahr 1923 wurde der Klub, wieder unter dem traditionellen Namen Fußballclub Wacker Innsbruck und den Vereinsfarben Schwarz-Grün neu ins Leben gerufen. In der Saison 1924/25 wurde der neu gegründete Fußballverein zur Tiroler B-Liga zugelassen – in dieser Saison wurde auch erstmals im Tivoliplatz gespielt. 1926 konnten die Schwarz-Grünen schließlich den Aufstieg in die A-Klasse erringen. In der höchsten Tiroler Liga konnte Wacker zwar vorerst keinen bestimmenden Platz einnehmen, mit dem geteilten Sieg im Tiroler Landescup mit dem Innsbrucker AC aber einen schönen Erfolg feiern. Die Endspiele endeten jeweils 1:1, sodass beide Teams als Sieger deklariert wurden. Nach dem zwischenzeitigen Abstieg in die B-Klasse 1936 kehrten die Grün-Schwarzen 1938 zurück ins Tiroler Oberhaus. Mittelweile hatte das Fachamt Fußball im Nationalsozialistischen Reichsbund für Leibesübungen den Tiroler Fußballverband übernommen und die Kreisliga als landeshöchste Spielstufe eingeführt."

1939 lädt der FC Wacker zu einem Blitzturnier anlässlich seines 25-jährigen Bestandsjubiläums. Sieger des Turniers wird der IAC, gefolgt vom ISK, Reichsbahn, SVI und dem FC Wacker auf Rang 5.

„Wacker war bis zu seinem Abstieg 1943 Mitglied dieser Kreisliga und bekam 1941 als Führender der Tabelle bei Abbruch der Meisterschaft den Titel zugesprochen. Die Kreisliga wird heute jedoch nicht als Tiroler Meisterschaft anerkannt, weshalb auch der Landesmeistertitel aus dieser Zeit in keiner offiziellen Statistik mehr auftaucht."

Ende 1945 nehmen zahlreiche Innsbrucker Vereine, darunter auch der FC Wacker, wieder den Spielbetrieb auf.

Am 5. September 1948 lädt der FC Wacker Innsbruck zum Jubiläumsturnier anlässlich von 35 Jahren FC Wacker ein. Die Gegner im Tivolisportplatz sind der FC Wetzikon und der FC Reinach aus der Schweiz sowie der IAC und der FC Wacker. Der FC Wacker gewinnt dieses Turnier vor dem IAC. Weiteres Highlight ist das Spiel des Sportverein Alte Herren gegen Wacker Alte Herren.

Der FC Wacker erreicht in der höchsten Tiroler Fußballliga folgende Platzierungen:

Jahr	Punkte	Rang
1920/21	12	2
1922	0	(letzter) 4
1927	5	3
1928	10	4
1928/29	10	3
1929/30	3	1
1930/31	13	3

Jahr	Punkte	Rang
1931/32	7	3
1932/33	10	5
1933/34	10	5
1934/35	14	4
1935/36	5	(letzter) 7
1938/1939	10	1
1939/40 nach zwei Spielen abgebrochen		
1940/41	15	1
1941/42	1	(letzter) 5
1942/43	0	(letzter) 4
1947/48	11	(letzter) 10

Am 20. Juli 1971 beschließen die Verantwortlichen des FC Wacker Innsbruck und der ebenfalls erstklassigen WSG Wattens die Spielgemeinschaft mit dem Namen SpG Swarovski Wattens-Wacker Innsbruck.

Im Juni 1986 beschließen die WSG Wattens und der FC Wacker Innsbruck, wieder getrennte Wege zu gehen und lösen die Spielgemeinschaft auf. Gernot Langes-Swarovski gründet den FC Swarovski Tirol. Der FC Swarovski übernimmt die Bundesligalizenz der Spielgemeinschaft und in großen Zügen dessen Mannschaft. Der FC Wacker Innsbruck beginnt mit einer neuen Mannschaft in der zweiten Klasse Mitte bei den Amateuren.

Im Verlauf des Frühjahrs 1992 wird bekanntgegeben, dass der FC Wacker aufgrund der Auflösung des FC Swarovski Tirol wieder dessen Bundesligalizenz übernehmen wird. Nach einer Saison in der Bundesliga wird die Profiabteilung des FC Wacker als FC Tirol Innsbruck abgespalten.

Am 20. Mai 1999 wird in der Hauptversammlung des FC Wacker Innsbruck (Spielbetrieb in den Ligen des Tiroler Fußballverbandes) die Vereinsauflösung beschlossen.

Am 21. Juni 2002 wird der FC Wacker Tirol als eine Art inoffizieller Nachfolger des FC Tirol, der zuvor in Konkurs gegangen ist und sich aufgelöst hat, gegründet. Aus diesem Grunde führt der FC Wacker Tirol auch einen kleinen Stern im Wappen, als Zeichen für die zehn Meistertitel, die der schwarz-grüne Verein für sich beanspruchen konnte.

Am 23. Februar 2007 wird die Umbenennung zu „FC Wacker Innsbruck" für die folgende Saison in der Generalversammlung mehrheitlich beschlossen.

Wacker – viele Namen – ein Verein

1913–1971	FC Wacker Innsbruck
1971–1975	SPG Swarovski Wacker Innsbruck
1975–1986	Sparkasse Swarovski Wacker Innsbruck
1986–1992	FC Swarovski Tirol
1992–1993	FC Wacker Swarovski Innsbruck
1993–1994	FC Innsbruck Capillaris Tirol
1994–1995	FC Innsbruck Tirol
1995–2002	FC Tirol Milch Innsbruck
2002–2007	FC Wacker Tirol
2007–	FC Wacker Innsbruck

Im Amateurbereich des TFV:
1986–1992 FC Wacker Innsbruck
1993–1999 FC Wacker Innsbruck,
(Auflösung am 20.5.1999)

Wacker ab 1964 in der Staatsliga

Vereinsname: Wacker Innsbruck

Am 22. August 1964 startet Wacker Innsbruck in die Staatsliga. Auswärts trifft man am Wacker-Platz auf Wacker Wien und gewinnt sensationell mit 2:0. Auch das erste Heimspiel im Tivoli am 29. August 1964 in der höchsten Spielklasse kann gewonnen werden. Rapid wird mit 1:0 besiegt. Dann verliert man auswärts gegen den LASK mit 1:0. Vienna wird im Tivoli mit 3:1 besiegt, ebenso siegt man gegen den GAK auswärts mit 2:0. Am Ende der Saison belegt Wacker Innsbruck in der 14 Mannschaften umfassenden Tabelle den achten Platz. Acht Siege, zehn Unentschieden und acht Niederlagen stehen zu Buche. 29 Treffer erzielen die Innsbru-

Zur Freude der Fans steht der FC Wacker Innsbruck an der Tabellenspitze der Bundesliga

cker, 23 Gegentreffer müssen hingenommen werden. Mit 26 Punkten liegt Wacker zehn Punkte hinter dem Meister LASK. Trainiert wird die Mannschaft von Turl Brinek, Luis Schrettl und Walter Sommer. Im Kader stehen Gartner, Tschenett, Eschelmüller, S. Sikic, Ludescher, Pumm, Fleischhacker, Ivanusch, Sommer, Siber, Prantl, Wartusch, Senekowitsch, Santek, Köll, Spielmann, Rinnergschwendtner und Masak.

Auch in der Saison 1965/1966 kann Wacker Innsbruck den achten Tabellenplatz, diesmal mit 25 Punkten, verbuchen. Wieder ist Wacker achtmal erfolgreich, dazu neun Unentschieden und neun Niederlagen. 32 Treffer werden erzielt, 31 Gegentore erhält man, immerhin die viertbeste Abwehr in dieser Saison. Den Titel sichert sich mit 43 Punkten die Mannschaft von Admira Wien. Als Trainer stehen Ing. Anton Bulla und Leopold Stastny zur Verfügung. Im Kader: Tschenett, Fraydl, Eschelmüller, J. Sikic, Eigenstiller, Pumm, Tutschek, Ivanusch, Ludescher, Sommer, Siber, Wartusch, Wolny, Rinnergschwendtner, Spielmann, Senekowitsch, Köll und Santek.

Leopold Stastny führt Wacker in der Saison 1966/1967 zum ersten großen Teilerfolg. Nach dem Herbstmeistertitel kann Wacker im letzten Spiel den Staatsligatitel holen. Nötig dazu ist ein 5:0 gegen SW Bregenz. 15.000 Zuseher jubeln über zwei Tore von Buffy Ettmayer und jeweils einen Treffer von Redl, Siber und Eschelmüller. Aber auch Bregenz trifft einmal ins Tor. Wacker Innsbruck liegt am Ende zwar punktegleich mit Rapid Wien, aber nur auf dem zweiten Tabellenrang. 18 Siege, fünf Unentschieden und nur drei Niederlagen ergeben 41 Punkte. 58 Tore werden erzielt, 24 Gegentore, die wenigsten in dieser Saison in der Liga, sind zu verbuchen. Im Kader: Tschenett, Irovic, Eschelmüller, J. Sikic, Eigenstiller, Pumm, Ivanusch, Ludescher, Sommer, Ettmayer, Siber, Redl, Wartusch, Wolny, Rinnergschwendtner, Senekowitsch, Bauer und Vogel.

Auch in der Saison 1967/1968 führt Leopold Stastny Wacker Innsbruck auf den zweiten Tabellenrang. Diesmal hat man jedoch sieben Punkte Rückstand auf den Meister Rapid Wien. 15 Siege, sieben Unentschieden und vier Niederlagen sowie ein Torverhältnis von 45:27 sind die statistischen Daten.

Die Saison 1968/1969 beendet Innsbruck mit dem siebten Tabellenrang. Auf den Meister Austria Wien fehlen 17 Punkte. Innsbruck hält bei zwölf Siegen, fünf Unentschieden und elf Niederlagen sowie einem Torverhältnis von 46:43.

Die Saison 1969/1970 wird mit 16 Mannschaften bestritten. Nach 30 Spielen liegt Innsbruck mit 33 Punkten auf dem fünften Tabellenrang. 14 Siege, fünf Unentschieden und elf Niederlagen sowie ein Torverhältnis von 52:38 sind für Schwarz-Grün zu verbuchen. Meister ist mit 45 Punkten Austria Wien.

Innsbruck wird Meister. Die Saison 1970/1971 ist der erste große Höhepunkt der Wacker-Geschichte. Nach 30 Spielen liegt Innsbruck mit 20 Siegen, vier Unentschieden und sechs Niederlagen mit einer Tordifferenz von 68 Toren (die meisten der Liga) zu 30 Toren und 44 Punkten an der Tabellenspitze. Austria Salzburg hat 43 und Rapid Wien 41 Punkte. Die Meisterschaft beginnt mit einer 1:3-Niederlage am Sturm-Platz gegen Sturm Graz. Der LASK wird in der zweiten Runde im Tivoli mit 3:1 besiegt, in Runde drei gewinnt man auswärts gegen Simmering mit 3:2. 1:1 endet das Tiroler Derby im Tivoli gegen Wattens. Runde fünf bringt eine 0:3-Auswärtsniederlage gegen Sportclub. Es folgt ein 4:0-Sieg gegen SW Bregenz im Tivoli, eine 0:1-Niederlage gegen Austria Salzburg in Salzburg-Itzling, ein 4:0 gegen die Vienna im Tivoli und ein 1:0-Auswärtssieg gegen GAK in Graz. In der zehnten Runde verliert Wacker im Tivoli gegen VOEST Linz mit 0:1, Radenthein wird auswärts mit 2:1 besiegt, gegen die Austria spielt man in der Südstadt 1:1 und Rapid wird am 21. November 1970 im Tivoli mit 5:0

geschlagen. Gegen Admira setzt es in der Südstadt eine 1:2-Niederlage. Wacker Wien wird im Tivoli am Krampustag mit 1:0 besiegt. Am 28. Feber 1971 spielt Wacker Innsbruck im Tivoli gegen Sturm Graz und gewinnt mit 4:3. Es folgt ein 1:0-Auswärtserfolg beim LASK, im Tivoli wird Simmering mit 2:0 bezwungen, in Wattens siegt Wacker mit 3:0 und im Tivoli schlägt Wacker den Wiener Sportclub mit 3:2. SW Bregenz wird im Bodensee-Stadion mit 2:0 bezwungen und im Schlagerspiel in der 21. Runde gewinnt Wacker im Tivoli gegen Austria Salzburg mit 2:1. Es folgt eine Auswärtsniederlage gegen Vienna mit 2:3, ein 6:0-Kantersieg im Tivoli gegen den GAK, ein 0:0 gegen VOEST Linz im Linzer Stadion und wiederum ein Kantersieg mit 5:0 im Tivoli gegen Radenthein. Am 16. Mai 1971 bezwingt Wacker im Tivoli Austria mit 1:0, in der 28. Runde spielt Wacker auf der Pfarrwiese in Wien gegen Rapid 1:1 und in der vorletzten Runde wird die Admira mit 5:2 bezwungen. In der letzten Runde am 19. Juni 1971 spielt Wacker Innsbruck auswärts am Wacker-Platz in Wien gegen Wacker und sichert sich mit einem 4:2-Erfolg den Meistertitel.

Vereinsname: SPG Swarovski Wattens/Wacker

In der Saison 1971/1972 wiederholt Innsbruck seine starke Leistung und sichert sich neuerlich die Meisterschale. 15 Mannschaften umfasst die Liga, und nach 28 Runden hält die SPG Swarovski Wattens/Wacker bei 15 Siegen, neun Unentschieden und nur vier Niederlagen. 49 geschossene Tore stehen 20 erhaltenen gegenüber. Die SPG Swarovski Wattens/Wacker liegt mit 39 Punkten einen Punkt vor Austria Wien. Der Start in die Saison erfolgt mit einem 2:0-Heimerfolg gegen Bischofshofen am 21. August 1971. Den Titel fixiert die SPG Swarovski Wattens/Wacker mit einem 1:1 im Tivoli gegen VOEST Linz am 17. Juni 1972.

Innsbruck macht das Triple. Auch in der Saison 1972/1973 steht die SPG Swarovski Wattens/Wacker an der Tabellenspitze. Diesmal wird die Saison wieder mit 16 Mannschaften bestritten, und nach 30 Spielen hat Innsbruck 18 Siege, sieben Unentschieden und nur fünf Niederlagen. Die Tordifferenz liegt bei 57:25. Die SPG Swarovski Wattens/Wacker hat am meisten Tore geschossen und am wenigsten bekommen. 43 Punkte bedeuten für die SPG Swarovski Wattens/Wacker drei Punkte Vorsprung auf Rapid Wien. Sowohl der Beginn der Meisterschaft am 11. August 1972 mit einem 2:2 gegen die Admira in Dornbach als auch das Ende mit einem 1:1 gegen Austria Klagenfurt im Wörthersee-Stadion bringen der SPG Swarovski Wattens/Wacker einen Punkt. Die Spiele gegen Rapid in dieser Saison enden am 18. Oktober 1972 mit einem 1:0-Erfolg der SPG Swarovski Wattens/Wacker im Tivoli und am 15. Mai 1973 mit einem 2:2-Unentschieden im Praterstadion.

Nach drei Meistertiteln endet die Saison 1973/1974 für Innsbruck mit dem Vizemeistertitel. 17 Mannschaften spielen in der Liga und am Ende hält die SPG Swarovski Wattens/Wacker nach 32 Spielen bei 19 Siegen, acht Unentschieden und fünf Niederlagen. Die Tordifferenz beträgt 57:21. Mit 46 Punkten liegt die SPG Swarovski Wattens/Wacker einen Punkt hinter dem Meister VOEST Linz und einen Punkt vor Rapid Wien.

Die Saison 1974/1975 steht einerseits im Zeichen der Gründung der österreichischen Bundesliga und andererseits im Zeichen der Zehnten Liga. Viermal treffen die Teams aufeinander und am Ende steht die SPG Swarovski Wattens/Wacker eindrucksvoll an der Spitze. 24 Siege, drei Unentschieden und neun Niederlagen ergeben 51 Punkte. 76 Tore erzielt die SPG Swarovski Wattens/Wacker, 36 Treffer muss die SPG Swarovski Wattens/Wacker hinnehmen. VOEST Linz als Tabellenzweiter hat neun Punkte Rückstand. Start in diese Saison ist am 9. August 1974 mit dem Auswärtsspiel gegen Sturm Graz in Graz-Liebenau, die SPG Swarovski Wattens/Wacker verliert mit 0:1. Am 14. August kommt es in der zweiten Runde zur Revanche und die SPG Swarovski Wattens/Wacker gewinnt in Wattens mit 2:0. Die Tore erzielen Franz Oberacher und Ove Flindt. Saisonende ist am 20. Juni 1975 mit dem Heimspiel im Tivoli gegen den LASK. Kurt Welzl, Peter Koncilia und Rudolf Horvath per Elfmeter erzielen die Tore zum 3:2-Sieg der SPG Swarovski Wattens/Wacker.

Vereinsname: Sparkasse Swarovski Wacker Innsbruck (SSW Innsbruck)

In der Saison 1975/1976 erreicht Innsbruck wieder den Vizemeistertitel. 18 Siege, neun Unentschieden und neun Niederlagen bei einem Torverhältnis von 68:38 ergeben den zweiten Rang. Mit 45 Punkten liegt SSW Innsbruck sieben Punkte hinter dem Meister Austria Wien.

In der darauffolgenden Saison geht der Meistertitel wieder nach Innsbruck. 53 Punkte hat Innsbruck am Ende vorzuweisen; 21 Siege, elf Niederlagen und vier Unentschieden. Das Torverhältnis liegt bei 51:22. SSW Innsbruck hat sechs Punkte Vorsprung auf den Tabellenzweiten Rapid Wien. Auftakt der Saison ist am 4. August 1976 mit einem 1:1 gegen den GAK in Graz-Liebenau. Den schwarzgrünen Treffer erzielt Kurt Welzl. In der vorletzten Runde am 18. Juni 1977 gastiert Rapid Wien im Tivoli. Bruno Pezzey erzielt in der 26. Minute das Siegestor für SSW Innsbruck. In der letzten Runde am 22. Juni 1977 wird Sturm Graz in Graz-Liebenau mit 1:0 besiegt.

Die Saison 1977/1978 schließt der SSW Innsbruck am dritten Tabellenrang ab. 15 Siege, neun Unentschieden und zwölf Niederlagen ergeben am Ende 39 Punkte. Das

Torverhältnis liegt bei 49:34. Meister wird mit 56 Punkten Austria Wien vor Rapid Wien.

Die Saison 1978/1979 wird zum Alptraum der Wacker-Fans. Nach 36 Spielen hält SSW Innsbruck bei acht Siegen, acht Unentschieden und 20 Niederlagen. 41 geschossene stehen 55 erhaltenen Toren gegenüber. Mit 24 Punkten ist man am Tabellenende zu finden, mit fünf Punkten Rückstand auf Rang 9, dem GAK. Meister wird mit 55 Punkten Austria Wien. Am 18. August startet der SSW Innsbruck mit einem 1:1-Unentschieden gegen Vienna im Hanappi-Stadion in die Saison. Bereits in der zweiten Runde folgt eine 0:3-Heimniederlage gegen Sportclub im Tivoli. Es folgen eine Niederlage gegen den GAK, ein Unentschieden gegen Sturm Graz und eine Niederlage gegen Rapid, ehe am 23. September 1978 im Tivoli eine 4:0-Sieg gegen Austria den ersten vollen Erfolg in der sechsten Runde bedeutet. Mit einer 1:3-Niederlage im Tivoli gegen Admira verabschiedet sich SSW Innsbruck aus der Ersten Liga. Werner Seubert erzielt den Innsbrucker Treffer.

Die Saison 1979/1980 spielt der SSW Innsbruck in der Zweiten Liga. 16 Mannschaften stehen sich gegenüber und nach 30 Spielen hat Innsbruck 16 Siege, neun Unentschieden und fünf Niederlagen zu verbuchen. Das Torverhältnis beträgt 60:26. Mit 41 Punkten reicht es aber nur für den zweiten Tabellenplatz. Rang eins und den Aufstieg in die höchste Liga erkämpft sich der SC Eisenstadt mit 43 Punkten. Auf Rang drei liegt die SPG Innsbruck mit 37 Punkten. Start der Saison ist am 25. August 1979 mit dem Spiel SSW Innsbruck gegen Favoritner AC Tlapa im Tivoli. SSW Innsbruck gewinnt mit 4:1, in der 15. Runde am 2. Dezember 1979 kommt es im Tivoli zum ersten Innsbrucker Derby. SSW Innsbruck bezwingt die SPG Raiffeisen Innsbruck mit 5:1. Das Ende der Saison bringt das Rückspiel im Derby am 7. Juni 1980 zwischen der SPG Raiffeisen Innsbruck und dem SSW Innsbruck vor 7.142 Zusehern im Tivoli, und der SSW Innsbruck gewinnt mit 1:0.

Die Saison 1980/1981 verläuft für SSW Innsbruck weitaus besser. Nach 22 Siegen, sechs Unentschieden und nur zwei Niederlagen steht der SSW Innsbruck mit 50 Punkten an der Tabellenspitze der zweiten Division und sichert sich den Aufstieg in die höchste österreichische Spielklasse. Mit einer Tordifferenz von +51 weist Innsbruck auch hier die besten Zahlen auf. Mit sieben Punkten Rückstand landet Austria Klagenfurt auf dem zweiten Rang. Einen Rekordbesuch gibt es beim letzten Stadtderby zwischen SSW Innsbruck und der SPG Raika Innsbruck. 14.000 Fans sehen Tore von Gerhard Forstinger und Manfred Braschler für SSW Innsbruck, Zoran Smileski trifft für die SPG.

Innsbruck spielt 1981/1982 wieder in der höchsten Spielklasse. Die Saison startet am 15. August 1981 mit einem Heimspiel im Tivoli gegen den GAK. Zwar erzielt Arnold Koreimann zwei Tore, SSW Innsbruck verliert aber 2:3. In der zweiten Runde setzt es eine 1:3-Auswärtsniederlage gegen VOEST Linz, in der dritten Runde verliert SSW Innsbruck auf der Hohen Warte gegen Austria mit 0:3. In der vierten Runde kann Innsbruck den ersten vollen Erfolg feiern. Am 5. September trifft man im Tivoli auf den Wiener Sportclub und gewinnt 5:0. In der vorletzten Runde kommt es am 22. Mai 1982 im Tivoli zum historischen 9:0-Sieg gegen Austria Salzburg. Nach 36 Runden hält SSW Innsbruck bei 14 Siegen, sieben Unentschieden und 17 Niederlagen, die Tordifferenz fällt mit 60:51 knapp positiv aus. Mit 35 Punkten belegt SSW Innsbruck den fünften Tabellenplatz. Rapid Wien (zwölf Punkte vor Innsbruck) sichert sich vor der Austria den Meistertitel.

In der Saison 1982/1983 stehen 16 Mannschaften in der Ersten Liga. Nach 30 Spielen erreicht SSW Innsbruck mit 13 Siegen, zwölf Unentschieden und fünf Niederlagen den dritten Platz. Mit 38 Punkten liegt man zehn Punkte hinter dem Meister Rapid Wien. Das Torverhältnis liegt bei 55:36 Toren. Der Start in die Saison erfolgt am 22. August 1982 mit dem Auswärtsspiel am Horr-Platz gegen Austria Wien und einer bitteren 1:6-Niederlage. In der zweiten Runde besiegt der SSW Innsbruck im Tivoli VOEST Linz mit 3:1, das letzte Heimspiel der Saison gewinnt SSW Innsbruck im Tivoli gegen den SC Eisenstadt mit 1:0, in der letzten Runde gibt es im Wörthersee-Stadion gegen Austria Klagenfurt eine 1:3-Niederlage.

Die Saison 1983/1984 startet am 19. August 1983 mit dem Westderby zwischen Austria Salzbug und SSW Innsbruck in Salzburg-Lehen. Die Mannschaften trennen sich mit einem 1:1. In der zweiten Runde erreicht Innsbruck im Tivoli gegen SV St. Veit nur ein 2:2-Unentschieden. In der dritten Runde gibt es im Linzer Stadion eine 0:1-Auswärtsniederlage gegen den LASK und in der vierten Runde nur ein 0:0-Unentschieden gegen den FavAC im Tivoli. Am 16. September 1983 verliert SSW Innsbruck im Hanappi-Stadion gegen Rapid mit 1:5, und erst in der sechsten Runde gibt es den ersten Erfolg für SSW Innsbruck. Admira wird im Tivoli mit 2:1 besiegt. Nach 30 Spielen liegt Innsbruck mit 13 Siegen, elf Unentschieden und sechs Niederlagen sowie dem Torverhältnis von 54:31 auf dem vierten Tabellenrang. Mit 37 Punkten hat SSW Innsbruck zehn Punkte Rückstand auf den Meister Austria Wien.

Austria Wien wiederholt den Titelgewinn in der Saison 1984/1985 und Innsbruck erreicht wieder den vierten Rang. Nach 30 Runden kann SSW Innsbruck zwölf Siege, acht Unentschieden und zehn Niederlagen verbuchen, das Torverhältnis liegt bei 51:44. Admira und Sturm Graz haben wie Innsbruck 32 Punkte, Admira ebenfalls +7 Tore, aber Innsbruck hat mehr Treffer erzielt. Der Rückstand auf die Austria beträgt in dieser Saison 22 Punkte. Start in die Saison ist am 24. August 1984 mit einem 1:0-Auswärtserfolg gegen VOEST

Linz im Linzer Stadion. Das letzte Heimspiel am 31. Mai 1985 verliert SSW Innsbruck im Tivoli gegen Sportclub mit 1:2.

Austria Wien ist auch in der Saison 1985/1986 die Spitzenmannschaft. Mit 58 Punkten hat die Austria 19 Punkte Vorsprung auf den Tabellendritten SSW Innsbruck. Nach 36 Spielen hält Innsbruck bei 14 Siegen, elf Unentschieden und elf Niederlagen. 69 Tore werden erzielt, 57 Gegentreffer bekommt Innsbruck. Die Meisterschaft wird mit einem Play-off-System ausgetragen. Zwölf Mannschaften spielen ein Hin- und Rückspiel, dann spielen die besten acht Mannschaften ein Hin- und Rückspiel um den Meistertitel. Am 9. August 1985 startet SSW Innsbruck mit einem 1:1 im Tivoli gegen den GAK in die Saison. In der zweiten Runde setzt es eine 0:6-Auswärtsniederlage gegen Rapid im Hanappi-Stadion, in der dritten Runde feiert Innsbruck mit einem 4:1 im Tivoli gegen Admira den ersten Sieg. In der letzten Runde holt SSW Innsbruck am 30. Mai 1986 im Hanappi-Stadion gegen Rapid Wien ein 3:3-Unentschieden. Zwei Tore von Hansi Müller und ein Treffer von Kurz Welzl sichern den Punkt der Innsbrucker. Die Saison wird als Zwölferliga mit einem Play-off-System ausgetragen. Nach 22 Runden spielen nur mehr die ersten acht Teams weiter um den Titel.

Vereinsname: FC Swarovski Tirol

Auch die Saison 1986/1987 wird mit dem Play-off-System ausgetragen. Wieder spielen nach 22 Runden die besten acht Teams um den Meistertitel. Diesmal sichert sich Rapid Wien mit 52 Punkten den Meistertitel, dank fünf Toren mehr gegenüber der Austria. Der FC Swarovski Tirol belegt nach 36 Spielen mit 45 Punkten den dritten Tabellenrang. 20 Siege, fünf Unentschieden und elf Niederlagen sowie die Tordifferenz von 78:57 stehen zu Buche. Gestartet wird die Saison am 22. Juli 1986 mit dem Heimerfolg im Tivoli gegen die Vienna. Manfred Linzmaier, Robert Idl, Alfred Roscher und zweimal Peter Pacult sichern den 5:0-Sieg. In der letzten Runde am 26. Juni 1987 gewinnt der FC Swarovski Tirol gegen den LASK mit 5:3. Zweimal Kurt Welzl, zweimal Peter Pacult und Alfred Roscher treffen für die Innsbrucker.

In der Saison 1987/1988 präsentiert sich der FC Swarovski Tirol als Unentschiedenmeister. Mit elf Siegen, 15 Unentschieden und zehn Niederlagen liegt der FC Swarovski Tirol mit 37 Punkten nach 36 Spielen auf dem sechsten Tabellenrang. Die Tordifferenz fällt mit 47:49 negativ aus. Rapid Wien wird mit 54 Punkten Meister. Zum Auftakt am 21. Juli 1987 verliert der FC Swarovski Tirol am GAK-Platz gegen den GAK mit 0:2. In der zweiten Runde holt man am Sturm-Platz gegen Sturm Graz mit einem 2:2 das erste Unentschieden, und in der dritten Runde feiert der FC Swarovski Tirol im Tivoli gegen Austria Klagenfurt mit 1:0 den ersten Sieg. Alfred Roscher erzielt für den FC Swarovski Tirol das Goldtor. In der letzten Runde am 7. Juni 1988 gewinnt der FC Swarovski Tirol im Tivoli gegen den Sportclub mit 2:0.

Innsbruck ist wieder an der Tabellenspitze. Mit 24 Siegen, sieben Unentschieden und fünf Niederlagen sichert sich der FC Swarovski Tirol den Meistertitel in der Saison 1988/1989. Mit 78:38 Toren hat Innsbruck auch das beste Torverhältnis. Mit 39 Punkten liegt der FC Swarovski Tirol sechs Punkte vor der Admira auf dem ersten Rang. Die Saison startet am 22. Juli 1988 mit einem 1:0-Heimerfolg gegen Sturm Graz. In der siebten Runde bezwingt der FC Swarovski Tirol im Tivoli Austria Wien mit 3:1. Am 3. September 1988 verliert der FC Swarovski Tirol das Heimspiel im Stadion Salzburg-Lehen gegen den Sportclub mit 1:3. In der 21. Runde trifft der FC Swarovski Tirol am 26. November im Tivoli auf Rapid Wien und gewinnt mit 3:1. In der Play-off-Phase verliert der FC Swarovski Tirol nur ein Spiel –

und das ausgerechnet in der letzten Runde am 9. Juni 1989 im Tivoli gegen Rapid Wien mit 1:3.

Auch die Saison 1989/1990 schließt der FC Swarovski Tirol mit dem Meistertitel ab. Nach 36 Runden hat der FC Tirol 38 Punkte auf dem Konto. Mit 78:37 Toren hat Innsbruck auch das beste Torverhältnis. Spielerisch hat der FC Swarovski Tirol 23 Siege, neun Unentschieden und nur vier Niederlagen zu verbuchen. Austria Wien wird mit acht Punkten Rückstand Tabellenzweiter. Die erste Runde startet am 22. Juli 1989 für den FC Swarovski Tirol mit dem Spiel gegen Vorwärts Steyr und einem 2:2. Die zweite Runde bringt im Tivoli gegen Sturm Graz ebenfalls ein 2:2 und in der dritten Runde wird Rapid Wien im Hanappi-Stadion mit 2:0 besiegt. Am 24. Feber 1990 besiegt der FC Swarovski Tirol im Tivoli Austria mit 5:2 und in der letzten Runde am 15. Mai 1990 gewinnt der FC Swarovski Tirol im Tivoli gegen VSE St. Pölten mit 5:3.

In der Saison 1990/1991 muss sich der FC Swarovski Tirol in der Tabelle der Austria geschlagen geben. Nach 36 Runden liegt Innsbruck mit 35 Punkten einen Punkt hinter der Austria auf dem zweiten Rang. 21 Siege, neun Unentschieden und sechs Niederlagen sowie das Torverhältnis von 78:35 stehen zu Buche. Start in die Saison ist am 28. Juli 1990 mit dem Auswärtsspiel gegen DSV Alpine und einem 3:0-Erfolg für den FC Swarovski Tirol. Die Play-off-Phase beginnt am 9. März 1991 mit dem Auswärtsspiel in der Südstadt gegen Admira und dem 3:1-Sieg des FC Swarovski Tirol. Rapid wird am 30. März 1991 im Tivoli mit 2:0 besiegt und gegen Austria setzt es am 20. April 1991 im Praterstadion eine 1:3-Niederlage. Nur eine Woche später gewinnt der FC Swarovski Tirol das Heimspiel im Tivoli gegen Austria mit 4:1, zwei Tore von Christoph Westerthaler und je ein Treffer von Ali Hörtnagl und Roland Kirchler sichern den Sieg. In der letzten Runde am 12. Juni 1991 gewinnt der FC Swarovski Tirol in Salzburg-Lehen gegen Austria Salzburg mit 2:1.

Am Ende der Saison 1991/1992 stehen nach 36 Runden drei Mannschaften mit 33 Punkten an der Tabellenspitze. Dank der Tordifferenz von 73:36 sichert sich Austria Wien den Meistertitel, Rang zwei geht mit dem Torverhältnis von 62:37 an Austria Salzburg und Innsbruck muss sich mit dem Torverhältnis von 69:49 mit dem dritten Rang begnügen. Der FC Swarovski Tirol erreicht 21 Siege, fünf Unentschieden und zehn Niederlagen. Auftakt der Saison ist am 24. Juli 1991 mit dem Heimspiel im Tivoli gegen DSV Alpine und der FC Swarovski Tirol feiert einen 4:1-Erfolg. Die Play-off-Phase startet am 7. März 1992 und der FC Swarovski Tirol feiert in Salzburg-Lehen gegen Austria Salzburg einen 2:0-Erfolg. Es folgt ein 2:1-Heimerfolg im Tivoli gegen Austria Wien und eine Niederlage am Vorwärts-Platz gegen Vorwärts Steyr mit 0:2. Gegen Stahl Linz verliert der FC Swarovski Tirol im Tivoli mit 0:1, gegen Admira gewinnt der FC Swarovski Tirol im Tivoli mit 2:0. Am 11. April verliert der FC Swarovski Tirol im Hanappi-Stadion gegen Rapid mit 0:4, gegen VSE St. Pölten gewinnt der FC Swarovski Tirol am Voith-Platz mit 2:1. Drei Tage später gewinnt der FC Swarovski Tirol das Heimspiel im Tivoli gegen VSE St. Pölten mit 3:0. Austria Salzburg wird am 2. Mai 1992 im Tivoli mit 5:0 besiegt, gegen Austria Wien verliert der FC Swarovski Tirol im Praterstadion mit 0:3. Vorwärts Steyr wird im Tivoli mit 2:1 besiegt, gegen Stahl Linz setzt es im Linzer Stadion eine 0:1-Niederlage und gegen Admira gewinnt der FC Swarovski Tirol in der Südstadt mit 2:1. In der letzten Runde besiegt der FC Swarovski Tirol Rapid am 3. Juni 1992 im Tivoli dank dem Tor von Ali Hörtnagl mit 1:0.

Vereinsname: FC Wacker Swarovski Innsbruck

Die Saison 1992/1993 beendet Innsbruck mit einem Platz im Mittelfeld. Nach 36 Runden belegt der FC Wacker Swarovski Innsbruck mit 26 Punkten den fünften Tabellenrang, zehn Punkte hinter dem Meister Austria Wien. 14 Siege, zwölf Unentschieden und zehn Niederlagen sowie ein Torverhältnis von 63:43 gehen in die Statistik ein. In der ersten Runde am 25. Juli 1992 wird im Tivoli Sturm Graz mit 4:0 besiegt. Die letzte Runde findet am 12. Juni 1993 statt, der FC Wacker Swarovski Innsbruck verliert im Tivoli gegen Admira mit 2:4.

Vereinsname: FC Innsbruck Capillaris Tirol

Die Saison 1993/1994 wird wieder als Zehnerliga ausgetragen. Nach 36 Runden hat der FC Innsbruck Capillaris Tirol mit 14 Siegen, elf Unentschieden und elf Niederlagen 39 Punkte auf dem Konto. Das Torverhältnis liegt bei 48:33. Innsbruck liegt mit zwölf Punkten Rückstand auf Meister Austria Salzburg auf dem vierten Rang. Gestartet wird die Saison am 31. Juli 1993 mit dem Heimspiel gegen VSE St. Pölten. Der FC Innsbruck Capillaris Tirol gewinnt durch ein Eigentor von Janonis und das Tor von Vaclav Danek mit 2:1. In der letzten Runde verliert der FC Innsbruck Capillaris Tirol am Horr-Platz am 8. Juni 1994 gegen Austria Wien mit 1:4.

Vereinsname: FC Innsbruck Tirol
(FC Tirol Innsbruck)

15 Siege, zehn Unentschieden und elf Niederlagen bedeuten nach 36 Runden in der Saison 1994/1995 40 Punkte und den fünften Tabellenplatz für den FC Innsbruck Tirol. Das

Torverhältnis beträgt 61:44 Tore. Innsbrucks Rückstand auf den Meister Austria Salzburg beträgt sieben Punkte. In der ersten Runde gewinnt der FC Innsbruck Tirol am 2. August 1994 im Tivoli gegen den FC Linz durch Tore von Vaclav Danek, Souleyman Sané und Tommy Janeschitz mit 3:0. In der letzten Runde am 17. Juni 1995 gewinnt der FC Innsbruck Tirol gegen Austria Salzburg im Tivoli durch Tore von Andreas Poiger und Souleyman Sané mit 2:0.

Vereinsname: FC Tirol Milch Innsbruck

In der Saison 1995/1996 belegt der FC Tirol Milch Innsbruck den dritten Tabellenplatz. Mit 62 Punkten hat Innsbruck elf Punkte Rückstand auf den Meister Rapid Wien, die Drei-Punkte-Regel für einen Sieg wird in dieser Saison erstmals in Österreich angewendet. 18 Siege, acht Unentschieden und zehn Niederlagen sowie das Torverhältnis von 64:40 stehen für den FC Tirol Milch Innsbruck zu Buche. Zum Meisterschaftsauftakt am 2. September 1995 verliert der FC Tirol Milch Innsbruck am GAK-Platz gegen den GAK mit 0:3. In der zweiten Runde gewinnt der FC Tirol Milch Innsbruck im Tivoli gegen Admira mit 3:0. Michael Streiter, Roland Kirchler und Souleyman Sané treffen für den FC Tirol Milch Innsbruck. In der vorletzten Runde am 25. Mai 1996 gewinnt der FC Tirol Milch Innsbruck im Tivoli gegen Austria Salzburg durch zwei Tore von Jerzy Brzeczek und einen Treffer von Michael Streiter mit 3:1. In der letzten Runde am 1. Juni 1996 trennen sich der LASK und der FC Tirol Milch Innsbruck im Linzer Stadion mit 1:1.

Nach 36 Runden steht der FC Tirol Milch Innsbruck in der Saison 1996/1997 auf dem vierten Tabellenplatz. 16 Siege, sieben Unentschieden und 13 Niederlagen führen zu 55 Punkten. 14 Punkte beträgt der Rückstand auf den Meister Austria Salzburg. Das Torverhältnis liegt bei 49:40.

Die erste Runde wird am 24. Juli 1996 mit dem Heimspiel im Tivoli gegen den FC Linz bestritten. Der FC Tirol Milch Innsbruck gewinnt mit 2:0. In der letzten Runde am 3. Juni 1997 besiegt der FC Tirol Milch Innsbruck im Linzer Stadion den LASK mit 4:0. Jürgen Hartmann, Christian Mayrleb und zweimal Tommy Janeschitz treffen für den FC Tirol.

Die Saison 1997/1998 schließt Innsbruck nur mit dem sechsten Tabellenplatz ab. Mit 48 Punkten hat der FC Tirol Milch Innsbruck 33 Punkte Rückstand auf den Meister Sturm Graz. Nach 36 Runden hat Innsbruck zwölf Siege, zwölf Unentschieden und zwölf Niederlagen zu verbuchen, das Torverhältnis fällt mit 49:51 negativ aus. In der ersten Runde am 9. Juli 1997 verliert der FC Tirol Milch Innsbruck in der Südstadt gegen Admira trotz der Tore von Christian Mayrleb und Francis Severeyns mit 2:3. Das Heimspiel im Tivoli in der zweiten Runde gegen Sturm Graz wird mit 1:4 verloren, in der dritten Runde verliert der FC Tirol Milch Innsbruck im Hanappi-Stadion gegen Rapid mit 0:1, in der vierten Runde setzt es im Stadion Liebenau gegen den GAK eine 0:3-Niederlagen, ehe am 30. Juli 1997 mit dem 3:0-Erfolg gegen den LASK im Tivoli der erste Erfolg gefeiert werden kann. In der letzten Runde verliert der FC Tirol Milch Innsbruck das Heimspiel im Tivoli am 16. Mai 1998 gegen Rapid mit 0:2.

Auch in der Saison 1998/1999 belegt der FC Tirol Milch Innsbruck den sechsten Tabellenplatz. 15 Siege, zehn Unentschieden und elf Niederlagen bringen nach 36 Runden 55 Punkte auf das Konto. Das Torverhältnis ist mit 49:41 positiv. Der Rückstand auf den Meister Sturm Graz beträgt 18 Punkte. In der ersten Runde am 29. Juli 1998 trifft der FC Tirol Milch Innsbruck im Tivoli auf den SV Ried und gewinnt dank einem Treffer von Mathias Svensson mit 1:0. Im letzten Heimspiel am 23. Mai 1999 gewinnt der FC Tirol Milch Innsbruck im Tivoli gegen Austria mit 4:1. Walter Kogler, zweimal Radoslav Gilewicz und Bülent Bilgen treffen für den FC Tirol Milch Innsbruck. In der letzten Runde verliert der FC Tirol Milch Innsbruck im Stadion Liebenau gegen den Meister Sturm Graz mit 3:0.

Die Saison 1999/2000 wird erstmals als max.-Bundesliga durchgeführt. Zehn Mannschaften kämpfen um den Titel und am Ende steht der FC Tirol Milch Innsbruck mit 24 Siegen, fünf Unentschieden und sieben Niederlagen an der Tabellenspitze. Das Torverhältnis beträgt 54:30. Mit 77 Punkten hat Innsbruck drei Punkte Vorsprung auf den Vizemeister SK Puntigamer Sturm Graz. Der Start in diese Saison erfolgt am 29. Juni 1999 mit dem Spiel im Tivoli gegen SK Rapid Wien. 7.829 Zuseher sehen dank der Tore von Zoran Barisic und Radoslav Gilewicz einen Heimsieg der Innsbrucker. Barisic erzielt außerdem ein Eigentor und Walter Kogler bekommt nach einem Foulspiel die rote Karte. In der zweiten Runde wird Sturm Graz im Arnold-Schwarzenegger-Stadion durch ein Tor von Radoslav Gilewicz mit 1:0 bezwungen. Erst in der achten Runde verliert der FC Tirol Milch Innsbruck das erste Meisterschaftsspiel. SV Wüstenrot Salzburg gewinnt im Casino-Stadion Salzburg mit 1:0. In der 31. Runde übernimmt der FC Tirol Milch Innsbruck die Tabellenführung. Der SK Rapid Wien wird am 29. April vor 11.562 Fans im Tivoli mit 1:0 besiegt. Roland Kirchler erzielt in der 82. Minute den Siegestreffer. In der letzten Runde besiegt der FC Tirol Milch Innsbruck FK Austria Memphis mit 2:1. 13.954 Fans sehen bereits in der ersten Minute den Führungstreffer von Roland Kirchler. Christian Mayrleb gleicht in der 28. Minuten per Elfmeter zum 1:1 aus. In der 53. Minute sichert Michael Bauer mit dem 2:1 den Meistertitel für den FC Tirol Milch Innsbruck.

Auch in der Saison 2000/2001 sichert sich der FC Tirol Milch Innsbruck den Meistertitel. Nach 36 Runden hält Innsbruck bei 20 Siegen, acht Unentschieden, acht Niederlagen und einem Torverhältnis von 63:31. Mit 68 Punkten liegt der FC Tirol Milch Innsbruck acht Punkte vor dem Tabellenzweiten SK Rapid Wien. Die Saison beginnt mit einem 6:1 Heimerfolg gegen VFB Admira Wacker Mödling am 4. Juli 2000. Der Meistertitel wird am 24. Mai 2001 beim Auswärtsspiel gegen FK Austria Memphis im Franz-Horr-Stadion fixiert. Radoslav Gilewicz sichert sich mit 22 Toren den ersten Platz in der Torschützenliste.

Die Saison 2001/2002 bringt neuerlich das Triple nach Innsbruck. 23 Siege, sechs Unentschieden und sieben Niederlagen bedeuten 75 Punkte für den FC Tirol Milch Innsbruck. Das Torverhältnis beträgt 63:20. Innsbruck hat zehn Punkte Vorsprung auf den Tabellenzweiten SK Puntigamer Sturm Graz. Start der Meisterschaft ist am 10. Juli 2001 mit dem Auswärtsspiel gegen Liebherr GAK im Arnold-Schwarzenegger-Stadion. Der FC Tirol Milch Innsbruck gewinnt mit 2:0. Das erste Heimspiel der Saison spielt der FC Tirol Milch Innsbruck am 18. Juli gegen Casino SW Bregenz im Tivoli. Dank zwei Toren von Kirchler sowie je einem Treffer von Gilewicz, Brzeczek und Jezek gewinnt Innsbruck vor 8.693 Fans mit 5:0. Die letzte Runde wird am 9. Mai 2002 gespielt. Innsbruck spielt im Tivoli-Neu gegen den FC Kelag Kärnten und gewinnt vor 11.873 Zusehern mit 3:1. Zweimal Gilewicz und Brzeczek erzielen die Treffer.

Wacker international

Am 30. November 1966 tritt der FC Wacker Innsbruck erstmals auf der internationalen Bühne auf. Im Mitropacup scheidet Wacker Innsbruck nach einer Auswärtsniederlage und der Heimniederlage trotz eines Tores von Siber am 8. Dezember 1966 gegen Tatabanya Banyasz aus.

1969 entscheidet das Los für das Weiterkommen von Wacker Innsbruck im Mitropacup. Das Heimspiel gegen Csepel Budapest am 22. Oktober 1969 gewinnt Wacker durch ein Eigentor und einen Treffer von Wolny vor 2.000 Zuschauern mit 2:1. Das Rückspiel wird mit 1:2 (Tor durch Wolny) am 29. Oktober 1969 verloren. Im Viertelfinale wartet Internacional Bratislava auf Wacker Innsbruck. Am 7. April verliert Wacker das Heimspiel vor 2.500 Zuschauern mit 0:3. Auswärts gelingt dank einem Treffer von Kurt Jara am 12. Mai 1970 ein 1:0-Erfolg.

Das Tivoli-Stadion ist am 11.9.2010 erstmals seit dem Neubeginn im Jahr 2002 ausverkauft

Das erste Flutlichtspiel im Tivoli bestreitet der FC Wacker im Europapokal der Pokalsieger in der Saison ab 16. September 1970 gegen FK Partizani Tirana. Der FC Wacker gewinnt das Heimspiel mit 3:2, in Tirana ist der FC Wacker eine Woche später mit 2:1 erfolgreich. Legendär der Auftritt von Wacker Innsbruck in Madrid. 35.000 Zuseher sehen am 21. Oktober 1970 die Königlichen gegen die „Kicker aus den Bergen“. Poldi Grausam bringt Wacker früh in Führung, und dann folgt die Abwehrschlacht mit einem hervorragenden Wacker-Tormann Herbert Rettensteiner. 18.000 Zuseher verfolgen das Rückspiel am 4. November 1970 im Tivoli. Real Madrid gewinnt dank zwei später Tore mit 2:0. Viele Wacker-Fans sind der Meinung, dass der ungarische Schiedsrichter viel zur Niederlage beigetragen hat.

Am 15. September 1971 trifft die SPG Swarovski Wacker Innsbruck im Europapokal der Pokalsieger auf Benfica Lissabon. Vor 13.000 Zuschauern gibt es im heimischen Tivoli eine 0:4-Niederlage (u.a. ein Tor durch Eusebio), auswärts verliert die SPG Swarovski Wacker Innsbruck vor 40.000 Zuschauern mit 3:1, Kurt Jara erzielt den Ehrentreffer.

Dynamo Kiew erweist sich in einer der ersten Runden des Europapokals der Meister 1972/73 als zu groß für die SPG Swarovski Wacker Innsbruck. Das Heimspiel am 13. September 1972 geht vor 15.000 Zuschauern mit 0:1 verloren, das Auswärtsspiel vor 70.000 Zuschauern in Kiew verliert die SPG Swarovski Wacker Innsbruck mit 0:2.

Auch in der Europapokalsaison der Meister 1973/74 ist in der ersten Runde Schluss für die SPG Swarovski Wacker Innsbruck. CSKA Sofia gewinnt das Heimspiel am 19. September 1972 mit 3:0, im Tivoli gewinnt Sofia vor 8.000 Zuschauern mit 1:0.

1974 tritt die SPG Swarovski Wacker Innsbruck im UEFA-Cup an. Am 18. September 1974 trifft die SPG Swarovski Wacker Innsbruck vor 15.000 Fans auf Borussia Mönchengladbach. Durch einen Doppelpack von Ove Flindt gewinnt SPG Swarovski Wacker Innsbruck mit 2:1, Ehrentorschütze Heynckes. Das Auswärtsspiel geht jedoch mit 0:3 verloren, Borussia sichert sich in dieser Saison den Titel.

1975 wird die Vorrunde im Mitropacup (gegen Tatabanya Banyasz und NK Rijeka) gewonnen und im Finale wartet das Team von Honved Budapest. Im ersten Finalspiel am 27. Mai 1975 kommen 9.500 Zuseher ins Tivoli-Stadion. Durch Tore von Rinker, Flindt und Welzl gewinnt Sparkasse Swarovski Wacker Innsbruck mit 3:1. Das Rückspiel am 11. Juni 1975 endet durch Tore von Pezzey und Schwarz mit einem 2:1-Erfolg für Sparkasse Swarovski Wacker Innsbruck. Das Rückspiel am 2. Oktober 1974 geht aber vor 20.000 Zuschauern mit 0:3 verloren.

Im Intertoto-Cup 1975 spielt der SSW Innsbruck gegen Standard Lüttich, Malmö FF und Sparta Rotterdam. Nach sechs Spielen kann Sparkasse Swarovski Wacker Innsbruck den ersten Platz für sich behaupten. Gegen Lüttich wird zweimal 1:1 unentschieden gespielt, gegen Malmö ein torloses Remis und ein 1:0-Erfolg sowie ein klarer 6:0-Sieg und ein 3:1-Erfolg gegen Rotterdam.

Im Europapokal der Meister 1975/76 wartet wieder Borussia Mönchengladbach auf Sparkasse Swarovski Wacker Innsbruck. Am 17. September 1975 geht Sparkasse Swarovski Wacker Innsbruck durch ein Tor von Kurz Welzl vor 20.000 Zuschauern in Führung, muss aber in der 83. Minute den Ausgleich hinnehmen. Am 1. Oktober 1975 feiern 20.000 Fans in der 21. Minute den Führungstreffer von Ove Flindt im Tivoli für Sparkasse Swarovski Wacker Innsbruck. Am Ende lautet es aber 1:6, u.a. durch vier Treffer von Heynckes.

Auch 1976 wird die Vorrunde im Mitropacup (gegen Zbrojovka Brünn und Ferencvaros Budapest) gewonnen. Im Finale stehen sich am 30. Juni 1976 vor 5.000 Zuschauern Sparkasse Swarovski Wacker Innsbruck und Velez Mostar gegenüber. Pezzey, Welzl und Oberacher fixieren den 3:1-Erfolg. Auch das Rückspiel wird mit 3:1 gewonnen. Peter Koncilia, Zanon und Welzl treffen für Sparkasse Swarovski Wacker Innsbruck am 7. Juli 1976 vor 15.000 Zusehern in Mostar.

In der ersten Runde des UEFA-Cup 1976/77 wartet Start Kristiansand auf Sparkasse Swarovski Wacker Innsbruck. Das Heimspiel am 15. September 1976 wird durch Tore von Stering und Pezzey vor 9.000 Fans mit 2:1 gewonnen. Auswärts fixieren je ein Doppelpack von Peter Koncilia und Sepp Stering sowie ein Tor von Kurt Welzl den 5:0-Erfolg. Im Sechzehntelfinale kommt es am 20. Oktober 1976 zum legendären Spiel zwischen Sparkasse Swarovski Wacker Innsbruck und Videoton Szekesfehervar. 9.000 Fans sehen ein Tor von Sepp Stering in der 53. Minute und den Ausgleich in der 63. Minute. Die Leistungen des Schweizer Schiedsrichters Favre führen zu Tumulten im Tivoli-Stadion. Scheiben gehen zu Bruch, es setzt Bierduschen, selbst Erdballen werden geschmissen. Kurz, Schiedsrichter Favre will vom Ort des Geschehens mit dem Taxi flüchten. Doch Präsident Steinlechner kann die Fans beruhigen. Die UEFA spricht eine Sperre von zwei internationalen Spielen im Tivoli aus. Das Auswärtsspiel verliert Sparkasse Swarovski Wacker Innsbruck am 3. November 1976 mit 0:1.

Am 14. September 1977 startet Sparkasse Swarovski Wacker Innsbruck gegen den FC Basel in den Europapokal der Meister. Ein Doppelpack von Kurt Welzl und Didi Constantini führt zum 3:1-Auswärtserfolg. Das Heimspiel wird in Salzburg ausgetragen und Sparkasse Swarovski Wacker Innsbruck verliert vor 15.000 Fans mit 0:1. Im Achtelfinale muss Sparkasse Swarovski Wacker Innsbruck am 19. Oktober 1977 in Glasgow antreten. Trotz eines Treffers von Werner Kriess verliert Wacker vor 30.000 Fans mit 2:1. Das Rückspiel findet am 2. November 1977 statt. Diesmal sind 18.000 Zuschauer in Salzburg mit dabei. Kurt Welzl, Sepp Stering und Franz Oberacher erzielen die Tore zum 3:0-Erfolg für

Sparkasse Swarovski Wacker Innsbruck. Am 1. März 1978 wird Borussia Mönchengladbach von Wacker Innsbruck vor 18.000 Fans mit 3:1 besiegt. Peter Koncilia, Werner Kriess und W. Schwarz treffen für Wacker, den Ehrentreffer erzielt Heynckes. Das Rückspiel am 15. März 1978 geht aber mit 2:0 vor 30.000 Zuschauern verloren.

Am 13. September 1978 erfolgt der nächste Auftritt im Europapokal der Pokalsieger. Der SSW Innsbruck trifft auf Zaglebie Sosnowiec. Das Auswärtsspiel gewinnt der SSW mit 3:2, Tore von Peter Koncilia, Franz Oberacher und Manfred Braschler. Das Heimspiel endet vor 12.000 Zuschauern durch ein Eigentor mit 1:1. In der zweiten Runde ist der Gegner Ipswich Town. Auswärts verliert der SSW Innsbruck vor 25.000 Zuschauern am 18. Oktober 1978 mit 1:0. Im Heimspiel steht es im Tivoli nach 90 Minuten 1:0 für den SSW, in der Verlängerung muss Wacker aber vor 18.000 Fans den Ausgleichstreffer hinnehmen.

1979 scheidet der SSW Innsbruck in der ersten Runde im Europapokal der Pokalsieger gegen Lokomotiva Kosice aus. Das Heimspiel am 19. September 1979 geht vor 8.000 Zuschauern mit 1:2 verloren (Torschütze Willi Pöll), die Auswärtspartie mit 0:1.

1983 ist im Europapokal der Pokalsieger der 1. FC Köln zu Gast. Am 14. September 1983 gewinnt Sparkasse Swarovski Wacker Innsbruck durch einen Treffer von Ewald Gröss in der 69. Minute vor 16.000 Zuschauern mit 1:0. Beim Rückspiel am 28. September 1983 verliert Sparkasse Swarovski Wacker Innsbruck mit 1:7, den Ehrentreffer erzielt Ewald Gröss.

Sparkasse Swarovski Wacker Innsbruck spielt in der ersten Runde des UEFA-Pokals 1984/85 gegen Real Madrid. In Madrid verliert Sparkasse Swarovski Wacker Innsbruck am 19. September 1984 vor 60.000 Zuschauern mit 0:5. Das Rückspiel am 3. Oktober 1984 entscheidet aber Sparkasse Swarovski Wacker Innsbruck vor nur 6.000 Zuschauern durch einen Doppelpack von Alfred Roscher mit 2:0 für sich.

Im UEFA-Pokal 1985/86 ist in der ersten Runde Schluss für Sparkasse Swarovski Wacker Innsbruck. Das Auswärtsspiel gegen FC Lüttich geht am 18. September 1985 mit 0:1 verloren, das Heimspiel am 2. Oktober 1985 vor 15.000 Fans geht mit 3:1 an Lüttich. Alfred Roscher erzielt den Ehrentreffer.

Am 17. September 1987 startet die erste Runde des UEFA-Pokals 1986/87. Im Tivoli trifft der FC Swarovski Tirol auf Sredets Sofia. 8.000 Fans sehen in der 15. Minute die Führung für Sofia, ehe in der 33. Minute der italienische Schiedsrichter Longhi das Spiel wegen starken Regens abbricht. Einen Tag später sind 12.000 Fans beim Spiel dabei und sehen die Tore von Alfred Roscher, Peter Pacult und Manni Linzmaier zum 3:0-Erfolg. In Sofia verliert der FC Swarovski Tirol vor 25.000 Zusehern mit 0:2. In der zweiten Runde trifft der FC Swarovski Tirol auf Standard Lüttich. 8.000 Fans sind am 22. Oktober 1986 beim 2:1-Heimerfolg mit dabei. Die Treffer fallen durch Andi Spielmann und ein Eigentor. In Lüttich geht der FC Swarovski Tirol durch Tore von Andi Spielmann und Alfred Roscher vor 36.000 Zuschauern mit 2:0 in Führung, am Ende gewinnt Lüttich zwar 3:2, der FC Swarovski Tirol ist aber weiter. Am 26. November 1986 spielt der FC Swarovski Tirol vor 28.000 Zuschauern in Simferopol gegen Spartak Moskau (in Moskau gibt es einen Wintereinbruch). Moskau gewinnt 1:0. Das Rückspiel findet am 10. Dezember 1986 im Tivoli statt, und der FC Swarovski Tirol siegt durch Tore von Alfred Roscher und Hansi Müller innerhalb von zwei Minuten mit 2:0. Im Viertelfinale wartet Torino Calcio auf den FC Swarovski Tirol. Am 4. März 1987 trennen sich die Teams vor 40.000 Zuschauern in Turin mit einem 0:0. Das Rückspiel steigt am 18. März 1987 und der FC Swarovski Tirol gewinnt dank dem legendären direkten Eckball von Hansi Müller in der 60. Minute und dem Treffer von Peter Pacult in der 77. Minute vor 17.000 Fans mit 2:1. Am 8. April 1987 steigt das erste Halbfinalspiel zwischen dem IFK Göteborg und dem FC Swarovski Tirol. 48.500 Zuseher sehen einen 4:1-Erfolg von Göteborg, Peter Pacult erzielt den Tiroler Treffer. Das Rückspiel am 22. April 1987 vor 20.000 Fans endet mit einer 0:1-Niederlage für den FC Swarovski Tirol.

Im Europapokal der Pokalsieger 1987/88 ist in der ersten Runde Schluss für den FC Swarovski Tirol. Am 15. September 1987 verliert der FC Swarovski Tirol in Lissabon vor 45.000 Zuschauern gegen Sporting Lissabon mit 0:4. Das Rückspiel gewinnt der FC Swarovski Tirol vor 4.000 Fans dank Toren von Rupert Marko, Alfred Roscher, Bruno Pezzey und Manni Linzmaier mit 4:2.

Am 13. September 1989 spielt der FC Swarovski Tirol in der ersten Runde des Europapokals der Meister gegen Omonia Nikosia. Vor 14.000 Fans gewinnt der FC Swarovski Tirol im Tivoli durch Tore von Peischl, Hansi Müller, Gischi Westerthaler, einen Doppelpack von Peter Pacult und den Treffer von Ali Hörtnagl mit 6:0. Das Rückspiel in Nikosia gewinnt der FC Swarovski Tirol am 27. September 1989 durch Tore von Michi Baur, Gischi Westerthaler und Peter Pacult mit 3:2. In der zweiten Runde trifft der FC Swarovski Tirol auf Dnjepr Dnjepropetrowsk. Am 18. Oktober 1989 verliert der FC Swarovski Tirol durch ein Eigentor von Garger und einen weiteren Treffer der Russen in Dnjepropetrowsk mit 0:2. Das Rückspiel am 1. November 1989 endet vor 16.500 Fans mit einem 2:2. Gischi Westerthaler und Peter Pacult treffen für den FC Swarovski Tirol.

In der ersten Runde des Europapokals der Meister 1990/91 trifft der FC Swarovski Tirol auf Kuusysi Lahti. Am 19. September 1990 gewinnt der FC Swarovski Tirol vor 7.500 Zuschauern das Heimspiel mit 5:0. Pipo Gorosito, Oliver Prudlo und dreimal Peter Pacult treffen. Das Rückspiel gewinnt der FC Swarovski Tirol vor 650 Zusehern mit 2:1, Doppelpack durch Peter Pacult. Am 24. Oktober 1990 lautet die Devise von Co-Trainer Horst Hrubesch, in Madrid

„mitzuspielen". Und Peter Pacult macht in der 16. Minute vor 40.000 Zuschauern auch das Tor für den FC Swarovski Tirol. Bis dahin steht es aber bereits 3:0 für Madrid und nach 90 Minuten 9:1. Das Rückspiel am 7. November 1990 endet vor 14.000 Zuschauern mit einem 2:2-Unentschieden. Ali Hörtnagl und Manni Linzmaier treffen für den FC Swarovski Tirol.

Im UEFA-Pokal 1991/92 kommt der FC Swarovski Tirol bis ins Achtelfinale. In der ersten Runde trifft der FC Swarovski Tirol auf Tromsö IL. Das Heimspiel am 18. September 1991 gewinnt der FC Swarovski Tirol vor 5.500 Fans durch Tore von Ali Hörtnagl und Pipo Gorosito mit 2:1. Das Rückspiel am 2. Oktober 1991 endet durch einen Treffer von Gischi Westerthaler mit einem 1:1-Unentschieden. In der zweiten Runde spielt der FC Swarovski Tirol am 23. Oktober 1991 gegen PAOK Saloniki. Da das Spiel für Zuschauer gesperrt ist, sehen 200 Offizielle den Doppelpack von Gischi Westerthaler und den 2:0-Auswärtserfolg. Am 6. November besiegt der FC Swarovski Tirol Saloniki vor 8.000 Fans im Tivoli mit 2:0, neuerlicher Doppelpack durch Gischi Westerthaler. Am 27. November 1991 ist vor 13.500 Fans im Tivoli der FC Liverpool zu Gast beim FC Swarovski Tirol. Ein Doppelpack von Saunders führt zur 0:2-Niederlage des FC Tirol. Am 11. Dezember 1991 verliert der FC Swarovski Tirol vor 16.000 Zusehern das Auswärtsspiel gegen den FC Liverpool mit 0:4, unter anderem durch drei Tore von Saunders.

Im UEFA-Pokal 1992/93 wartet in der ersten Runde AS Roma auf den FC Wacker Swarovski Innsbruck. 11.000 Fans sind am 16. September 1992 im Tivoli und sehen einen Treffer von Michi Baur. AS Roma gewinnt das Spiel aber mit 4:1, in Rom verliert der FC Wacker Swarovski Innsbruck vor 23.090 Zusehern mit 0:1.

Im September 1993 trifft der FC Innsbruck Capillaris Tirol in der ersten Runde auf Ferencvaros Budapest. 10.000

Fans sehen am 15. September 1993 einen 3:0-Erfolg des FC Innsbruck Capillaris Tirol im Tivoli. Die Treffer erzielen unter anderem Vaclav Danek und Gischi Westerthaler. Im Rückspiel erzielt Gischi Westerthaler vor 16.000 Zuschauern einen Doppelpack zum 2:1-Erfolg des FC Innsbruck Capillaris Tirol. In der zweiten Runde wartet Real Madrid auf den FC Innsbruck Capillaris Tirol. 10.000 Fans sehen am 20. Oktober 1993 ein 1:1-Unentschieden im Tivoli, den Treffer erzielt Michi Streiter. In Madrid gibt es am 3. November 1993 vor 20.000 Zuschauern eine 0:3-Niederlage.

In der ersten Runde des UEFA-Cups 1994/95 spielt der FC Innsbruck Tirol am 13. September 1994 in Tiflis gegen Dinamo Tiflis. Das Spiel geht mit 0:1 verloren, am 27. September 1994 findet das Rückspiel statt. 9.000 Fans sehen im Tivoli einen 5:1-Erfolg des FC Innsbruck Tirol. Harald Cerny, Peter Stöger, ein Doppelpack von Vaclav Danek und Tommy Janeschitz waren für die Treffer verantwortlich. Am 18. Oktober 1994 kommt Deportivo La Coruna ins Tivoli. 10.800 Fans sehen Treffer von Souleymane Sané und Peter Stöger und den 2:0-Erfolg des FC Innsbruck Tirol. Das Rückspiel am 1. November 1994 vor 30.000 Zuschauern geht aber mit 0:4 verloren.

Das Abschneiden auf europäischer Ebene 1995/96 ist durch den UI-Cup geprägt. In der Gruppenphase spielt der FC Tirol Milch Innsbruck am 25. Juni 1995 auswärts gegen den FC Floriana und gewinnt durch Tore von Michi Streiter, Harald Cerny und einen Doppelpack von Roli Kirchler mit 4:0. Am 8. Juli 1995 spielt der FC Tirol Milch Innsbruck vor 800 Fans im Tivoli gegen Hapoel Petah Tikva. Michi Streiter und Harald Cerny fixieren den 2:0-Erfolg. Im letzten Gruppenspiel siegt der FC Tirol Milch Innsbruck vor 5.000 Fans im Tivoli gegen Genclerbirligi Ankara mit 3:2. Ein Eigentor sowie die Treffer von Andi Schiener und Roli Kirchler bringen den FC Tirol Milch Innsbruck auf den 2. Tabellenrang.

Im Achtelfinale trifft der FC Tirol Innsbruck am 29. Juli 1995 auf den 1. FC Köln. 6.500 Zuseher sehen im Müngersdorfer Stadion in Köln einen Hattrick von Harald Cerny und den 3:1-Erfolg des FC Tirol Milch Innsbruck. Im Viertelfinale ist am 2. August 1995 Bayer 04 Leverkusen zu Gast im Tivoli. 12.000 Fans bejubeln die jeweiligen Ausgleichstreffer von Michi Streiter und Michi Baur zu 2:2. Am Ende muss ein Elfmeterschießen entscheiden: Cerny, Brzeczek, Grüner, Baur und Streiter fixieren den 5:3-Erfolg des FC Tirol Milch Innsbruck. Das Halbfinale, ident mit der UEFA-Cup-Qualifikationsrunde, lautet FC Tirol Milch Innsbruck gegen Racing Straßburg. Am 8. August 1995 sehen 8.500 Fans am Innsbrucker Tivoli durch einen Treffer von Andi Schiener das 1:1-Unentschieden. Vor 13.550 Zuschauern muss sich der FC Tirol Milch Innsbruck trotz eines Treffers von Roli Kirchler mit 1:6 geschlagen geben.

Im UEFA-Cup 1996/97 qualifiziert sich der FC Tirol Milch Innsbruck gegen Slavia Sofia für die erste Runde. In Sofia erreicht FC Tirol Milch Innsbruck vor 3.000 Zuschauern am 6. August 1996 durch ein Tor von Richi Kitzbichler ein 1:1-Unentschieden. Am 20. August 1996 sind 6.000 Fans im Tivoli und sehen durch Tore von Maciej Sliwowski, Gernot Krinner, Richi Kitzbichler und ein Slavia-Eigentor einen 4:1-Erfolg des FC Tirol Milch Innsbruck. In der ersten Runde des UEFA-Cups kommt es zu den Spielen gegen den FC Metz. 6.000 Fans sehen im Tivoli am 10. September 1996 ein torloses Unentschieden, das Rückspiel am 24. September 1996 geht mit 0:1 verloren.

In der Qualifikation für den UEFA-Cup 1997/98 wartet das Team von Celtic Glasgow auf den FC Tirol Milch Innsbruck. Am 12. August 1997 sind 6.700 Fans im Tivoli und sehen durch den Doppelpack von Christian Mayrleb den 2:1-Erfolg des FC Tirol Milch Innsbruck. Das Rückspiel findet am 26. August 1997 vor 47.017 Zuschauern im Celtic Park statt. Durch den Treffer von Christian Mayrleb, ein Eigentor und den Treffer von Gernot Krinner liegt der FC Tirol Milch Innsbruck bis zur 88. Minute mit 3:4 zurück. Dann erzielt Celtic zwei weitere Treffer zum Endstand von 6:3 für Celtic Glasgow. FC-Tirol-Milch-Innsbruck-Tormann Stani Tschertschessow musste in der 19. Minute durch Heinz Weber ausgewechselt werden.

In der Europacupsaison 2000/2001 trifft der FC Tirol Milch Innsbruck in der dritten Qualifikationsrunde zur Champions League auf den FC Valencia. Am 9. August 2000 sehen 6.615 Fans (das letzte internationale Spiel im alten Tivoli, mehr Zuseher werden nicht zugelassen) ein torloses Unentschieden, das Rückspiel vor 49.000 Zuschauern verliert der FC Tirol Milch Innsbruck im Mestalla-Stadion mit 1:4. Radoslav Gilewicz erzielt den Ehrentreffer. Der FC Tirol Milch Innsbruck spielt im UEFA-Cup weiter und trifft dort in der ersten Runde auf AC Fiorentina. Am 14. September 2000 spielt der FC Tirol Milch Innsbruck vor 15.500 Fans (das erste internationale Spiele im neuen Tivoli) und darf sich durch einen Doppelpack von Radoslav Gilewicz und einen Treffer von Michi Baur über einen 3:1-Erfolg freuen. 32.000 Zuschauer sind im Artemio Franchi am 28. September 2000 beim Rückspiel dabei. Das überaus hektische Spiel – zwölf gelbe Karte, eine gelb-rote Karte, Fiorentina-Trainer Fatih Terim muss auf die Tribüne – endet 2:2. Wolfi Mair bringt bereits in der achten Minute den FC Tirol Milch Innsbruck mit 1:0 in Führung, in der 87. Minute erzielt Radoslav Gilewicz den 2:2-Ausgleichstreffer. Am 26. Oktober 2000 ist der VfB Stuttgart zu Gast im Tivoli. 15.212 Fans jubeln über den 1:0-Erfolg durch einen Treffer von Wolfi Mair in der 54. Minute. Das Rückspiel findet am 9. November 2000 im Gottlieb-Daimler-Stadion vor 15.000 Zuschauern statt. Trotz eines Treffers von Jerzy Brzeczek verliert der FC Tirol Milch Innsbruck mit 1:3.

Das Europacupjahr 2001 bringt in der Qualifikation für die Champions League die Mannschaft von Lokomotive Moskau als Gegner. Am 7. August 2001 spielt der FC Tirol Milch Innsbruck vor 14.000 Zuschauern im Saturn-Stadion in Ramenskoje. Roli Kirchler erzielt in der 19. Minute den kurzzeitigen Ausgleichstreffer zum 1:1, der FC Tirol Milch Innsbruck verliert aber mit 1:3. Am 22. August 1981 findet das erste Rückspiel gegen Lok Moskau im Tivoli statt. 16.200 Fans sehen zwar einen 1:0-Erfolg für Moskau, das Spiel wird von der UEFA aber nicht gewertet. Schiedsrichter Mario van der Ende aus Holland hat irrtümlich Maminov statt Pimov in der 74. Minute eine gelbe Karte gegeben. Für Pimov wäre es die zweite gelbe, und damit die gelbrote, Karte gewesen. Am 8. September 2001 kommt es zum Wiederholungsspiel. 16.200 Fans sehen in der 30. Minute den Führungstreffer durch Jerzy Brzeczek für den FC Tirol Milch Innsbruck. Ein weiteres Tor will aber gegen den Lok-Tormann Nigmatullin nicht mehr gelingen. Legendär der Lattenschuss von Roli Kirchler in der 92. Spielminute. Für den FC Tirol Milch Innsbruck geht es im UEFA-Cup weiter. In der ersten Runde wartet am 11. September 2001 Viktoria Zizkov auf den FC Tirol Milch Innsbruck. Das Spiel endet mit einem 0:0. Am 25. September 1991 erzielt Edi Glieder vor 5.000 Fans im Tivoli den 1:0-Siegestreffer. In der zweiten Runde wartet einmal mehr AC Fiorentina auf den FC Tirol Milch Innsbruck. Am 18. Oktober 2001 geht das Auswärtsspiel vor 18.000 Zuschauern mit 0:2 verloren. Das Rückspiel findet am 1. November 2001 im Tivoli statt. 15.000 Fans sehen den Führungstreffer von Radoslav Gilewicz in der 25. Minute, am Ende kann Radoslav Gilewicz in der 74. Minute nur mehr den 2:2-Ausgleich fixieren.

Breinössl, Urgesteine, VKs und Sprüche

Unzählige Geschichten rund um den Fußball prägen die mediale Berichterstattung und die Diskussionen an den Stammtischen. Nicht anders ist es beim FC Wacker Innsbruck. Unterhaltsames, Außergewöhnliches und Skandalöses sind im Tivoli – ob alt oder neu – zu finden.

„Drei Profis und ein Haufen junger Talente" so wird in dieser Zeit die Stammelf des FC Wacker Innsbruck, die 1964 den Aufstieg in die Staatsliga schafft, in der Regionalliga bezeichnet. Mit dabei: Fritz Spielmann, Selim Pasic, Ivo Santek, Walter Sommer, Rudolf Fleischhacker, Roland Eschelmüller, Josef Sikic, Leo Tschenett, Josef Neuhold, Helmut Wartusch und Karl-Heinz Groß. Roland Eschelmüller, von 1963 bis 1973 in der Wackerdefensive, definiert

Walter Kogler führt den Traditionsverein 2010 als Trainer in die Bundesliga

den ersten Heimerfolg von Wacker gegen Rapid, damals immerhin 22-facher Staatsmeister, in der Staatsliga 1964 trocken: „Bumm, da waren's weg, die Oberflocki." Statt Fernsehen ist die Radioübertragung per Postleitung angesagt. Über 2.000 Zuhörer sind live im Breinössl-Saal beim Meisterschaftsauftakt gegen Wacker Wien mit dabei. Der FC Wacker gewinnt sensationell auswärts 2:0.

Mit Innsbruck holt Herbert Rettensteiner zweimal den Titel. Rettensteiners bester Freund in dieser Zeit ist Franz Wolny. Als Sohn Thomas geboren wird, feiern beide kräftig und vergessen dabei das Meisterschaftsspiel gegen Sturm. Stastny lässt beide ausrufen. „Herr Wolny und Herr Rettensteiner bitte in die Kabine!" Der Aufruf des Stadionsprechers bleibt ungehört, weil beide nicht im Stadion sind. Dafür gibt es 2000,– Schilling Strafe.

Beim legendären 9:0-Sieg von Sparkasse Swarovski Wacker Innsbruck gegen Austria Salzburg am 22. Mai 1982 ist der Stadionsprecher nach dem neunten Treffer mit der Bitte zu hören: „Bitte kein Tor mehr erzielen, das hat auf der Anzeigetafel keinen Platz mehr!" Zu dieser Zeit ist im „alten" Tivoli nur eine einstellige Anzeigetafel auf der Osttribüne installiert. Die Tore für Wacker erzielen Schenk, Weigl, Koreimann, Braschler, Linzmaier und je zwei Treffer Gretschnig und Gröss. Der FC Wacker spielt mit Djulic, Auer (Seebacher), Schenk, Weigl (Linzmaier), Kircher, Zanon, Hattenberger, Koreimann, Gretschnig, Gröss, Braschler.

Wahre „Urgesteine" beim FC Wacker Innsbruck sind Gogo, Wolfi und Herbert. Gogo (der richtige Vorname wird eigentlich nie genannt) Feistmantl hat bei Wacker im Nachwuchs gekickt und ist seit 1994 beim Verein tätig. Jetzt ist Gogo als Teammanager für die Organisation des Spielbetriebes verantwortlich. Prof. Wolfi (Wolfgang) Leitenstorfer (Jahrgang 1952) ist seit 1. Juli 1985 beim Verein. Seit dieser Zeit ist Wolfi für die Fitness der Wacker-Spieler verantwortlich und hat nur in der Trainerära von

Hans Krankl eine Auszeit genommen. Im Hauptberuf ist Professor Leitenstorfer bei der Bundessportakademie und unter anderem für die Snowboardlehrer- und Skilehrer-Ausbildung verantwortlich. Umso erlebnisreicher daher auch der Skitag, den der FC Wacker Innsbruck gemeinsam mit Prof. Leitenstorfer durchführt. So mancher Spieler – vor allem aus dem südlichen Raum – gibt sich mehr dem Wellnessbereich der Hotelanlage hin, statt die Skier anzuschnallen. 1999 sorgt Kurt Jara für eine weitere Professionalisierung beim Verein. Erstmals wird ein Schiedsrichterbetreuer eingesetzt. Seit dieser Zeit sorgt sich Herbert Peer um das Schiedsrichterteam.

In der Winterpause 1991/1992 erblicken die „Verrückten Köpfe" und somit die organisierte Fankultur im Tivoli in Innsbruck das Licht der Welt. Thomas und Erwin Gassler, Daniel Nowag und Hannes Pilgermair gründen nach italienischem Vorbild „Teste matte" die VK 1991. Beim ersten Auftreten der VK beim ersten Auswärtsspiel im Jahr 1992 in Salzburg wird in Großbuchstaben der Namen „VERRÜKTE KÖPFE" auf einem Transparent präsentiert. Das fehlende C wird nachgetragen. Als Logo der VK dient Kasimir Burundinger, der vom Wiener Cartoonisten Sebastian entworfen wurde. Das erste T-Shirt mit dem Logo der VKs bringt Denny Duggan 1992 aus Tottenham nach Tirol. Schwerpunkt der Kommunikation der VKs ist ab 1994 das Fanzine „Die Stimme der Kurve – 117 Prozent Verrückte Köpfe". In Eigenregie wird das A5-Magazin mit Spielberichten aus dem In- und Ausland, besonderen Ereignissen und Kasimir-Comics gestaltet. Die VKs sind der größte Fanklub der Schwarz-Grünen. Aber auch die Freaks Innsbruck, VK Zillertal, Beinhart, Aliens oder die Kampftrinker sorgen für Stimmung auf der Nordtribüne. Claudia Pichler hat für ihren Buchentwurf über die Fanszene des damaligen FC Tirol Milch Innsbruck im Jahr 2000 zehn Fanclubs in Tirol präsentiert. Außerdem wurde sie in Knittelfeld, Neumarkt, Salzburg, Wien, Stanz oder Wolfsbach, wo der Fanclub Constant beheimatet ist, fündig.

Heute definiert sich die Fanszene unter dem Begriff „Tivoli Nord“ und der Faninitiative Innsbruck. Das Fanforum ist im Internet unter www.faninitiative.at zu finden. In tausenden unbezahlten Arbeitsstunden haben die Fangruppen zahllose Choreos entwickelt und präsentiert. Neben den Akzenten auf der Tivoli Nord und in den Auswärtssektoren anderer Stadien setzen die Gruppen aber auch gesellschaftspolitische Schwerpunkte, und seit Jahren wird das „Studi-Gedenkturnier“ in Andenken an einen großen Wacker-Fan durchgeführt.

Im März 2001 wird FC-Tirol-Präsident Martin Kerscher vom Management Club Tirol zum Thema „Sponsoring beim FC Tirol“ eingeladen. Traditionell kann MC-Obmann Helmut Lutz Größen der heimischen Wirtschaft mit interessanten Vorträgen präsentieren. Manfred Kerscher zeigt sich aber bei seiner Einladung von einer etwas anderen Seite. Das Einlass-System im neuen Stadion der Firma SkiData sei ein Wahnsinn und die Zusammenarbeit mit der ISpA mühsam. Frank Stronach habe keine Handschlagqualität, und zum Verein: „Wir haben ein finanzielles Loch, Schulden haben wir aber keine, sondern in die Zukunft investiert.“

Mit 11.000 Fans darf sich die SPG Wattens/Wacker beim Cupspiel gegen Austria Salzburg über einen Rekordbesuch am 8. April 2003 freuen. Im Mittelpunkt des Interesses steht aber nicht die 2:0-Niederlage, sondern der Auftritt eines Ferkels, das entlang der Osttribüne Richtung Salzburg-Fans spaziert. Die Ordner haben einige Mühe, das Ferkel einzufangen. Das Ferkel wird im Übrigen an einen Bauernhof übergeben.

Franz Beckenbauer darf sich über das SPG-Wattens/Wacker-Leibchen mit der Nummer 5 freuen. Die deutsche Kultfigur ist aber nicht als Spieler verpflichtet worden, sondern erhält das Leibchen aus den Händen von Christian Ablinger und Alfred Hörtnagl als Dank für seinen Einsatz.

Im Jahr 2008 bringt Duke Bruno das „Tagebuch" „FC Wacker Innsbruck ... wir werden sterben für euch" heraus. Nach einem Europapokalspiel wird ein FC-Tirol-Anhänger zu zwölf Monaten Haft – zwei davon bedingt – verurteilt. In dieser Zeit zeichnet er sein Leben als Fußballfan auf.

Seit der Saison 1974/1975 wird an den österreichischen Meister der Meisterteller verliehen. Und rund um den Teller gibt es so manche Tiroler Geschichte. 1990 wird Peter Rietzler, der den Teller von Wien nach Innsbruck als Handgepäck transportieren will, dies untersagt. In Innsbruck angekommen, befindet sich der Meisterteller aber nicht am Gepäcksband. Knapp vor der Übergabe wird der Teller doch noch aufgefunden. „Keine Lizenz, kein Meisterteller!", lautet die Nachricht für die Bundesliga nach dem Aus des FC Tirol. Zwei Monate bleibt der Teller trotz intensiver Suche verschwunden. Erst nach einer anonymen Zusendung per Post an die Bundesliga taucht der Teller wieder auf. Der Meisterteller in Pasching beim Wiederaufstieg des FC Wacker Innsbruck hält den Begeisterungsstürmen nicht stand, dementsprechend gibt es nun zwei Ausgaben in der Wacker-Geschäftsstelle.

Kurt Jara:
„Früher habe ich die Kugel am Elfmeter gestoppt, den Tormann gefragt, wie alt er ist und wo er wohnt – und erst dann hab ich reingeschossen. Das geht heute nicht mehr so.“

Hansi Müller:
„Das stört mich nicht, dass in diesem Land ein paar hunderttausend Wellensittiche so heißen wie ich.“

Buffy Ettmayer:
„Für die meisten Bundesligaprofis wäre es besser, der Ball wäre ein Würfel. Dann würde er nicht so weit springen.“

Hansi Müller zu Ernst Happel:
„Trainer, wir müssen reden.“
Ernst Happel zu Hansi Müller:
„Wann S' reden wollen, müssen S' Staubsauger-Vertreter werden. Ich brauche nur Fußballer.“

Ernst Happel zu den Spielern vor dem Spiel gegen einen starken Gegner:
„Meine Herren, da möchte ich heut' kan Beistrich seh'n in der Hos'n.“

Peter Pacult:
„Tirol hat eine Obduktion auf mich.“
Dieses Zitat hat sogar Eingang in den Fußballkrimi Balla Balla, Sobo Swobodnik, gefunden.

ORF-Sportredakteur zum FC-Tirol-Kapitän Michi Baur:
„War das Freistoßtor das Ende vom Anfang?“

Thomas König (ORF) beim Spiel SK Rapid – FC Tirol am 27. August 2000:
„Viel ist es nicht, was er da macht, aber trifft natürlich den Fuß, den Knöchel, das Gelenk von Marasek."

Thomas König (ORF) beim Spiel Fiorentina – FC Tirol am 18. Oktober 2001:
„Man kennt sich aus dem Vorjahr, von einem sehr, sehr emotionellen Spiel."

Manfred Gabrielli (ORF) beim Spiel FC Tirol – Rapid am 21. April 2001:
„Es ist Frühling, alle Vöglein fliegen, das hat Kurt Jara mit dem Finger an der Stirn gemeint."

Manfred Gabrielli (ORF) beim Spiel FC Tirol – SK Sturm am 19. Mai 2001 (mit einem Sieg kann der FC Tirol die Meisterschaft vorzeitig fixieren):
„Die Vorfeier beginnt, die Welle gleitet durchs Tivoli-Stadion." – „Was hat die Pulsfrequenz von Kurt Jara im Tivoli in diesen 90 Minuten alles angestellt!" – „Aleksander Knavs, der seit 1967 dem FC Tirol treue Dienste geleistet hat."
(Knavs ist Jahrgang 1975.)

Manfred Gabrielli (ORF) beim Spiel FC Tirol – FC Kärnten am 7. Juli 2001:
„Der Tanz der Fans auf der Nordtribüne, eine Hommage auf Michi Streiter, wahrscheinlich." – „Foul an Mair, da protestiert Spieler, da protestiert Publikum."

Charly Leitner (Sky, Premiere) beim Spiel Ried – FC Tirol am 24. Oktober 2001:
„Joachim Löw, ein ruhiger Mann, deshalb verstehen sich beide Spieler so gut."

Wacker und Politik – einige Beispiele

Landtagssitzung, 21. November 1989

Präsident Dr. Reissigl: „Danke, Herr Landesrat. Eine weitere Wortmeldung sehe ich nicht. Dann kommen wir zur Frage 8: Anfrage des Abgeordneten Obermair an Landesrat Dr. Weingartner betreffend die Tirol-Werbung durch den FC Swarovski." (**Abg. Handle:** „Die Zeit ist um!")

LR Dr. Weingartner: „Herr Präsident, Hohes Haus! Ich möchte mich kurz fassen, weil die Zeit schon fast überschritten ist. Die Frage richtet sich an mich, ob ich der Meinung bin, dass die von der Tirol-Werbung zur Verfügung gestellten Mittel von 570.000,– Schilling für die Sponserung des FC Tirol dafür, dass er das Emblem ‚Tirol' trägt

Pascal Grünwald, sicherer Rückhalt im Tor des FC Wacker Innsbruck

und ‚FC Tirol' heißt, gerechtfertigt sind. Ich gebe zu, dass ich zunächst auch gezweifelt habe, ob es richtig ist! Ich bin aber zur Überzeugung gekommen, dass es nicht falsch ist. Verhandelt wurde auf der Basis einer Million Schilling. Jetzt wurden diese 570.000,– Schilling bezahlt für den Namen ‚FC Tirol'. Als Tirol Meister geworden ist, hat es geheißen, das kostet jetzt eine Million. Wir haben erklärt, wir machen die Werbung zum gleichen Betrag. Wir sind froh, dass der Verein ‚FC Tirol' heißt, aber der Verein muss auch froh sein, dass er den Namen tragen darf. Deshalb soll die Sponserung auch beim Meister gleich bleiben. Wenn der FC Tirol nur mehr ‚FC Swarovski' geheißen hätte, wäre es international nicht mehr der FC Tirol gewesen. Das wäre ein entsprechender Nachteil gewesen. Wir wissen, dass der FC Tirol auf seinen Dressen immer die Aufschrift ‚Tirol' tragen muss, und das muss uns etwas wert sein. Es ist irgendwo nicht nur eine Werbewirksamkeit nach außen, sondern ein Marketing nach innen, dass man sagt, wenn dieses Tirol-Schild, das mit der Fremdenverkehrswerbung sehr stark in Einklang gebracht wird, vom FC Tirol sehr stark über die Medien transportiert wird, dann ist es sozusagen das Bewusstsein der Tiroler, dass dieses Zeichen ‚Tirol' für unser Land wichtig ist, und dass auch der Tourismus für unser Land wichtig ist. Man muss mit dieser Werbung das Marketing nach innen sehen. Wir haben ein schönes Land, das sich im Ausland gut verkaufen lässt – auch unter diesem Gesichtspunkt muss man diese Aktivitäten sehen. Bei all diesen Überlegungen haben wir geglaubt, dass der FC Tirol durch die Tatsache aufgewertet ist, dass er Meister geworden ist." *(***Abg. Landmann***:* „Gegen Lienz wird er heute schon gewinnen!"*)* „Wenn wir die letzten Ergebnisse anschauen, hoffen wir, dass diese Wirksamkeit aufrechterhalten wird. Es wäre also ein Nachteil, wenn der Verein ‚FC Swarovski' hieße und nicht mehr ‚FC Tirol'. Ich glaube daher, dass es gerechtfertigt ist, wenn ich auch zugebe, dass ich eine Weile gezögert habe. Nach einigen Verhandlungen waren wir der Meinung, dass es um den alten Preis möglich und richtig sein wird."

Präsident Dr. Reissigl: „Danke, Herr Landesrat. Zu Wort gemeldet ist der Abgeordnete Ing. Siegfried Obermair."

Abg. Ing. Obermair: „Herr Präsident! Hoher Tiroler Landtag! Mit dieser Thematik hat sich vor längerer Zeit der Finanzkontrollausschuss in mehreren Sitzungen befasst. Es ist auch im Finanzkontrollausschuss keine einhellige Meinung zustande gekommen, nun hat der Finanzkontrollausschuss seinen Beschluss gefasst, und zwar mit dem Wortlaut, dass sich die Regierung als Kollegialorgan mit dieser Angelegenheit befassen sollte. Das war der Beschluss des Finanzkontrollausschusses und so wie mir der Ablauf bekannt ist, wurde die Regierung mit dieser Problematik nicht befasst! Es kann nicht so sein, Herr Landesrat Weingartner, dass Sie von der Werbewirksamkeit Tirols sprechen – das mag nur teilweise richtig sein – ich bin umgekehrter Meinung." (**Abg. Klug:** „Das sind alles Mythen!") „Der FC Swarovski bekommt die Werbewirksamkeit und die Bekanntheit durch das ‚Tirol' und nicht umgekehrt! Ich sehe nicht ein, dass eine halbe Million an einen Verein hingegeben wird, der Millionenbeträge zum Ankauf von Spielern und zur Bezahlung von Trainern aufwendet. Jetzt die Zusatzfrage: Sind Sie bereit, Herr Landesrat, die Regierung als Kollegialorgan mit dieser Frage noch einmal zu befassen, weil, soviel mir bekannt ist, die Verträge noch nicht unterschrieben sind?"

Präsident Dr. Reissigl: „Bitte, Herr Landesrat!"

LR Dr. Weingartner: „Herr Abgeordneter, ich darf dazu sagen, ich habe die Anfrage am Freitag bekommen. Schon vorher habe ich den Regierungsantrag unterschrieben gehabt, so dass in der heutigen Regierungssitzung – das ist ein Zufall – wegen dieses Beschlusses der Antrag ist, dass man diesen Betrag vom Fremdenverkehrsförderungsfonds bezahlt. Über diesen Umweg kann man die Regierung befassen. Ich bin diesen Umweg extra gegangen – ich habe nicht gewusst, dass Sie das heute fragen werden, sowie ich auch damals nicht gewusst habe, dass diese Anfrage kommt. Wir werden uns in der Regierung in der Mittagspause mit dieser Frage befassen, so dass ich genauso vorgegangen bin, wie Sie es erwarten. Ich sage, das ist ein glücklicher Zufall für mich."

Präsident Dr. Reissigl: „Danke. Herr Landeshauptmann Dr. Partl, bitte."

LH Dipl.-Ing. Dr. Partl: „Herr Präsident! Hoher Tiroler Landtag! Ich wurde auch mit dieser Frage befasst und ich habe mich auch selber dafür interessiert. Wenn man die gesamten Werbebudgets Tiroler Fremdenverkehrswerbung als Ganzes und die Werbebudgets der einzelnen Fremdenverkehrsverbände zusammenzählt und dann mit den Aktionen vergleicht, ob das in New York oder Tokio oder Hamburg oder wo immer sind –" – (**Abg. Klug:** „Die bringen ja alle nichts!") „Herr Abgeordneter Klug, Sie sollten sich einmal mit einem Fachmann über Fremdenverkehrswerbung unterhalten!" – (**Abg. Klug:** „Habe ich schon gemacht!") „– dann scheint mir das, was die Fremdenverkehrswerbung bei der Schinationalmannschaft getan hat, dass auf den Dressen der Name ‚Tirol' steht, als eine gut gelungene Aktion, denn das geht hundertmillionenfach in alle Welt hinaus. Ebenso erscheint mir das eine sehr vernünftige und relativ billige Werbemaßnahme, weil dieser Spitzenverein den Namen ‚Tirol' trägt. Ich bekenne mich dazu und möchte das hier ausdrücklich betonen."

Präsident Dr. Reissigl: „Danke, Herr Landeshauptmann. Nächste Wortmeldung vom Abgeordneten Dr. Bachmann."

Abg. Dr. Bachmann: „Hoher Tiroler Landtag! Ich möchte hier nur ganz kurz vor meiner Fragestellung der Meinung des Abgeordneten Obermair insofern widersprechen, als es natürlich kein Vergleich ist, jemandem ein Geld zu geben, weil er schon reich ist. Das ist ungefähr gleich, als ob man nur in Zeitungen inserieren dürfte, die arm sind. Eine Tirol-Namensnennung ist ein Inserat. Das ist ein Werbemittel. Da hat es nichts damit zu tun, ob der schon ein Geld hat oder nicht. Daher meine Frage an den Herrn Landeshauptmann: Bitte ist vertraglich sichergestellt, dass bei internationalen Begegnungen die Nennung des Namens ‚Tirol' neben Swarovski gewährleistet ist, ja oder nein, oder gibt es irgendwelche Ausnahmen? Hier wäre bei der Vertragsgestaltung darauf zu achten, dass das möglichst breit zum Tragen kommt."

Präsident Dr. Reissigl: „Bitte, Herr Landesrat."

LR Dr. Weingartner: „Ich darf hier aus dem Werbevertrag vorlesen: ‚Der oben erwähnte Schriftzug' – da sind eine Reihe von Punkten, zu was FC-Tirol verpflichtet ist – ‚wird von der Fußballmannschaft des FC-Tirol bei allen nationalen und internationalen Spielen (mit Ausnahme von Europacupspielen) getragen.'"

Präsident Dr. Reissigl: „Danke. Zu Wort gemeldet Abgeordnete Dr. Lichtenberger, bitte."

Abg. Dr. Lichtenberger: „Ich halte es für einigermaßen skurril, wenn für das Tragen eines Schriftzuges Geld in einer derartigen Höhe gefördert wird, vor allem, wenn man werbepsychologisch sich anschaut, was das Resultat von solchen Werbungen ist, das bis jetzt noch nie überzeugend nachgewiesen werden konnte. Meine Frage: Wird dies eine Dauersubvention für den Verein werden, denn um nichts anderes handelt es sich letzten Endes, oder gibt es eine Befristung in dem Vertrag, der vielleicht mit dem Erfolg des Vereines gekoppelt ist, oder läuft er einfach zeitlich ab?“

LR Dr. Weingartner: „In Punkt 12 des Vertrages heißt es: ‚Für eine Fortsetzung des Vertrages in der Spielzeit 1990/91‘ – abgeschlossen wurde nur für 1989/90 – ‚hat der FC Swarovski Tirol rechtzeitig bis zum Juli 1990 Kontakt mit der Tirol-Werbung aufzunehmen.‘ Es ist kein Versprechen für das nächste Jahr gegeben worden, sondern es ist ein Ansporn für eine sportliche Leistung. Wenn der FC Tirol wieder Meister wird – was wir alle hoffen –, wird man, so hoffe ich, wieder positiv über diese Dinge sprechen. Frau Abgeordnete, ich kann Ihnen in einem Punkt nicht folgen. Ich habe in meinem früheren Beruf sehr stark mit Werbung zu tun gehabt und mich damit befasst. Es gibt kaum einen zugkräftigeren Werbeträger als eine Fußballmannschaft. Wenn Sie eine Ahnung davon haben, was für solche Aufschriften teilweise bezahlt wird, dann ist es von der Werbewirksamkeit her gar keine Frage. Man kann natürlich darüber sprechen – das war mein Argument –, dass sie stolz sein dürfen, diesen Namen tragen zu dürfen.“ (**Abg. Klug:** „Dann müsste Swarovski uns etwas bezahlen!“ **Präs. Dr. Reissigl:** „Bitte um Ruhe, am Wort ist der Herr Landesrat Weingartner!“) „Herr Abgeordneter Klug, es wird so sein, dass wirtschaftliche Aspekte im Vordergrund stehen. Ich glaube, im Verhältnis zu anderen Verträgen ist ein solcher Vertrag mit vollem Namen für einen Fußballmeister eines Staates eine Bagatelle dessen, was man normalerweise bezahlen muss, so dass diese Gesichtspunkte auch berücksichtigt werden.“

Präsident Dr. Reissigl: „Danke, Herr Landesrat. Zu Wort gemeldet ist der Abgeordnete Dr. Unterberger!“

Abg. Dr. Unterberger: „Hoher Tiroler Landtag, Herr Präsident! Ich glaube, ich kann aus einigen Jährchen Erfahrung, in denen ich bei diesem Verein mitgereist bin, die Werbewirksamkeit dieses Namens ‚Swarovski Tirol' wirklich dokumentieren. Ob das im hohen Norden, in Spanien oder wo immer war, es war immer so, dass der Name FC Tirol im Vordergrund gestanden hat und der Werbeträger, der viele Millionen selbst investiert, immer das Problem gehabt hat, wie er seinen Namen für seine Produkte hineinbekommt. Der Preis, den das Land Tirol für diese Werbung bezahlt, ist minimal klein. Das muss deutlich gesagt werden. Solche Werbeverträge werden nicht in Hunderttausenden, sondern in Millionenhöhe abgeschlossen, wie Landesrat Weingartner bereits betont hat." (**VP Mag. Kantner:** „Was kommt da für eine Frage?") „Ich frage den Abgeordneten Obermair." (**Tumult im Hause! Abg. Kaufmann:** „Nicht reden, fragen!") „Ich bitte, mich diesen Satz ausreden zu lassen. Es geht um 570.000,– Schilling. Ich darf da Richtung Osten blicken, z.B. zu Rapid oder zu Austria und Ihre Fraktion fragen, wer diese großen Vereine unterstützt? Die Frage, weil Sie so darauf bestehen, an Landesrat Weingartner, ob es nicht möglich ist, dieses Werbeetat zu erhöhen?" (**Heiterkeit auf SPÖ-Seite!**)

Präsident Dr. Reissigl: „Herr Landesrat bitte!"

LR Dr. Weingartner: „Darf ich mich herzlich bedanken für die Sportfreundlichkeit des Abgeordneten Dr. Unterberger." (**Abg. Kaufmann:** „Er spricht in eigener Sache, er ist ja befangen!") „Natürlich hatte ich im Sinne der Tirol-Werbung als Kaufmann zu handeln und zu verhandeln und für das Land sind es öffentliche Mittel; ich hatte den bestmöglichen Vertrag zu erzielen. Aus diesem Grunde kann ich nicht sagen, dass wir erhöhen. Das würde meiner kommerziellen Ader nicht entsprechen. Wir werden im nächsten

Jahr, sollte es zu einer Verlängerung kommen, versuchen müssen, über diesen Betrag nicht hinauszukommen. Ich ersuche also, nicht übertriebene Hoffnungen zu wecken."

Präsident Dr. Reissigl: „Die zweite Wortmeldung, Herr Abgeordneter Obermair!"

Abg. Ing. Obermair: „Herr Präsident! Hoher Tiroler Landtag! Landesrat Weingartner hat angeführt, dass es nur einen Jahresvertrag geben sollte. Ich habe ein Schriftstück, unterschrieben von Dr. Braun, dem Leiter der Fremdenverkehrswerbung, dass ein weiterer Zweijahresvertrag in Aussicht genommen ist, und zwar mit jeweils 570.000,– Schilling. Wir haben bereits zweimal 500.000,– Schilling gegeben, es wurde ein Jahr ausgesetzt und das Spiel beginnt von neuem. Die Frage des Abgeordneten Dr. Unterberger hat mich noch einmal von meinem Sitz erheben lassen, und zwar stelle ich die Frage an den zuständigen Landesrat, ob es aus sozialer Sicht gesehen zu verantworten ist, verglichen mit dem Verdienst der Spieler, verglichen mit dem Durchschnittsverdienst der Tiroler, diese Gelder einfach zu geben." (**Abg. Kaufmann:** „Wie haut ihr das Geld am besten raus!") „Ich denke daran, welche Schwierigkeiten wir im Landtag bei den Budgetverhandlungen haben, Notarztwagen auszustatten und wie wir auf der anderen Seite großzügig mit den Millionen umgehen. Der Abgeordnete Dr. Unterberger verlangt, diese Zuwendungen zu erhöhen." (**Präs. Dr. Reissigl:** „Frage bitte!") „Ich stelle daher die Frage, ob Sie bereit sind, Herr Landesrat, auf Grund Ihrer vorher ausgeführten Argumentation eine negative Stellungnahme in der heutigen Sitzung abzugeben?" (**Abg. Landmann:** „Das ist ja keine Frage mehr!" Beifall von SPÖ-Seite!)

Präsident Dr. Reissigl: „Bitte, Herr Landesrat."

LR Dr. Weingartner: „Ich bin nicht bereit, zu dem Regierungsantrag eine negative Stellungnahme abzugeben, weil ich mir die Dinge vorher genau überlege." (**Abg. Kaufmann:** „Dann haben Sie Geld wie Heu!" **Abg. Bußjäger:** „Dann werden wir auch für die kleinen Sportvereine unsere Wünsche anmelden!"

Präs. Dr. Reissigl: „Die Wortmeldungen sind erschöpft. Bitte nicht zu strapazieren durch Zwischenrufe! Bitte um Ruhe!") „Darf ich also bitten, dass die Herren Abgeordneten doch die Gnade haben zu unterscheiden, dass es hierbei nicht um eine Unterstützung und Sponserung des FC-Swarovski geht, sondern um die Überlegung, welchen Wert es hat, wenn dieser Verein ‚FC-Tirol' heißt. Das hat nichts zu tun mit den Gagen der Trainer und hat nichts zu tun mit einer Sportförderung anderer Vereine, sondern das ist eine Frage der Optimierung der Werbung." (**Abg. Ing. Obitzhofer:** „Es waren ja nur zwei Auslandsauftritte!" Tumult auf SPÖ-Seite! Präs. **Dr. Reissigl:** „Bitte um Ruhe!") „Ich darf den Herren Abgeordneten sagen, dass das keine Mittel aus dem Budget sind – ich habe keine Angst vor den Budgetverhandlungen –, sondern Mittel des Fremdenverkehrs." (Abg. Kaufmann: „Die Tirol-Werbung ist im Budget mit 45 Mio. Schilling drinnen!" Tumult auf SPÖ-Seite! Präs. Dr. Reissigl: „Der Herr Landesrat ist am Wort und sonst niemand!") „Bezahlt wird das aus dem Fremdenverkehrsförderungsfonds. Ich bin nach wie vor der Meinung, wenn man es mit anderen Werbemitteln vergleicht, dass es eine sinnvolle und gute Ausgabe ist, weil der Effekt größer ist als der Einsatz. Ich möchte das nicht zu stark betonen, damit nicht der FC Tirol das nächste Mal sagt, was haben Sie damals im Landtag gesagt, und man müsste dann mehr dafür bezahlen. Insofern darf ich Sie bitten, dass ich mich etwas vorsichtig ausdrücken darf." (**Abg. Dr. Unterberger:** „Rapid geht zum Gewerkschaftsbund!")

Schriftliche Anfrage von **Mag. Gerald Hauser** mit der Zahl 226/02 vom 8. Mai 2002:

„Der FC Tirol, derzeit in wirtschaftlich schwierigster Situation, ist das Aushängeschild des Tiroler Fußballsports. Um den Weiterbestand des FC Tirol zu retten, laufen derzeit Sanierungsverhandlungen.

Aus diesem Sachverhalt ergibt sich folgende schriftliche Anfrage: 1. Wie hat das Land Tirol den FC Tirol bisher finanziell und sonst unterstützt?

2. Wie und mit welchen Beträgen haben Landesgesellschaften wie die TIWAG den FC Tirol bisher unterstützt?

3. Unter welchen Voraussetzungen ist das Land Tirol bereit, an der Sanierung des FC Tirol mitzuarbeiten?“

Beantwortung durch LH **Dr. Wendelin Weingartner:**

„Sehr geehrter Herr Abgeordneter! Sie haben an mich im Rahmen der Sitzung des Tiroler Landtages im Mai d.J. eine schriftliche Anfrage betreffend ‚FC Tirol‘ gerichtet. Diese ist – im Rahmen meiner Zuständigkeit – wie folgt zu beantworten:

Aus Mitteln des Tiroler Tourismusförderungsfonds wurden ab 1993 bis einschließlich 1998 dem FC Tirol Innsbruck hinsichtlich für Tirol erbrachter Werbeleistungen jährlich 500.000,– Schilling gewährt und auch zur Anweisung gebracht. Im Jahr 2002 wurde der mtm markenmanagement gmbh – ebenfalls vom Tiroler Tourismusförderungsfonds – der Betrag von 110.000,– Euro hinsichtlich des Abschlusses einer Vereinbarung mit dem FC Tirol Innsbruck über dem Tiroler Tourismus und der Marke Tirol bestmöglich zugute kommende Marketingleistungen für die anstehende Spielsaison zuerkannt, welche jedoch nicht abgeschlossen wurde, weshalb dieser Betrag nicht zur Anweisung gebracht wurde.

Die TIWAG – Tiroler Wasserkraft AG – hat im vergangenen Jahr mit einem sehr detaillierten Vertrag über die Erbringung von Werbeleistungen den FC Tirol Innsbruck zu einem primären Werbeträger gewählt. Darin sind die gegenseitigen Leistungen und Gegenleistungen intern und extern evaluiert und als Rechte und Pflichten ausverhandelt worden. Ausschlaggebend war eine entsprechende Empfehlung der für die TIWAG tätigen Werbeagentur, die den Werbeträger ‚Österreichischer Fußballmeister' zur raschen Bewerbung des neuen Logos ‚Tiroler Wasserkraft' befürwortet hat. Der Vertrag wurde grundsätzlich auf ein Jahr fix abgeschlossen (mit Verlängerungsoption maximal auf weitere zwei Jahre). Vor diesem Sponsorenengagement der TIWAG habe ich den Vorstand der TIWAG aufgefordert, eine genaue Prüfung der wirtschaftlichen Gesamtsituation des Vereines FC Tirol Innsbruck durchzuführen; nur ein positives Ergebnis sollte zum Abschluss eines Sponsorvertrages führen.

Der vereinbarte Sockelbetrag wurde mit pauschal 15 Mio. Schilling ausverhandelt, mit einer Prämie für das Erreichen der Champions-League-Hauptrunde von 10 Mio. Schilling sowie einer Prämie für den UEFA-Cup 2001/02 von 3 Mio. Schilling und weiters bei Gewinn des österreichischen Fußballmeistertitels 2002 von 2 Mio. Schilling. Die Deckelung des Sponsor-Gesamtentgeltes wurde mit 25 Mio. Schilling durch Einrechnungen vereinbart. Diesbezüglich wurden einerseits Ratenzahlungen vereinbart, abhängig von spielerischen Erfolgen und somit auch werbetechnisch umsetzbaren Außenwirkungen, andererseits wurde für künftige Entwicklungen die Möglichkeit einer Option für eventuelle Verlängerungen aufgenommen. Ausbezahlt wurden der Sockelbetrag von 15 Mio. Schilling in Raten und die Prämie für die Erreichung des UEFA-Cups von 3 Mio. Schilling. Nicht ausbezahlt und vom Club auch noch nicht angefordert ist die Meisterprämie 2002 im Ausmaß von 2 Mio. Schilling, wozu es noch Abrechnungen von Werbeleistungen bedarf. Nicht erreicht wurde die Champions-League-Hauptrunde und die dafür vorgesehene Prämie von 10 Mio. Schilling somit nicht ausbezahlt.

Von der eingeräumten Option auf Verlängerung des Sponsorvertrages um ein weiteres Jahr, die mit Ende März dieses Jahres fällig geworden ist, hat die TIWAG nicht Gebrauch gemacht, wobei zwischen dem FC Tirol und der TIWAG derzeit auch keine Gespräche über eine Verlängerung der Sponsorschaft stattfinden.

Der FC Tirol Innsbruck war in den Jahren 1999 bis 2001 ein Kooperationspartner der Tirol-Werbung-Tochtergesellschaft mtm markenmanagement gmbh. In diesen Jahren wurden Verträge über Sponsorleistungen (Dressenwerbung für die Spiele der Österreichischen Bundesligameisterschaft sowie des Österreichischen Cups) und Promotionpakete anlässlich der Qualifikationsspiele zur UEFA-Champions-League abgeschlossen. Dazu wurden von 1999 bis 2001 Zahlungen in Höhe von insgesamt 233.788,– Euro (ca. 3.217.000,– Schilling) geleistet. Im Jahr 2002 wurden bislang keine Kooperationsvereinbarungen geschlossen, seitens des FC Tirol Innsbruck keine Werbeleistungen erbracht und somit seitens der mtm markenmanagement gmbh auch keinerlei Zahlungen an den FC Tirol Innsbruck geleistet.

Bezüglich Ihrer Frage, unter welchen Voraussetzungen das Land Tirol bereit sei, an der Sanierung des FC Tirol mitzuarbeiten, darf ich darauf hinweisen, dass der Einsatz von öffentlichen Mitteln zur Sanierung des in Turbulenzen geratenen Vereines nie zugesagt wurde. Hinsichtlich der Profi-Sportvereine ist zudem auf die EU-wettbewerbsrechtliche Komponente hinzuweisen, welche den Möglichkeiten des Flusses von öffentlichen Mitteln in diesem Bereich Schranken setzt."

Im Innsbrucker Gemeinderat am 20.6.2002 steht der FC Wacker Tirol mehrfach im Mittelpunkt.

StR Mag. Uschi Schwarzl stellt folgenden Antrag:
„Laut Medienberichten vom 14.6.2002 wurde auf Initiative von Dr. Bodenseer an den Bundesliga-Präsidenten sowie an die Präsidenten der Bundesligavereine mit dem Ansinnen herangetreten, einem FC Tirol-Neu mit nachgewiesener finanzieller Deckung und neuem Management eine Ausnahmeerlaubnis für die Teilnahme an der Bundesliga (dann eine Elferliga) zu gewähren. In seinem diesbezüglichen Schreiben weist Dr. Bodenseer darauf hin, dass es die dokumentierte Bereitschaft höchster Politiker in Stadt und Land sowie renommierter Unternehmer gibt, ‚sich für die Aufbringung der für eine Lizenzerteilung an den neuen Verein erforderlichen Höhe wirksam einzusetzen.' Es stimmt nicht ganz mit der Grammatik überein, aber es ist ein Zitat. Die geschilderte Vorgangsweise sei mit Landeshauptmann Dr. Wendelin Weingartner, Landeshauptmann-Stellvertreter Ferdinand Eberle, Landtagspräsident Prof. Ing. Helmut Mader, Landesrat Günther Platter, Bgm. DDr. van Staa, Bgm.-Stellv. Zach und StR Mag. Dr. Bielowski abgestimmt. Ich stelle daher folgenden dringenden Antrag:

‚Der Gemeinderat möge daher beschließen:

Der Herr Bürgermeister wird ersucht, dem Gemeinderat unverzüglich mitzuteilen:

1. In welcher Form Verwendungszusagen der oben genannten Stadtverantwortlichen getätigt bzw. dokumentiert sind – diese Dokumentationen mögen dem Gemeinderat vorgelegt werden.

2. Um welchen Betrag es sich bei den genannten Mitteln für die Lizenzerhaltung handelt;

3. Für welchen Teilbetrag davon es dokumentierte Verwendungszusagen seitens der städtischen Verantwortlichen gibt.

4. Ob es irgendwelche andere Verwendungszusagen betreffend einen wie immer gearteten Nachfolgeverein – gerade nach der endgültigen Nichterteilung der Lizenz – gibt.

5. Warum – gerade in der derzeitigen Situation mit bekannt desaströsem Hintergrund – keine städtischen Gremien vor irgendwelchen Verwendungszusagen befasst wurden.

6. Wie die nachgewiesene Deckung für die Lizenzerteilung (also das Finanzierungskonzept) und das neue Management für den Nachfolgeverein aussehen sollten – dies muss den Stadtverantwortlichen, mit denen die Vorgangsweise ja abgesprochen ist und die ja dokumentierte Verwendungszusagen gemacht haben, wohl bekannt sein.

7. Wie der laut Medienberichten von einem Proponentenkomitee, dem auch der Innsbrucker Sportstadtrat angehört, in Gründung befindliche Nachfolgeverein aussehen wird, wer in diesem Verein die Vorstandsagenden wahrnehmen wird, wie das Management und die finanziellen Grundlagen dieses Vereins aussehen und ob bzw. in welcher Höhe dafür auch städtische Mittel zur Verfügung gestellt werden sollen.

Mag. Schwarzl e. h.'"

Die Diskussion über den Antrag von Mag. Schwarzl, zitiert aus dem Gemeinderatsprotokoll:

Bgm. DDr. van Staa: „Diesen Antrag weise ich a limine zurück. Er bezieht sich auf einen Zeitungsbericht, in dem steht, dass ich oder StR Mag. Dr. Bielowski eine Verwendungszusage diesbezüglich gemacht hätten, doch da irrt sich StR Mag. Schwarzl. Wir haben als Privatpersonen unsere Bereitschaft erklärt, hier massiv tätig zu werden und dem FC Tirol zu helfen. Es wurde auch in der Vergangenheit jede öffentliche Subventionierung für einen Profi-Fußballklub abgelehnt, haben jedoch alle privaten Anstrengungen unternommen, die berechtigten Wünsche der großen Fangemeinde des FC Tirol zu unterstützen. Hinsichtlich der anderen genannten Personen kommt mir keine Zuständigkeit zu, irgendeine Erklärung abzugeben. Ich kann nur sagen, dass ich in dieser Angelegenheit überhaupt nie etwas erklärt habe. Was die Geschäftsordnung betrifft, können Sie nur ein geschäftsordnungswidriges Verhalten rügen."

StR Mag. Schwarzl: „Ich beziehe mich nicht auf einen Zeitungsbericht, sondern zu einem im Internet und in der Zeitung abgedrucktem Schreiben von Dr. Bodenseer. Das ist etwas anderes. Das ist ein Brief, aus dem ..."

Bgm. DDr. van Staa: „StR Mag. Schwarzl, Sie können nur eine geschäftsordnungswidrige Vorgangsweise von mir rügen. Ich habe Ihnen erklärt, dass ich diesen Antrag a limine zurückweise, da die Stadt Innsbruck weder über die Repräsentanten Bgm. DDr. van Staa noch über StR Mag. Dr. Bielowski irgendeine Erklärung für die Stadt Innsbruck abgegeben hat und unsere privaten Angelegenheiten gehen Sie bitte schön mit Verlaub überhaupt nichts an."

GR Dr. Patek: „Zur Geschäftsordnung! Der Antrag lautet in seiner ersten Zeile ‚Der Herr Bürgermeister wird ersucht, dem Gemeinderat unverzüglich mitzuteilen.' Das heißt, dass dies eine Aufforderung an den Herrn Bürgermeister ist, einen Bericht abzugeben. Dies liegt selbstverständlich in der Beschlusskompetenz des Gemeinderates und ist daher nicht a limine zurückzuweisen."

Bgm. DDr. van Staa: „Ich habe Ihnen gesagt, dass es sich um keine Frage der Vollziehung handelt, da ich erklärt habe, in dieser Sache nicht als Bürgermeister tätig geworden zu sein. StR Mag. Dr. Bielowski hat mir ebenfalls erklärt, dass er in seiner Funktion als Stadtrat nie damit befasst war und daher auch keine Erklärung abgegeben hat. Wenn Sie das nicht glauben, dann können Sie sagen, Sie glauben das nicht, aber nehmen Sie bitte zur Kenntnis, was ich im Gemeinderat erkläre. Sie können dann sagen, dass das die Unwahrheit ist, denn Sie unterstellen mir ja öfters Unwahrheiten. Scheinbar ist das bei Ihnen Methode."

GR Mag. Fritz: „Zur Geschäftsordnung! Erstens weise ich darauf hin, dass StR Mag. Schwarzl ausdrücklich ‚zur Geschäftsordnung, zur sachlichen Berichtigung' gesagt und zu Recht eine Aussage des Herrn Bürgermeisters betreffend ihres Antrages sachlich richtiggestellt hat. Zweitens schließe ich mich GR Dr. Patek an, denn gerade durch die im Gemeinderat abgegebene Erklärung des Herrn Bürgermeisters, die ja in Wahrheit die Antwort auf den begehrten Bericht war, wurde ja die Rechtmäßigkeit des Antrages bestätigt. Der Herr Bürgermeister hat nicht in seiner Eigenschaft als Bürgermeister Verwendungszusagen gemacht, sondern sich lediglich persönlich dafür eingesetzt. Der Antrag hat nur begehrt – dem Herrn Bürgermeister ist diesbezüglich nichts zu unterstellen –, dem Gemeinderat mitzuteilen, ob es irgendwelche Verwendungszusagen gegeben hat. Dies darf der Gemeinderat und das ist kein gesetzwidriger Antrag, der ergo a limine zurückgewiesen werden könnte. Der Herr Bürgermeister hat gesagt, dass es keine Verwendungszusagen gegeben hat und das nehme ich mit Dank zur Kenntnis."

Bgm. DDr. van Staa: „Ich habe den Antrag a limine zurückgewiesen, Sie haben sich zur Geschäftsordnung gemeldet ..."

(**GR Mag. Fritz:** „Um zu erklären, dass es unrichtig war.")

„... wenn Sie mit meiner Entscheidung nicht einverstanden sind, wenden Sie sich an die Aufsichtsbehörde."

StR Mag. Schwarzl: „Zur Geschäftsordnung! Ich glaube, dass der Herr Bürgermeister einfach in seinen Ausführungen die Geschäftsordnung bezüglich der Anträge und der dringenden Anfragen verwechselt. Ich habe den Antrag deshalb nicht als dringende Anfrage formuliert, weil mir bewusst war, dass diese a limine zurückgewiesen worden wäre. Dringende Anfragen betreffen nur tatsächliche Akte der Vollziehung, während in einem Antrag zu begehren, dass der Herr Bürgermeister dem Gemeinderat über etwas Auskunft gibt – egal, ob er sich in seiner Funktion als Herr Bürgermeister oder als Privatperson gemeldet hat – meiner Meinung nach aber untrennbar mit der Funktion verbunden ist. In dem Schreiben von Dr. Bodenseer sind höchste Politiker der Stadt Innsbruck und vom Land Tirol angeführt. Ich glaube, dass in Ihrer Interpretation der Geschäftsordnung eine Verwechslung vorliegt. Ich muss es zur Kenntnis nehmen, aber ich glaube, dass es so ist."

Der von StR Mag. Schwarzl eingebrachte dringende Antrag (Seite 782) wird von Bgm. DDr. van Staa a limine zurückgewiesen, da es sich um keine Frage der Vollziehung handelt.

StR Mag. Dr. Bielowski stellt in der gleichen Gemeinderatssitzung folgenden dringenden Antrag: „Der Gemeinderat möge beschließen: 1. Dem neu zu gründenden Verein ‚FC Wacker Tirol' wird jede notwendige Unterstützung gewährt, um den zehn Jugendmannschaften aus dem ‚Konkurs' des FC Tirol ihren Sport weiter zu ermöglichen. 2. Sollte der Vorstand des neuen Vereins das Ziel des Wiederaufstiegs in die T-Mobile Bundesliga verfolgen, ist auch hier eine entsprechende Unterstützung zu gewähren.
Mag. Dr. Bielowski, Kaufmann, Lercher, alle e. h."

Die Diskussion im Gemeinderat über den Antrag von Dr. Bielowski:
GR Mag. Fritz: „Zur Geschäftsordnung! Ich ersuche sowohl in der Dringlichkeit als auch in der Sache um eine getrennte Abstimmung zu den Punkten eins und zwei des Antrages.

Dem von StR Mag. Dr. Bielowski und Mitunterzeichnern eingebrachten dringenden Antrag, Punkt 1. wird die Dringlichkeit zuerkannt. MB (gegen StR Mag. Schwarzl, GR Mag. Fritz und GR Linser):

Dem von StR Mag. Dr. Bielowski und Mitunterzeichnern eingebrachten dringenden Antrag, Punkt 2. wird die Dringlichkeit zuerkannt."

StR Mag. Dr. Bielowski: „Die Situation beim FC Tirol ist ja allseits bekannt. Es hat sich auf Grund des Niederganges und der voraussichtlichen Konkurseröffnung, die bis heute nicht erfolgt ist, die Schwierigkeit ergeben, dass zirka 350 Jugendliche in Nachwuchsmannschaften de facto auf der Straße stehen. Von Seiten der Verantwortlichen wurde nämlich weder eine Nennung für die Meisterschaft des Tiroler Fußballverbandes abgegeben, noch irgendwelche Maßnahmen gesetzt, um diesen Jugendlichen in der nächsten Saison ein Fußballspielen bzw. eine Teilnahme in den Ligen des Tiroler Fußballverbandes zu ermöglichen. Aus dieser Situation heraus hat sich die Dringlichkeit ergeben, sofort zu reagieren. Ich bin sehr froh, dass ich ein Proponentenkomitee gefunden habe, dem sowohl der Herr Bürgermeister als auch Bgm.-Stellv. Zach, Landesrat Günther Platter und meine Wenigkeit angehören. Sie waren bereit, eine sofortige Vereinsgründung zu erwirken. Die Nichtuntersagung des Vereins ist bereits bei der Sicherheitsdirektion für das Bundesland Tirol angemeldet. Nach Nichtuntersagung wird sofort eine entsprechende Generalversammlung abgehalten und ein Vorstand dieses Vereins gewählt werden, der dann die Geschäfte zu führen hat. Mit dem Tiroler Fußballverband wurden die Gespräche so weit geführt, dass die Mitglieder der Nachwuchsmannschaft in den neuen Verein integriert werden können. Damit sollte auch gleichzeitig die Teilnahme an der Nachwuchsliga in der nächsten Saison – wenn es notwendig sein sollte – mit Ausnahmeregelungen gewährleistet sein. Ich glaube, dass diese Ausnahmesituation sofortiges Handeln erfordert und ich bin sehr froh, dass es auf einer breiten Basis gelungen ist, eine solche Übereinstimmung nicht nur in der Stadt Innsbruck, sondern auch im Land Tirol zu finden. Es gibt sehr viele Persönlichkeiten, die bereit sind, diesen Weg mitzugehen. Natürlich benötigt ein solcher Verein finanzielle Mittel wie auch entsprechende Sportplätze usw., die gerade für Nachwuchsmannschaften zur Verfügung stehen müssen. Daher ist dem im ersten Punkt des Antrages angeführten neu zu gründenden Verein von Seiten der Stadt Innsbruck eine entsprechende Unterstützung zu gewähren. Die weitere Vorgangsweise, die sich dann ergibt, wird Aufgabe des Vereinsvorstandes sein. Der Vereinsvorstand wird auf Grund der Statuten des Vereins dann festzulegen haben, wie und in welche Richtung sich dieser Verein zu entwickeln hat. Sollte sich dort eine Mehrheit finden und die Generalversammlung oder der Vorstand des Vereins einen sofortigen Wiederaufstieg – in welcher Form auch immer – in die jetzt neu benannte T-Mobile Bundesliga beschließen, so glaube ich, dass es auch der Stadt Innsbruck und den städtischen Gremien gut ansteht, dieses Vorhaben in geeigneter Form zu unterstützen. Eine Unterstützung kann nicht nur immer darin bestehen – was permanent unterstellt wird –, dass man öffentliche Mittel dazu verwendet, um den Profisport zu unterstützen. Sowohl der Herr Bürgermeister wie Landesrat Platter, Landeshauptmann-Stellvertreter Eberle, Landeshauptmann Dr. Wendelin Weingartner als auch meine Person haben bei allen Aussagen immer wieder erklärt, dass öffentliche Subventionierungen für den Profisport im Land Tirol sicherlich nicht erfolgen können und es nicht der geeignete Weg ist, um das Ziel des Spitzensportes in Tirol zu erreichen. Auf der anderen Seite muss ich feststellen, dass gerade der Breitensport ohne einen Spitzensport überhaupt nicht möglich ist. Gerade die Jugendlichen und der Nachwuchs benötigen eine entsprechende Vorbildwirkung. Wenn man gesehen hat, welche Emotionalität sich in den letzten Tagen in diesem Bereich abgespielt hat und mit welcher breiten Zustimmung nicht nur die Tiroler, sondern auch die Innsbrucker Bevölkerung hinter diesem Spitzensport steht, dann muss ich sagen, war das für mich eine beeindruckende Darstellung. Die Bevölkerung unterscheidet sehr wohl zwischen dem Vereinsvorstand und zwischen den Mannschaften des Vereins. Ich glaube, dass es gerade auch aus diesem Grund Aufgabe der Politik ist, in einer solchen Situation hilfreich und helfend zur Seite zu stehen sowie entsprechende Möglichkeiten zu gewährleisten, damit Spitzensport im Land Tirol auf dem Niveau der T-Mobile Bundesliga in Zukunft immer weiter möglich sein wird. Natürlich wird man sich überlegen, welches Konzept hinter einem solchen Verein steckt. Auch wird es nicht möglich sein, eine isolierte Lösung, so wie sie sich im Bereich des FC Tirol abgespielt hat, weiter zu unterstützen. Ausgangspunkt für unsere Bemühungen wird immer sein, dass beginnend bei der Nachwuchsarbeit aufbauend versucht werden sollte, für die Nachwuchsspieler bzw. für die Jugendlichen entsprechende Möglichkeiten zu schaffen, damit sie sich auf sportlich höchstem Niveau profilieren können. Damit geben wir unserer Jugend die Möglichkeit das zu tun, was in der Stadt Innsbruck sehr viele Jugendliche wollen, nämlich Fußball spielen. Es gibt in den Vereinen der Stadt Innsbruck derzeit etwa 1.100 Jugendliche männlichen und weiblichen Geschlechts, die diesem Sport nachgehen. Daher hat die Stadtgemeinde Innsbruck eine gewisse Verantwortung, der sie sich auch nicht entziehen kann." (Beifall.)

GR Schrom: „Ich habe mir das mit dem FC Tirol auch überlegt. Ich spreche viel mit Jugendlichen, treffe viele Leute und frage sie nach ihrer Meinung. Es sind viele fußballspielende Buben wirklich traurig, dass es jetzt den FC Tirol nicht mehr gibt. Wichtig ist, die Jugendlichen in dem Sinne zu unterstützen, dass sie weiter Fußball spielen können und es noch eine Mannschaft gibt, die ihnen als Vorbild dient. In jedem kleinen Dorf gibt es einen Fußballverein und die Bevölkerung ist stolz auf ihren Fußballklub. Wenn es so etwas in der Stadt Innsbruck nicht mehr gibt, dann finde ich das persönlich schade. Deshalb werde ich dem Antrag zustimmen." (Beifall.)

StR Mag. Schwarzl: „Ich möchte gerne noch einmal den Antrag im Wortlaut hören, wie die Unterstützung formuliert ist. Wir haben den Antrag nicht vorliegen. Könnte man dafür sorgen, dass die Fraktionen jeweils eine Kopie dieses Antrages bekommen? Ich gehe davon aus, dass wir die Handschrift lesen können. Nun zum Finanziellen: Laut einer Anfragebeantwortung vom April dieses Jahres hat die Mag.-Abt. V, Amt für Sport, sehr schön aufgelistet, wie viele Subventionsmittel für Sport seitens der Stadt Innsbruck über den Tiroler Fußballverband an den FC Tirol bzw. an die Nachwuchsmannschaften geflossen sind. Es wurden im Jahr 1999 für ein Kindergartenturnier 400,– Euro, für die Nachwuchsarbeit 47.900,– Euro, das sind 660.000,– Schilling, und über den Tiroler Fußballverband 1,2 Mio. Schilling, sprich 82.000,– Euro an die Kampfmannschaft ausbezahlt. Man kann nicht sagen, dass der Profiverein FC Tirol keine öffentlichen Gelder erhalten hat. Er hat sehr wohl Subventionen über den Tiroler Fußballverband erhalten, da es üblich ist, dass Gelder an den Tiroler Fußballverband gehen. Dieser teilt dann die erhaltenen Subventionen nach einem bestimmten Schlüssel auf. Im Jahr 2000 sind an die Fußballschule Nachwuchs 36.300,– Euro (500.000,– Schilling), an die Nachwuchsarbeit des FC Tirol 82.000,– Euro (1,1 Mio. Schilling) und 50.800,– Euro (700.000,– Schilling) an die Kampfmannschaft ergangen. Im Jahr 2001 wurden für die Nachwuchsarbeit 94.000,– Euro (1,3 Mio. Schilling) und an die Kampfmannschaft 37.000,– Euro (rund 520.000,– Schilling) ausbezahlt. Gegen dieses Sportsubventionsbudget in Höhe von rund 1,5 Mio. Schilling, welches wir jährlich für die Nachwuchsarbeit zur Verfügung gestellt haben, habe ich nichts. Wenn das nach wie vor in den neu gegründeten Verein XY – wie immer er heißt – hineinfließt, soll das auch weiterhin zu Gunsten der Nachwuchsmannschaft dieses neu zu gründenden Vereins geschehen. Man sollte jedoch einmal mit dem Märchen aufhören, dass für den Profifußball keine öffentlichen Gelder zur Verfügung gestanden sind. Es sind laut dieser Anfragebeantwortung öffentliche Subventionen geflossen. Ich kann es nicht anders interpretieren, als es in der Anfragebeantwortung der Sitzung des Gemeinderates vom 25.4.2002 steht. Wir haben im Jahr 1998 die Mietzins- und Betriebskostenrückstände des Profifußballs für das alte Fußballstadion am Subventionswege nachgelassen und auf die Miete für das Tivoli-Alt bis zur Fertigstellung des neuen Stadions verzichtet. Es hat immer geheißen, die Finanzmisere beim FC Tirol ist Folge der Tatsache, dass auf Grund des desolaten und veralteten Stadions mit den beschränkten Kapazitäten keine Einnahmen lukriert werden können. Mit dem neuen Stadion würde sich allerdings alles ändern. Es haben sich die Einnahmen erhöht, aber am Finanzdebakel hat sich offensichtlich nichts verändert, sonst würde man nicht vor der Situation stehen ...“

(**Bgm.-Stellv. Zach:** „Aber für kriminelle Geschichten können wir nichts dafür. Es geht jetzt um den Nachwuchs.“)

„Ich möchte nur darauf hinweisen, dass es nicht richtig ist, dass FC Tirol und Profisport mit öffentlichen Mitteln nie etwas zu tun hatten. Die öffentliche Hand hat mit rund 600 Mio. Schilling ein neues Stadion gebaut und die Stadt Innsbruck hat, meiner Rechnung nach, ungefähr 70 % zu den Kosten dieses Stadions beigetragen. Ich habe eine Chronik erstellt, über das, was der FC Tirol in all diesen Jahren alles gesagt hat. Wir haben uns immer nur Beschimpfungen anhören können, dass die Zusammenarbeit mit Finanzdirektor Dr. Hörnler bei der Innsbrucker Sportanlagen Errichtungs- und Verwertungs GmbH (ISpA) schlecht war. Martin Kerscher wünscht sich Verhältnisse wie in den Städten Linz und Salzburg. Wenn man sich Tirol ansieht, so kommt man sich vor wie im Niemandsland, die Politiker haben bei den Meisterfeiern Zusagen gegeben, an die sie sich nie gehalten haben und so ist es unentwegt gegangen, obwohl im Tiroler Profifußball auch öffentliche Gelder investiert wurden. Diesbezüglich braucht man nicht um den heißen Brei reden. Ich verstehe jeden, wenn er angesichts der neuen Situation, wo endlich allen klar geworden ist, wie dieser Verein gewirtschaftet und gehandelt hat, nun meint, dass es für den Profifußball kein Geld mehr gibt. Dass kein öffentliches Geld investiert wurde, stimmt so einfach nicht. Wenn jetzt die Nachwuchsarbeit weitergehen soll, bleibt das von der Stadt Innsbruck bis jetzt an den FC Tirol überwiesene Geld selbstverständlich bei der Nachwuchsarbeit. Was alle weiteren Zusagen anlangt, so würde ich mich wundern, wenn ein großer Aufschrei durch den Gemeinderat geht und die Opposition den Antrag stellen würde, dass dem Verein XY alle nur erdenkliche Unterstützung ohne jegliche Präzisierung zukommt: Und das ohne Bekanntgabe darüber, wie der Vereinsvorstand, für den wir etwas verlangen, aussieht, ohne dass die sonstigen finanziellen Grundlagen offengelegt werden, ohne Angabe einer Summe bzw. einer Art der Unterstützung oder was auch immer. Ich habe nichts dagegen, wenn man eine Nachwuchsförderung für den Verein betreibt ...“

(Bgm. DDr. van Staa: „StR Mag. Schwarzl, passen Sie auf, dass Sie nicht Schaum vor den Lippen bekommen.“)

„... die weißen Mundwinkel im Gemeinderat bekommen meist nur Sie, ich nicht. Für mich ist Voraussetzung eines Beschlusses, dass auf dem Tisch liegt, wer dieser Verein ist, wer seine Vorstände sind, ist es wieder ein so genannter Mitgliederverein, wo die Mitglieder nichts zu reden haben, sondern wo der Vorstand bei der Generalversammlung zusammensitzt usw. Ich habe gerade nachgelesen, wo Rechnungsprüfer Arnold Ende der 90-er-Jahre die Rute ins Fenster gestellt und gesagt hat, dass es keine Entlastung des Vorstandes geben wird, wenn nicht ordnungsgemäße Abrechnungen vorliegen. Da jedoch die Generalversammlung ohnehin aus dem Vorstand besteht, wird es wohl keine Entlastung geben. Angesichts der Erfahrungen, die ich im Gemeinderat seit Jahren mit diesem Verein gemacht habe, weise ich niemandem Schuld zu. Man hat immer wieder zugesehen und gemeint, dass der Fußballsport ja so wichtig ist. Tausende von Mädchen und Buben betreiben Inlineskating, fahren Rollschuh, Skateboarden und benötigen keinen Profiverein an der Spitze, der sie in ihrem Tun aufrecht erhält.“

(Bgm.-Stellv. Zach: „Für diese Jugendlichen errichten wir doch so viele Spielplätze und Anlagen, die viel Geld kosten.“)

„Gerade in dieser Jugendarbeitsschiene wird sehr überzeichnet bzw. emotional gearbeitet. Ich bin dafür, dass es diesen Jugendverein bzw. diese Nachwuchsarbeit mit den Mitteln, die bisher zur Verfügung gestanden sind, gibt. Aber ich bin gegen einen Pauschalbeschluss des Gemeinderates, der einen Verein unterstützt, dessen Struktur, dessen Vorstand und Kontrollrechte man nicht kennt. Alt-Bgm.-Stellv. Dr. Wimmer hat schon als Sportreferent auf die Gründung einer Marketinggesellschaft hingewiesen und gemeint, so kann es nicht sein, dass wir einen Verein, der Schulden macht, nämlich den FC Tirol, sponsern und die Gewinne in die Marketinggesellschaft hineinfließen. Ich habe es noch im Ohr, wie gesagt wurde, dass wir uns ein neues Knowhow aneignen müssen, um ausreichend kontrollieren zu können. Wer hat sich das angeeignet? Niemand. Wenn die Innsbrucker Grünen Anfragen oder Anträge gestellt haben, wurden sie beschimpft wie: ‚Die Spitze schafft die Breite, StR Mag. Schwarzl, wie können Sie nur und hin und her' ..."

(**Bgm.-Stellv. Zach:** „StR Mag. Schwarzl, Theater spielen wir am Rennweg.")

„Ich habe keine Schadenfreude, denn erfreulich ist das Ganze wirklich nicht. Die Innsbrucker Sportanlagen Errichtungs- und Verwertungs Gmbh (ISpA) wird bei vielem finanziell durch die Finger schauen und wir werden in den Sport- und Freizeitpark ‚Tivoli-Neu' investieren müssen, um diesen nutzen zu können. Man muss zumindest aus dem vergangenen Debakel die Konsequenzen ziehen und berücksichtigen, was in der Folge zu bedenken ist. Es kommen nicht nur die Vereinsstruktur und der Vorstand, sondern auch noch die Kontrolle der öffentlichen Gelder dazu." (**Bgm. DDr. van Staa:** „Alle öffentlichen Gelder werden kontrolliert.") „Eine Pauschalzustimmung weder für Punkt eins noch für Punkt zwei wird es ohne folgende detaillierte Angaben nicht geben: Welche Vorhaben stehen im Raum, wer sind die handelnden Akteure und wie werden die Kontrollmechanismen sein? Das wäre für mich somit eine falsch verstandene Jugendförderung. Hier gehört einmal alles offen auf den Tisch gelegt und erst dann kann man einsteigen. Mit diesem Geld, welches bisher über das Sportsubventionsbudget geflossen ist – das sind im Vergleich zu anderen Vereinen aus anderen Bereichen keine geringen Summen – kann man nette Jugendarbeit gestalten. Da ist es nicht mehr notwendig, zusätzlich etwas zu tun."

StR Mag. Dr. Bielowski: „Zur sachlichen Berichtigung! Es ist natürlich eine sehr einseitige Darstellung, die Subventionen auf der einen Seite darzustellen. Tatsache ist, dass diesen Subventionen auf der anderen Seite Geldflüsse in Richtung Stadt Innsbruck entgegenstehen. Der interessante Betrachtungspunkt ist der Saldo zwischen den beiden Zahlungsflüssen, nämlich zwischen Zahlungsflüssen in Form von Subventionen an den Verein oder an die Vereine und auf der anderen Seite Zahlungen von Seiten der Vereine an die Stadt Innsbruck. Gerade bei den angesprochenen Beträgen vom Jahr 1999 bis zum Jahr 2001 stehen diesen gewährten Subventionen nicht unerhebliche Rückflüsse gegenüber."

Bgm. DDr. van Staa: „Wir erleben wiederum eine Debatte, wo durch Behauptungen von StR Mag. Schwarzl gleichzeitig Unterstellungen gemacht werden, die nicht so stehen bleiben können. Ich bekenne mich dazu, dass dieser Sport- und Freizeitpark ‚Tivoli-Neu' gebaut wurde. Dieser Sport- und Freizeitpark ‚Tivoli-Neu' wurde nicht für den FC Tirol errichtet, ..." (Beifall von Seiten der Fraktion „Für Innsbruck") „... sondern es ist ein Sportstadion der Stadt Innsbruck und des Landes Tirol für alle Großveranstaltungen. Man hat nie im Sack, ob eine Fußballmannschaft in der Ersten Liga spielt oder nicht. Wenn das damals nicht der Fall gewesen wäre, hätte ich mich auch für einen Neubau eingesetzt. Die Stadt Linz hat ein viel aufwändigeres Stadion und besitzt derzeit auch keine Spitzenmannschaft in der Bundesliga. Das muss man dazu sagen. Ich bin der Überzeugung, dass dieser Sport- und Freizeitpark ‚Tivoli-Neu' nicht für drei oder fünf Jahre gebaut worden ist, sondern dass es zumindest für eine Generation Bestand haben wird und muss. Es ist ein wunderschönes Stadion, das voll funktionstauglich ist. Heute wurde mit einem dringenden Antrag der Innsbrucker Grünen wieder impliziert, als wäre die Innsbrucker Sportanlagen Errichtungs- und Verwertungs

Gmbh (ISpA) zu blöd, sich über Nutzungen bzw. Nachnutzungen Gedanken zu machen. Der Aufsichtsrat hat bereits in dieser Angelegenheit Beschlüsse gefasst und darüber wurde heute die Hauptversammlung umfassend informiert. Ich habe gebeten, mir das Protokoll sofort zu übermitteln, damit dieses auch dem Stadtsenat zur Verfügung gestellt werden kann. Wir haben dort einen sehr – ich hoffe, dass es so bleibt – innovativen Geschäftsführer, der sich wirklich um diese Angelegenheiten kümmert. Ich darf dazu sagen, dass für diesen ganzen Sanierungsbereich die Stadt Innsbruck insgesamt mit einer großen Mehrheit dafür war und wir gemeinsam sehr viel zu Stande gebracht haben. Ich möchte allen dafür danken. Nur, wenn es immer wieder Leute gibt, die versuchen, alles schlecht zu machen, so weise ich das zurück. Andernorts werden die Politiker nur von einer Seite geprügelt, ich hingegen wurde natürlich von zwei Seiten geprügelt. Einmal vom FC Tirol und zwar immer zu Unrecht, denn die Stadt Innsbruck hat alle Verpflichtungen zur Gänze eingehalten. Ich habe Martin Kerscher auch gesagt, dass ich nicht vor ein Bezirksgericht gehe, aber beim Vorwurf eines Verbrechens, wie bei Erpressung, muss ich handeln. Er hat mich heute in der Kanzlei angerufen, ich bin jedoch nicht zum Telefon gegangen, da ich gelegentlich meine Gesprächsbereitschaft mit Menschen, die so handeln, auf ein Minimum reduziere. Das gilt nicht nur für Martin Kerscher. Da möchte ich schon erwähnen – was auch medial verbreitet wurde –, dass manchmal auf Seite zwei und drei die Stadtverantwortlichen geprügelt und auf Seite zehn, der Sportseite, massive Forderungen erhoben wurden. Lesen Sie alles nach. Der Profifußballklub ist ein privater Verein, bei dem wir immer jede Subventionierung abgelehnt haben. Dass es indirekte Förderungen gab, ist unbestritten. Diese sind im Verhältnis zu anderen Bundesländern und den Aufwendungen der öffentlichen Hand in der Stadt Innsbruck immer bescheiden gewesen, weil wir uns dazu bekannt haben, den Profifußball nicht zu unterstützen. StR Mag. Dr. Bielowski hat angedeutet, dass auch Rückflüsse erfolgt sind. Jawohl, es ging um beträchtliche Steuern, auch wenn es in der letzten Zeit Steuerausfälle gab. Es sind beträchtliche Mietzahlungen eingegangen, auch wenn in der letzten Zeit diese nicht mehr geleistet wurden. Gegen Betrug kann man nichts machen. Ich mache den Vorwurf der Österreichischen Bundesliga, da sie sich geweigert hat, das Statut modern zu adaptieren. Dies wäre ohne weiteres möglich gewesen, um einen Nachfolgeverein in der höchsten Spielklasse spielen zu lassen. Man hätte ohne weiteres beschließen können, dass die Bundesliga auf zwölf Vereine aufgestockt wird, weil man nach dem entsprechenden Reglement den Aufsteiger und den möglichen Absteiger nicht ausschließen kann. Das hätte man ohne weiteres machen können. Man hätte auch beschließen können, dass im Falle von kriminellen Handlungen durch Vorstandsmitglieder oder durch Maßnahmen, die vielleicht im medizinischen Bereich anzusiedeln sind, in diesem Fall der Verein nicht bestraft werden kann, sondern in der obersten Liga spielen muss. Das war ein sportpolitisch schwerer Fehler und eine ungerechte Bestrafung des Spitzenfußballklubs FC Tirol. Das ist unverantwortlich gegenüber der österreichischen Sportöffentlichkeit und vor allem gegenüber den Tiroler Fußballfreunden. Das muss erwähnt werden.“ (Beifall.) „Ich mache der ganzen Bundesliga, die ein Verein ist und jederzeit in der Lage gewesen wäre, die Satzung zu ändern, diesen Vorwurf. Ich spreche auch ganz bewusst eine Vermutung aus und vielleicht fühlt sich hier jemand geschädigt. Ich kann mir nicht vorstellen, dass man drei ausstehende Monatsgehälter der Spieler nicht bezahlt hat, weil man nicht mehr konnte und das Spielerkapitalvermögen nicht lukrieren wollte. Ich weiß nicht, in welcher Form möglicherweise andere Flüsse finanzieller oder anderer Art stattgefunden haben. Das müsste auch noch untersucht werden. Bei der Cleverness der Leute, die hier am Zuge sind, würde ich das nicht ausschließen. Eines möchte ich schon sagen, dass der Vorwurf an die Politik, man hätte nicht rechtzeitig eingegriffen, völlig danebengeht. Die Stadt Innsbruck hat, als der erste Verdacht aufkam, alle Maßnahmen gesetzt und der Präsident des FC Tirol wurde bereits im Oktober letzten Jahres aus dem Aufsichtsrat der Innsbrucker Sportanlagen Errichtungs- und Verwertungs Gmbh (ISpA) zurückgezogen. Der Bundesliga war vor uns längst bekannt, wie die tatsächliche finanzielle Situation dort aussieht. Man müsste diese Leute fragen, warum sie nicht gehandelt haben. Haben sie nicht eine fahrlässige Handlung begangen oder haben sie nicht auch hier ein Verschulden in der einen oder anderen Richtung zu rechtfertigen? Das müssen wir uns wirklich einmal ganz genau ansehen. Jetzt haben alle anderen und auch ich gesagt, dass wir bereit sind, über unsere persönlichen Kontakte, über Ersuchen an die Wirtschaft, diese Situation so zu bereinigen, damit wiederum eine wirtschaftliche Basis vorhanden ist. Dr. Bodenseer hatte sich, so wie schon einmal, bereit erklärt, die Präsidentschaft zu übernehmen. Er hat sowohl von StR Mag. Dr. Bielowski wie auch von mir gehört, dass wir nicht bereit sind, eine finanzielle Zusage in irgendeiner Höhe, weder privat und schon gar nicht öffentlich, zu geben. Wir sind nur bereit, den Verein zu unterstützen. Ich habe mich bereit erklärt, als Proponent im neuen Verein mit aufzutreten. Ich würde viele Gemeinderäte ersuchen, ebenfalls ihre Bereitschaft bei StR Mag. Dr. Bielowski zu deponieren, die Initiative zu ergreifen, um somit zu unterstreichen, dass sie für den Jugendsport, für die Nachwuchsförderung, aber auch für die Identifikation der Jugend mit dem Spitzensport eintreten und wir eine wirklich hervorragende Fußballmannschaft mit vorbildlichen Spielern gehabt haben. Das möchte ich auch noch einmal sagen. Ich möchte mich bei allen Spielern des FC Tirol herzlichst für ihr Engagement in den letzten Jahren bedanken, dass sie aktiv an sozialen, karitativen Veranstaltungen teilgenommen und diese Bemühungen in der Stadt Innsbruck unterstützt haben. Dies war keine Selbstverständlichkeit und den Fußballspielern gehört daher höchstes Lob." (Beifall von Seiten der Fraktion „Für Innsbruck" und GR Wanker.) „Was die Trainer betrifft, kann ich nur sagen, dass man vorbildliche ‚Sportsleute' wie Dietmar Constantini hatte, der sich durch den Aufbau der Fußballakademie massiv für die Jugendförderung und Kinderförderung eingesetzt hat. Das Lob gilt auch Kurt Jara, der wirklich in vielerlei Hinsicht ein Sportvorbild war und zu Recht mit dem Sportehrenzeichen ausgezeichnet wurde, sowie dem jetzigen Trainer Joachim Löw, der mir einen ausgezeichneten Eindruck gemacht hat." (Beifall.) „Es ist keine Selbstverständlichkeit, dass man solche Persönlichkeiten in dem brutalen Geschäft des Profifußballes findet. Das sollte man einmal in aller Öffentlichkeit erwähnen. Nicht alle Vorstandsmitglieder des FC Tirol sind oder waren Gauner. Es gibt darunter eine ganze Reihe von früheren und auch jetzigen Vorstandsmitgliedern, von denen ich weiß, dass sie durchaus das Recht in Anspruch nehmen können, aus großem Idealismus und Enthusiasmus gehandelt zu haben. Das heißt nicht, dass man selbst der Aufsichtspflicht enthoben ist. Selbstverständlich, StR Mag. Schwarzl, dort, wo die Stadt Innsbruck Subventionen gewährt, hat sie volles Kontrollrecht. Wir haben die Förderungsgelder für den Nachwuchs nicht nur einmal, sondern mehrfach zurückgehalten, weil uns manche Dinge nicht klar waren. Wir haben das überprüfen lassen und überall dort, wo wir Subventionen geben, ist man verpflichtet, sich durch die Kontrollabteilung prüfen zu lassen. Das wird auch eingehalten. Tun Sie nicht so, als wären das Riesensummen. Wie viele Hunderte Kinder und Jugendliche spielen dort, wie viele bemühen sich, wie viele haben eine gute Betreuung und wie viele haben einen professionellen

Trainer? Es ist ja nicht so, dass die Kinder und Jugendlichen nur auf der Wiese spielen, sie haben persönlich, sportlich und auch medizinisch usw. eine professionelle Betreuung. Das kostet sehr viel Geld, und mit diesen Beiträgen der Stadt Innsbruck konnte der Verein bei aller Misswirtschaft die ganze Jugendarbeit nicht finanzieren. Sie mussten auch hiefür beträchtliche Summen aus ihrem Spielbereich nehmen, der allerdings ein Tropfen von der Gesamtmasse war, die in irgendwelchen Kanälen versickert ist. Der Antrag von StR Mag. Dr. Bielowski im zweiten Teil bedeutet ja nicht eine Erlaubnis an den Sportreferenten, jetzt jede Summe zu genehmigen. Jede einzelne Summe von 5,– Euro aufwärts muss im Ausschuss für Wirtschaft, Sport und Tourismus behandelt werden, jede größere Summe wird im Gemeinderat beschlossen. Das, was dieser Antrag von StR Mag. Dr. Bielowski inkludiert, ist die moralische Unterstützung und die Bereitschaft, alles zu unternehmen, um das Ansehen des Tiroler Fußballs als Spitzenklub wieder herzustellen und den Menschen zu signalisieren, dass die Politik dahintersteht. Wenn Sie anderer Meinung sind, dann können Sie diese ja äußern. Wir leben in einer Demokratie, aber dieser Gemeinderat hat das Recht, festzustellen, ob wir das wollen oder nicht. Ich fordere Sie auf und ersuche Sie, in diesem Fall solidarisch zu sein. Es handelt sich nicht um irgendeinen Verein, sondern um einen Identifikationsklub, den wir möglichst rasch wieder mit einer breiten Reputation herstellen wollen. Aus diesem Grund stelle ich mich auch persönlich als Proponent zur Verfügung.“ (Beifall von der Fraktion „Für Innsbruck“.)

GR Grünbacher: „Im Namen der SPÖ möchte ich den Antrag unterstützen und mich auch persönlich dazu bereiterklären, dem Proponentenkomitee beizutreten.“ (Beifall.) „Ich halte es für eine gute Idee, das Ganze zu unterstützen. Ein paar Dinge muss man natürlich schon ins rechte Licht rücken. Wenn StR Mag. Schwarzl sagt, dass alle bisherigen Mittel für die Nachwuchsarbeit weiter verwendet werden sollen, so wäre mir das schon zu viel. Der Antrag geht nicht so weit. Wenn ich mir ansehe, dass man in den letzten drei Jahren für den Nachwuchsbereich eine fixe, nicht unbeträchtliche Summe ausgegeben hat, wird laut Passus im Antrag von StR Mag. Dr. Bielowski ‚nur jene notwendige Unterstützung gewährt, um den zehn Jugendmannschaften ihren Sport weiter zu ermöglichen'. StR Mag. Dr. Bielowski geht nicht so weit, indem er 500.000,– Schilling und mehr fordert, während deiner Idee zufolge dies schon fix ist. So weit würde ich noch gar nicht gehen. Wir stehen zu diesem Antrag, wobei ich natürlich schon etwas kritisch bemerken möchte, dass es genug andere Mannschaften und Sportarten gibt, die, wenn sie ihre Hallenmiete nicht bezahlt hätten, wahrscheinlich gezwungen wären, im Freien zu trainieren. Für die Zukunft würde ich ersuchen, dass man nicht so lange zusieht, bis das Ganze …" (Unruhe im Saal.

StR Mag. Dr. Bielowski: „Die Mieten für die städtischen Sportplätze wurden laufend alle bezahlt.")

„Das ist mir ganz neu."

(**Bgm.-Stellv. Zach:** „Deshalb, weil es neu ist, muss es nicht falsch sein.")

„Wir werden uns dem Wortlaut sowie beiden Punkten des Antrages anschließen, weil diese als Unterstützung einer Idee und nicht einer konkreten Finanzierungsmaßnahme, die, wie der Herr Bürgermeister gesagt hat, im Gemeinderat bzw. im Ausschuss für Wirtschaft, Sport und Tourismus bewilligt werden muss, dient. Einem Blankoscheck würden wir auch nie zustimmen." (Beifall.)

StR Mag. Schwarzl: „Ich wollte kurz an den Herrn Bürgermeister einige Rückmeldungen geben. Er hat behauptet, ich hätte der Innsbrucker Sportanlagen Errichtungs- und Verwertungs Gmbh (ISpA) Blödheit unterstellt, dass sie nicht weiß, was sie jetzt unternehmen soll. Sie selbst haben bei der Innsbrucker Sportanlagen Errichtungs- und Verwertungs Gmbh (ISpA) beantragt, dass das Protokoll des Aufsichtsrates dem Stadtsenat vorgelegt wird. Das kann man nicht riechen. Wenn man also dies beantragt, so ist das nicht Blödheit. Ich halte nämlich auch Geschäftsführer Mag. (FH) Ing. Außerhofer, den neuen Chef der Innsbrucker Sportanlagen Errichtungs- und Verwertungs Gmbh (ISpA), für einen durchaus sehr engagierten Mann, der in einer sehr schwierigen Situation in das ganze ‚Werkl' eingestiegen ist. Nachdem die Einnahmen und Ausgaben bzw. die Erhaltungskosten des Sport- und Freizeitparks ‚Tivoli-Neu' doch bei der Stadt Innsbruck hängen bleiben werden, halte ich es für legitim, dass das, was dort jetzt investiert werden muss oder nicht, für die Stadtgremien von Interesse ist. Wenn das Verlangen eines Antrages bedeutet, die Innsbrucker Sportanlagen Errichtungs- und Verwertungs Gmbh (ISpA) lächerlich zu machen, dann ist mir das Ganze nicht nachvollziehbar. Wenn der Herr Bürgermeister sagt, dass der Sport- und Freizeitpark ‚Tivoli-Neu' von Beginn an von ihm auch nur als multifunktionales Stadion konzipiert gewesen ist und mit dem Verein nichts zu tun hat, ..."

(**Bgm.-Stellv. Zach:** „Nichts zu tun hat er nicht gesagt, sondern nur ‚nicht ausschließlich.'")

„... so möchte ich doch aus der Gemeinderatssitzung vom 23.4.1997 wie folgt zitieren: Es ist nämlich um die Umbenennung des alten Tivoli-Stadions in Tirol Milch Stadion gegangen. Vorher hat es auch Verwendungszusagen gegeben, welche dann im Gemeinderat behandelt werden mussten, da die Tirol Milch sonst als Sponsor zurückgetreten wäre, wenn wir das Stadion nicht unbenannt hätten. Diesbezüglich wurde dann im Gemeinderat ewig lange herumdebattiert, dass man sich auf der einen Seite nicht erpressen lassen sollte, aber auf der anderen Seite man diese Umbenennung doch vornehmen müsste. Diese

Umbenennung ist dann doch mehrheitlich erfolgt und in derselben Sitzung des Gemeinderates wurde beschlossen, dass in den Aufsichtsrat der Innsbrucker Sportanlagen Errichtungs- und Verwertungs Gmbh (ISpA) der FC Tirol mit einem Sitz vertreten sein soll. Die Innsbrucker Grünen haben damals bereits moniert, dass wir nicht verstehen, warum der FC Tirol als künftiger Nutzer im Aufsichtsrat – das ist nämlich ein Eigentümergremium und der Eigentümer der Innsbrucker Sportanlagen Errichtungs- und Verwertungs Gmbh (ISpA) ist die Stadt Innsbruck – vertreten sein soll. Man war der Meinung, dass dies deshalb notwendig ist, damit die Kooperation und die Funktionalität des Stadions auch passen."

(**Bgm.-Stellv. Zach:** „Nachher sind immer alle ‚gscheit'.")

„Es haben ja über Jahre die Spatzen von den Dächern gepfiffen, dass das kein ordentlicher Verein ist, und da setzt meine Kritik an. Es ist nicht so, dass irgend-welche dunkle ‚Untergrund-Grünen' Bösartigkeiten vermutet hätten, sondern es gibt seit über zehn Jahren Zeitungsberichte, wo man, auch wenn man von Fußball nichts verstehen würde, ..." (Unruhe im Saal.) „... Auf die Sportseiten der großen Tageszeitungen in Tirol haben die Grünen noch nie Einfluss gehabt. Herr Bürgermeister, Sie haben damals im Zuge unserer Kritik im Gemeinderat, als das Tivoli-Stadion in Planung war und der FC Tirol in die Innsbrucker Sportanlagen Errichtungs- und Verwertungs Gmbh (ISpA) nominiert wurde, Folgendes gesagt: ‚Jedenfalls haben wir dann ein Stadion, das war der Sinn und Zweck und die Sicherstellung eines Fußballklubs für ein Stadion, weil sonst wäre das Stadion ja nicht notwendig.' Es ist immer im Raum gestanden. Ich kann mich an all die Jahre erinnern, wo man überlegt hat, ob wir vielleicht den FC Tirol unterstützen müssen, da wir jetzt den Sport- und Freizeitpark ‚Tivoli-Neu' bauen. Wenn wir in der Situation sind, dass wir den Fußballklub nicht unterstützen, dann haben wir keinen Fußballklub mehr, und was geschieht dann mit dem Sport- und Freizeitpark ‚Tivoli-Neu'? Diese Überlegungen hat es all die Jahre in den Debatten im Gemeinderat gegeben. Ich habe alle Protokolle durchforstet und gesehen, welche Versuche unternommen wurden. Bezüglich der Jugendmannschaften wird so getan, als ob die Stadt Innsbruck zusammenbrechen würde, wenn es diese bzw. den Sport der Jugendlichen, um die es geht, nicht mehr gäbe. Natürlich bin ich froh, dass es sie gibt. Die öffentliche Meinung war gegen den FC Tirol und man hat sich nicht mehr bei den Meisterfeiern gezeigt. Wenn die öffentliche Meinung für den FC Tirol war, dann hat man sich sehr wohl bei den Meisterfeiern gezeigt. Jetzt kippt die öffentliche Meinung und nun heißt es, sie haben die Lizenz nicht bekommen, die böse Bundes-liga und die 300 Jugendlichen ..." (Unruhe im Saal.)

Bgm.-Stellv. Zach: „Ich ersuche um etwas Aufmerksamkeit für das theatralische Ballett von StR Mag. Schwarzl.")

„Es ist fast schon verwunderlich, dass sie nicht in Tränen ausgebrochen sind. Dieser plötzliche Einsatz der SPÖ, dass sie auch ins Proponentenkomitee geht, da man bei diesem Zug ja mit dabei sein muss. Diese Sport- und Spielementalität geht mir so auf den Geist, das muss ich wirklich sagen."

(**Bgm.-Stellv. Zach:** „Sie uns aber auch.")

„Ich kann es nicht formulieren und nicht in rationale Worte fassen. Es geht mir dies jedenfalls unheimlich auf den Geist. Herr Bürgermeister, ich möchte an die Sitzung des Gemeinderates vom 22.10.1998, wo es um den Nachlass der Miete für das ‚FC-Tirol-Milch-Stadion' wegen der Steuer am Subventionsweg gegangen ist, erinnern. Man hat die Miete wegen dem Finanzamt nicht nachlassen können, deshalb ist dies über den Subventionsweg erfolgt. Sehr wohl ist das alles über den Subventionsweg erfolgt."

(**Bgm. DDr. van Staa:** „Sie müssen nicht so viel Propaganda für mich machen.")

„Ich mache dies gerne für Sie, denn Sie sind ja so arm, dass Sie es nicht selbst für sich machen können. Sie werden nämlich ständig von den Innsbrucker Grünen der Unwahrheit bezichtigt. Jetzt muss ich Sie wieder aus dem Sumpf herausziehen, in den die Opposition Sie hineingedrängt hat. Ich finde, dass darüber einmal diskutiert werden muss. Wir haben in den letzten zwei Jahren permanent dringende Anfragen gestellt und es wurde jedes Mal konsequent die Debatte verweigert. Ich finde es gut, wenn das jetzt über Anträge läuft, dann kann man einmal debattieren."

(**Bgm.-Stellv. Zach:** „Aber bitte nicht zu lange.")

„Ich möchte nur noch ein Zitat vom Herrn Bürgermeister los werden: ‚Nur der FC Tirol Milch bekommt die Ermäßigung unter dem Erlass bis zur Fertigstellung des Neubaues. Hier muss man auch hinsichtlich der Vereinsstruktur reden. Ich habe auch immer gesagt, ich will nur mit einem konsolidierten Verein einen Vertrag abschließen.' Das war vor dem Abschluss des Mietvertrages mit dem FC Tirol. Die Innsbrucker Grünen haben damals bereits den Mietvertrag urgiert und gesagt, dass dieser Verein nicht konsolidiert ist. Es ging auch um die Frage, wie man sich die Mieteinnahmen und Betriebskostenzahlungen vorstellt. Von Anfang an ist das ganze ‚Affentheater' gleich weitergegangen wie vorher."

(**Bgm.-Stellv. Zach:** „Ich bitte, das ‚Affentheater' zurückzunehmen.")

„Es ist ja noch viel ärger. Um die Kleingläubiger, die involviert sind, kümmert sich niemand. Jedoch der ‚arme' Robert Hochstaffl, der jetzt in Untersuchungshaft sitzt, wird bedauert. Um viele andere, die bei diesen Profisportvereinen mit drinnen hängen, wird nicht geweint. Beim Profifußball ..."

(**GR Dr. Rainer:** „Beim Eishockey auch.")

„Mit dem Gösser Eishockeyverein waren wir gebrannte Kinder und das würde ich abhaken. Jetzt habe ich das Gefühl, dass die wirtschaftspolitische und kontrollpolitische Funktion aussetzt, da man sich nicht ganz sicher ist, wie denn die Stimmung in der Bevölkerung ist. Dementsprechend schwankt man hin und her und es werden meiner Meinung nach relativ oft sehr irrationale Entscheidungen getroffen. Ich verstehe nicht, warum das so ist und was dahintersteckt. Für mich ist es nicht nachvollziehbar. Der Herr Bürgermeister hat gesagt, dass man seine Meinung sagen darf und ich danke ihm dafür. Ich habe nichts gegen eine vernünftige Jugendförderung, egal, in welcher Sportart, egal, wen es betrifft, aber ich stimme nicht zu, dass der Gemeinderat diese große Rettungsaktion so pauschal begrüßt, ohne genau jene Fragen zu stellen, die man in den letzten Jahren beim FC Tirol schon lange hätte stellen und beantworten lassen müssen."

Bgm. DDr. van Staa übernimmt den Vorsitz von Bgm.-Stellv. Zach.

GR Haller: „Wir haben heute über Inlineskaten, Skaten, Rollschuh fahren gesprochen und es stimmt, dass dies gewaltige Sportarten sind. Zwischen sechs und zehn Jahren kann man diese Sportarten ohne weiteres ausüben. An der Hand von Papa und Mama wird das funktionieren. Ab zehn Jahren wird man jedoch keinen Jugendlichen ohne entsprechende Vorbilder dazu bewegen können, dass er diesen Sport auch wirklich ausübt. Auch für Inlineskaten, Skateboard fahren usw. gibt es Profis, die als Vorbilder dienen. Diesen wird nachgeeifert. Gerade die Gemeinde Kundl – das ist auch eine Weltstadt – baut den zweiten Skatepool in Europa. Man soll doch erwähnen, was da läuft. Jeder, der hier im Gemeinderat mit Jugendnachwuchsmannschaften im Sport arbeitet, weiß, dass die Arbeit mit Jugendlichen bis zu zehn Jahren wunderbar und leicht ist. Ich habe das sieben Jahre lang gemacht. Dann waren wir gezwungen, eine Kampfmannschaft zu gründen, ob wir wollten oder nicht, da wir die Mannschaften nicht mehr finanzieren konnten. Sie werden nicht wirklich allen Ernstes glauben, dass mit 94.000,– Euro dreizehn Jugendmannschaften finanziert werden können. Davon können nicht einmal die Buskosten finanziert werden, wenn österreichweit in der Bundesliga gespielt wird. Wenn in St. Jodok oder in Arzl auf einer schiefen Wiese gespielt wird, so benötigt man dazu keinen Bus. Es wird wesentlich mehr von Eltern und Privaten finanziert. Es ist jedenfalls so, dass die Jugendlichen im kritischen Alter zwischen zehn und 18 Jahren Perspektiven benötigen. Wenn sie kein Vorbild haben, dann brechen sie der Reihe nach weg. So ist es bei uns im Verein geschehen und so wird es auch im Verein von GR Grünbacher sein. Wenn sie glauben, dass man deshalb keine Nachwuchsarbeit in der Stadt Innsbruck machen muss, stimmt das schon. Die Stadt Innsbruck wird genau so weiterleben, unabhängig davon, ob ein Fußballverein existiert oder nicht. Aber das könnte ich dann auf viele Bereiche des öffentlichen Lebens beziehen, bei denen die Stadt Innsbruck gewaltig finanziert. Ich bin der Meinung und dazu stehe ich auch, dass Jugendarbeit gar nicht genug gefördert werden kann. Das wäre alles. Danke." **(Beifall.)**

Bgm.-Stellv. Zach: „Im Prinzip können wir sehr froh sein, dass ein solches Thema so viele Emotionen, ich sage Engagement, hervorruft. StR Mag. Schwarzl hat heute ihr schauspielerisches Talent zu 120 % eingesetzt. Eines, StR Mag. Schwarzl, muss ich schon sagen, dass jeder seine Prioritäten hat. Es ist alles richtig, was Sie heute aufgezählt haben, denn ich höre Ihnen auch immer lange höchst interessiert zu, gehe weder hinaus noch mache ich sonst etwas. Bitte mir das zuzugestehen. Von Toleranz hat man bei den Innsbrucker Grünen noch nie etwas bemerkt. Ich weiß einige mir sehr am Herzen liegende Bereiche, wo sich die Jugend bzw. auch andere betätigen. Hier fragen wir auch nicht so genau, warum es keine Rentabilitätsberechnung in einem Kulturunternehmen gibt, warum kein Plan erstellt wurde und warum ist dies und jenes nicht erfolgt. Hier übt man verständlicherweise mehr Nachsicht aus und ich verstehe das, weil eine Nahbeziehung besteht. Ich verstehe auch, dass nicht jeder mit Fußball etwas ‚am Hut' haben muss. Für mich als Jugendpolitikerin ist schon klar, dass Schaden bei den Kindern und jungen Menschen angerichtet wurde. Ich habe mich vor keiner Meisterfeier gedrückt, obwohl mir schon klar war, dass hier manches schief gelaufen ist. Ich war dabei, als wir gesagt haben, dass der Verein als solches kontrolliert bzw. nachgefragt wird und den teilweise sehr präpotenten Auftritten von Martin Kerscher nicht nachgegeben wird etc. Bei der Presse hat es immer geheißen, warum man so einen Verein nicht unterstützt. Es hat sich jemand gefunden, der 100 Mio. Schilling privat investiert hat, ein anderer hat schon mit 80 Mio. Schilling unterschrieben. Man hat sich eigentlich fast immer dagegen wehren müssen. Ich habe aber immer betont – GR Lercher war auch dabei –, dass ich mich für die Kinder- bzw. Jugendarbeit, die mir ungeheuer wichtig ist, stets eingesetzt habe. Egal, ob dies nun Kinder der Musikschule sind, welche außerdem noch in einer Band spielen, oder Kinder, die inlineskaten bzw. Fußball spielen, sich mit Theater oder Ballett beschäftigen. Es ist vernünftig, sich musisch und sportlich, und das am besten in einem ausgewogenen Verhältnis, zu betätigen. Das wird man jedoch den einzelnen Persönlichkeiten, wie ich Kinder immer betrachte, selber überlassen müssen. Ich habe viel an Kinder- und Jugendarbeit gesehen. Oft war ich mit StR Mag. Dr. Bielowski am Sonntagvormittag am Sportplatz. Weder hier noch bei der Meisterfeier habe ich einen der Gemeinderäte gesehen, wenn wir den Knirpsen und Kindern die Preise überreicht haben. Dass diese nichts bezahlen, StR Mag. Schwarzl, mag schon sein. Sie, StR Mag. Schwarzl, Sie sind nicht mit Eltern in Verbindung, die auch viel für die Jugendlichen unternehmen. Ob es einem gefällt oder nicht, es wird mitgegangen, mitgefahren, ausstaffiert und auch ‚Festln' arrangiert. Man ist froh, dass die Kinder bei einer sportlichen Betätigung gut aufgehoben sind. Tatsache ist, dass ich angerufen werde, da mich relativ viele Kinder von meinen Betätigungen her kennen. Sie tragen mir Sparbücher an, weinen und dies geht bis zu einer sehr starken Emotionalität, die man bei weiblichen Personen als Hysterie bezeichnen würde. Ich war selber überrascht, aber diese Emotionalität kann ich nicht steuern. Es waren Buben, aber auch Mädchen. Ich lade alle Gemeinderäte am Sonntag in das Tivoli-Alt ein. Dort findet das Finale des Mädchen-Fußballturniers statt. Man kann der Meinung sein, dass dies unpassend für Mädchen ist. Gestern zum Beispiel haben wir eine Kickboxerin, eine Extremkletterin und auch eine Fußballspielerin ausgezeichnet. Ich möchte schon sagen, in einer pluralistischen Gesellschaft ..."

(**Bgm. DDr. van Staa:** „GR Linser, Sie müssen dagegen sein.")

„Herr Bürgermeister, bitte, ich möchte jetzt Aufmerksamkeit haben. In einer pluralistischen Gesellschaft wird es mehrere Möglichkeiten geben, sich zu betätigen. Dies trifft für die Eltern wie auch für Kinder zu. Der eine wird mehr Affinität zu dem einen Bereich haben, der andere mehr Affinität zu dem anderen. Ich glaube, dass wir uns grundsätzlich doch einig sein werden, denn es war doch alles relativ klar. Die Jugendarbeit muss weitergehen und selbstverständlich habe ich mich da auch zur Verfügung gestellt. StR Mag. Schwarzl, ich unternehme als Privatperson viel und lasse mir daher von gar niemandem etwas hineinreden. Mir ist egal, ob das in der Zeitung steht oder nicht, denn es geht mir nur um die Sache und ich glaube, die Sache ist gut. Ich würde mich aber genauso für irgendetwas anderes einsetzen. Wenn das ,Kindertheater an der Sill' wieder einmal am Nullpunkt ist, habe ich mich sehr wohl für Subventionen eingesetzt. Das ist nicht so lustig, da es dort leider nicht so viele Zuschauer gibt. Wir engagieren uns für die verschiedensten Bereiche, unter anderem jetzt auch für diesen. Was den Profifußball betrifft, wird man Unregelmäßigkeiten nirgends ausschalten können, wo es Menschen gibt. Das gelingt keiner Bank, keiner Versicherung, keinem Sozialamt und auch keinem Finanzamt. Dazu muss ich sagen, dass das vielleicht im Klub der Innsbrucker Grünen erst erfunden werden muss. Selbst da habe ich gehört – zwar nicht in der Stadt Innsbruck –, dass man gezwungen war, jemanden auszuschließen. Es hat sich um eine Frau gehandelt und bitte zwingt mich jetzt nicht, einen Namen zu nennen, da ich diese Person persönlich kenne. Ich weiß, dass man so etwas nie ausschließen kann. Keiner im Gemeinderat hat irgendetwas in dieser Richtung unternommen. Für so dumm wird niemand eine Gemeinderätin oder einen Gemeinderat der Stadt Innsbruck ansehen." **(Beifall von Seiten der Fraktion „Für Innsbruck".)**

GR Dr. Patek: „Mich hat einiges an der jetzigen Debatte gestört. Das eine ist diese teilweise explizit, teilweise implizit ausgesprochene Unterstellung, dass wir etwas gegen den Nachwuchsfußball hätten. Ich kann mich in den letzten Jahrzehnten an keine Abstimmung erinnern, bei der wir gegen den Nachwuchsfußball gestimmt hätten. Wir haben das immer in voller Höhe mitgetragen. Ich möchte das einmal registriert haben, damit diese falschen Bilder im Kopf revidiert werden. Vielleicht werden die Argumente dann so gehört, dass es nicht mehr auf prinzipieller Ebene zum Disput kommt, sondern man einfach versucht, die Argumente zu hören. Die Argumente beziehen sich ganz klar auf die

Profimannschaft und nicht auf die Nachwuchsmannschaft. Ich stehe auch dazu, wenn es breiten Nachwuchssport im Fußballbereich gibt, dann soll man dafür auch Mittel zur Verfügung stellen, wie bei anderen Sportarten auch. Wenn es im Kulturbereich einen breiten Nachwuchs gibt, dann soll auch dort etwas hineinfließen. Man muss nicht jammern, dass die Eltern dazu etwas zahlen müssen, denn dies müssen sie an der Musikschule oder beim Sportverein auch. Es ist für mich Normalität, dass man für Kinder in dieser Stadt ein Angebot bereithält, und dieses soll auch gewisse öffentliche Subventionen erhalten. Das steht für mich völlig außer Diskussion. Hier mit Unterstellungen zu arbeiten, dass wir den Nachwuchsfußball miesmachen möchten, will ich einfach nicht mehr hören. Ich möchte auch daran erinnern, dass wir bei diesem Antrag, Punkt zwei, explizit eine getrennte Abstimmung verlangen, beim Nachwuchsfußball jedoch generell sowie bei der Dringlichkeit dafür gestimmt haben. Beim zweiten Punkt des Antrages möchte ich doch darauf hinweisen, dass es sich hier eindeutig um die Profiklubmannschaft handelt. Ich habe im Gegensatz zu anderen vom Klub – GR Schrom hat auch dafür gestimmt – bei Punkt zwei des Antrages auch für die Dringlichkeit gestimmt, da ich diesen wirklich für dringend halte, jedoch nicht in der Form, wie er formuliert ist. Ich halte ihn deshalb für dringend, da wir beim FC Tirol in den letzten Jahren zwei Mal hintereinander ‚Finanzpleiten' erleben mussten. Ich denke mir, dass es da offenbar einen gewissen Häufungspunkt gibt. Ich gebe Bgm.-Stellv. Zach schon Recht, dass man vor solchen Sachen nie gefeit ist. Offenbar gibt es gewisse Bereiche, die besonders wenig vor finanziellen Unregelmäßigkeiten gefeit sind. Mir kommt es nicht erstaunlich vor, dass gerade in einer Sportart, wo eine gewisse Massenjubelkultur herrscht, schneller rationale und auch ökonomische Erwägungen auf der Strecke bleiben, weil mit den Leuten die Emotion durchgeht und jeder bei der ganzen Angelegenheit mitgerissen wird. Gerade wir als Parteien des Gemeinderates sind der Meinung, dass das ein wichtiger Bereich des öffentlichen Lebens ist. Was die Profimannschaft anlangt, trifft das die anderen stärker als uns. Der Gemeinderat hat dann die Aufgabe, in den Bereichen, wo die Emotionen durchgehen, Strukturen zu erfassen. Auch bei der Neugründung von Strukturen, bei der man die größte Chance hat, langfristig etwas auf gesunde Beine zu stellen, muss man sich die Zeit zu nehmen, um sich die Sachlage genau anzusehen. Wenn man so etwas haben möchte, muss man sich das so gut ansehen, damit nicht noch ein drittes Mal ein solches Desaster passiert. Ich meine, dass das langsam für die Stadtgemeinde Innsbruck peinlich wird. Ich persönlich fühle mich bei Sportarten wohl, wo ich selber aktiv Sport betreibe. Bei Großdemonstrationen fühle ich mich genauso unwohl wie in einem Fußballstadion, weil mir die Massenhysterie – ich zitiere das Wort von Bgm.-Stellv. Zach – Unbehagen bereitet. Es wird andere Leute geben, denen das Spaß macht, solange es nicht kippt, was bei uns im Fußballbereich Gott sei Dank nur in mäßigem Ausmaß geschieht. In anderen Bereichen ist es schon wesentlich kritischer. Die Reaktion, gerade im ökonomischen und strukturellen Bereich einen kritischeren Blick zu haben als woanders, halte ich für natürlich und nach zwei Pleiten im Profifußballbereich in Tirol in relativ kurzer Zeit von Seiten des Gemeinderates für geboten. Aus der Antragsformulierung von StR Mag. Dr. Bielowski lese ich nicht heraus, dass der Wunsch besteht, konstruktiv etwas aufzubauen, aber nicht nach dieser bekannten alten Jubelmentalität – die wir bereits kennen –, sondern eben etwas auf seriöseren Beinen. Bei diesem Massensterben europäischer Fußballvereine sind wir in Österreich nicht die Einzigen. Man muss sich nur die Schweiz und die Bundesrepublik Deutschland ansehen. Bei Spanien und Italien warte ich, bis es knallt und das wird, bei den Summen, die dort umgesetzt werden, nicht mehr lange dauern. Vor dieser Entwicklung muss man rechtzeitig einen Riegel vorschieben. Das heißt, man muss die alten Argumente eines Alt-Bgm.-Stellv. Dr. Wimmer aufgreifen, den Marketingbereich ansehen und sich fragen, wie kann man Finanzströme in einer Klubstruktur, die automatisch schnell euphorisch werden kann, steuern und wie kann man öffentliche Kontrollen durchführen? Solche Dinge muss man sich jetzt ansehen. Dieser Sommer bis zum Beginn der Spielsaison bietet die Chance, dass man mit einem Neubeginn bei einem Verein strukturell und finanziell die Basis schafft, damit uns so etwas nicht noch einmal passiert. Das hat nichts damit zu tun, ob meine Sympathie für diesen Sport groß ist oder nicht. Ich nehme zur Kenntnis, dass es in der Stadt Innsbruck einen neu gegründeten Verein geben wird, und es werden sich viele Leute darüber freuen. Es sollte eine Ebene geben, wo man sagen kann, wenn es um etwas Wichtiges geht und öffentliches Engagement gefragt ist – sei es auf der moralischen Ebene – ist in dem Bereich Hilfestellung zu leisten, der offenbar am anfälligsten ist, und das ist der strukturell finanzielle Bereich."

GR Grünbacher: „Zur Geschäftsordnung! Ich bitte GR Dr. Patek mir den Antrag zur Verfügung zu stellen, denn er muss offensichtlich einen anderen Antrag haben als ich. Er redet im Gemeinderat über Profifußballförderung. In meinem mir vorliegenden Antrag heißt es im zweiten Teil wie folgt: ‚Sollte der Vorstand des neuen Vereins mit dem Ziel des Wiederaufstieges in die T-Mobile Bundesliga verfolgen, ist auch hier eine entsprechende Unterstützung zu geben.'"

(**GR Mag. Fritz:** „Spielen Amateure in der obersten Bundesliga?")

„Der neue Verein ist kein Profiverein. FC Wacker Tirol ist ein Verein, der gegründet wurde und keine Lizenz für eine der höchsten Spielklassen besitzt. Somit ist er kein Profiklub."

Bgm. DDr. van Staa: „Das war nicht zur Geschäftsordnung, sondern zur tatsächlichen Berichtigung. Zur Geschäftsordnung wird das geschäftsordnungswidrige Vorgehen des Vorsitzenden kritisiert oder beanstandet."

GR Dr. Rainer: „Ich glaube, dass wir uns doch auf den Inhalt des Vertrages und des im Gemeinderat vorliegenden Antrages des Sportreferenten beziehen. Ich darf sagen, dass das gesamte Vorgehen in den letzten Wochen zwischen uns ständig abgesprochen wurde und wir völlig übereinstimmende Meinungen haben. Alles, was der Sportreferent im Gemeinderat heute zum Ausdruck bringt, wurde auch mit mir immer abgesprochen. Daher ist es ganz klar, dass man die Jugendlichen, die in diesem großen Verein vorhanden waren, das sind 350 Jugendliche, die in zehn Mannschaften Fußball spielen, wobei sieben Mannschaften in den einzelnen Tabellen an erster Stelle stehen, nicht im Stich lassen sollte. Es handelt sich hierbei um Nachwuchsfußballer der Spitzenklasse in Tirol, die wir sinnvollerweise weiter unterstützen sollten. Ich kann Ihnen sagen, in den letzten Wochen sind verschiedentlich Eltern und auch Trainer zu mir gekommen – ich nehme an, auch zum Herrn Bürgermeister, zu StR Dr. Bielowski und zu Bgm.-Stellv. Zach –, die gebeten haben, dass man diese Jugendlichen nicht im Stich lassen sollte. Die Buben haben teilweise sogar, wie sie gehört haben, dass unter Umständen alles zusammenbricht, geweint und haben gebeten, alles zu unternehmen, damit man dem Nachwuchs weiterhin die Chance gibt, an der Spitze mitzumischen. Für die Buben ist natürlich der große Verein FC Tirol jenes Vorbild, das sie haben, und jeder möchte dem Spitzenspieler nacheifern. Bereits bei der T-Shirts-Vergabe sind jene mit den Nummern von guten Spielern am beliebtesten. Hier ist es mir natürlich lieber, dass diese vielen Buben und Kinder in einem geordneten Trainingsverhältnis sind, als wenn sie auf der Landstraße oder wo auch immer frei herumtoben und möglicherweise in einem Drogenkarussell landen. Es war richtig, dass von Seiten der Stadt Innsbruck jegliche Unterstützung angeboten wird. Der Antrag von StR Mag. Dr. Bielowski ist, genauso wie der Wiederaufbau einer Mannschaft für Spitzenfußball in der Stadt Innsbruck, zu unterstützen. Es ist natürlich richtig, was GR Grünbacher sagt, egal ob wir eine Spielgemeinschaft mit Wattens oder mit Wörgl eingehen, wir spielen noch nicht in der Bundesliga. Es dauert ein oder zwei Jahre, bis man in der obersten Liga spielt. Daher kann von einem Profifußball derzeit überhaupt nicht die Rede sein. Man weiß nicht einmal, wer der neue Vorstand sein wird und wo die neuen Spieler herkommen. Deshalb wird man sich hauptsächlich mit jenem Nachwuchs beschäftigen müssen, welcher in den Bundesnachwuchszentren spielt. Hier wird versucht, eine neue Mannschaft aufzubauen, damit wieder attraktiver Fußball im Sport- und Freizeitpark ‚Tivoli-Neu' gespielt wird. Natürlich ist der Sport- und Freizeitpark ‚Tivoli-Neu' primär für Fußball gedacht. Es ist dies auch einleuchtend und ich glaube, dass alle, die hier im Gemeinderat sind, beide Anträge voll unterstützen sollten. Danke." (Beifall.)

GR Barcal: „Meistens geht es im Tiroler Landestheater nicht so spannend zu, als wie heute im Gemeinderat bei dieser Fußballdiskussion. Das möchte ich einmal bemerken. Ich finde es sehr gut und möchte Danke sagen, dass jemand aus dem Gemeinderat – in dem Fall StR Mag. Dr. Bielowski – auf die Idee gekommen ist, diesen Antrag zu stellen. Gott sei Dank geht dann, wenn diesem Antrag die Zustimmung erteilt wird – was ich hoffe –, die Kinder- und Jugendarbeit im Fußball weiter. Ich finde das sehr wichtig. Die Fußballkinder haben wirklich mein Herz erobert. Ich war sehr stolz, als ich das erste Mal gebeten wurde, bei den Auswahlspielen als Unterstützung mit dabei zu sein. Ich wünsche, wenn der Antrag durchgeht, dass die Kinder- und Fußballmannschaften wieder funktionieren, weil ich weiß, wie viel Begeisterung, auch von den ehrenamtlichen Mitarbeitern und Trainern, dahintersteckt. Ich hoffe, dass die Mannschaft erhalten werden kann und wieder weiter aufgebaut wird. Ich stimme im Namen der Fraktion ‚Soziales Innsbruck' diesem Antrag zu." (Beifall.)

GR Federspiel: „Ich spreche nur für die ‚Freie Liste', obwohl ich in der Zeitung und in der Öffentlichkeit als freiheitlicher Politiker bezeichnet werde. Viele Journalisten wissen nicht, was frei und freiheitlich ist. Ich habe StR Mag. Dr. Bielowski meine Unterstützung schon zugesagt.

GR Dengg und ich werden diesem Komitee beitreten."

GR Haager: „Es ist für uns eine Selbstverständlichkeit, die ich nicht sonderlich herausstreichen muss, dass wir diesem Antrag zustimmen und für den Sport sind." (Beifall.)

StR Mag. Dr. Bielowski: „Die dozierenden Ausführungen von StR Mag. Schwarzl haben natürlich die Möglichkeit gegeben, in der Zwischenzeit das Proponentenkomitee wachsen zu lassen. Herr Bürgermeister, ich kann bekanntgeben, dass folgende Personen beigetreten sind:

GR Grünbacher, GR Erhard, GR Mag. Eiter, GR Haller, GR Hafele, GR Gruber, GR Kranebitter, GR Dr. Rainer, GR Barcal, GR Lackner, GR Mag. Mayr, GR Kritzinger, GR Wanker, GR Moser, GR Schreiner, GR Federspiel, GR Dengg, GR Scheiber, GR Lercher, GR Zobl, GR Kaufmann, GR Pertl und StR Dr. Gschnitzer.

Man sieht also, dass eine breite Mehrheit des Gemeinderates, es wird schon fast an eine Zweidrittelmehrheit heranreichen, dem Proponentenkomitee beigetreten ist. Damit wird es natürlich Sorge tragen und darauf achten, dass der Nachwuchsfußball in der Stadt Innsbruck sowie die Entwicklung, die nicht nur für den Fußball, sondern auch für die Identität der Stadt Innsbruck und Tirol besonders wichtig ist, erfolgreich weitergehen kann. Ich möchte mich hierbei bei allen, die bisher mitgeholfen haben, recht herzlich bedanken." (Beifall.)

Bgm. DDr. van Staa: „Ich wünsche mir, dass eine breite Bevölkerung sich daran beteiligt, damit es in Hinkunft nicht mehr einen Verein mit sechs oder acht Mitgliedern gibt, sondern wirklich einen Verein, der auch von der Basis her im Verein mitgetragen wird. Selbstverständlich werde ich mich aber nicht in die Geschäftsführung einmischen und die Unterstützung bekommt dieser Verein nur, solange er alles offenlegt und alles transparent ist, so wie man sich einen Fußballverein eben vorstellt, der von der breiten Begeisterung der Jugend bis hin zu älteren Menschen getragen wird. Ich danke für dieses Zeichen der Solidarität.

Antrag Punkt 1. wird dem Inhalte nach angenommen.

MB (gegen StR Mag. Schwarzl, GR Mag. Fritz, GR Linser und GR Dr. Patek):

Der von StR Mag. Dr. Bielowski und Mitunterzeichnern eingebrachte dringende Antrag Punkt 2. wird dem Inhalte nach angenommen. Es wurden Kopien des Antrages an die Fraktionen ausgehändigt."

Schriftliche Anfrage des Abgeordneten **Georg Willi** im Tiroler Landtag am 17. Juni 2003:

„Per E-mail ersuchte eine Gemeinderätin der Innsbrucker GRÜNEN im März 2003 bei der TIWAG um Auskunft über das Sponsoring-Budget der TIWAG der letzten fünf Jahre in den Bereichen Sport, Kultur und Soziales.

In Beantwortung verwies der Leiter der Abteilung Marketing/Communication darauf, dass Auskünfte ausschließlich dem Eigentümer, dem Land Tirol, gegeben werden können.

Daraus ergeben sich für mich als Abgeordneter des Tiroler Landtages – und somit des verfassungsmäßig höchsten Gremiums des Landes Tirol – in Ausübung des in der Tiroler Landesordnung und der Bundesverfassung garantierten Interpellationsrechtes folgende Fragen:

1.) Welche Beträge wurden ab 2000 jeweils für Sportsponsoring ausgegeben?

2.) Welche Beträge wurden ab 2000 jeweils für Kultursponsoring ausgegeben?

3.) Welche Beträge wurden ab 2000 jeweils für Sponsoring von Sozialinitiativen ausgegeben?

4.) Welche Beträge sind ab 2000 jeweils jährlich an den FC Tirol geflossen?“

Anfragebeantwortung durch **LHStv. Ferdinand Eberle** am 6. August 2003:

„Hiezu beehre ich mich Folgendes mitzuteilen:

Gemäß Verordnung der Landesregierung über die Geschäftseinteilung der Tiroler Landesregierung ist das Regierungsmitglied Landeshauptmannstellvertreter Ferdinand Eberle unter anderem zuständig für ...; Gesellschaften und Beteiligungen des Landes mit Ausnahme der TIWAG und der TILAK. Das Regierungsmitglied Landeshauptmannstellvertreter Ferdinand Eberle übt die Funktion des Vorsitzenden des Aufsichtsrates der TIWAG aus und ergeben sich seine Aufgaben diesbezüglich aus dem Aktiengesetz. Auf Grund der Verordnung der Landesregierung über die Geschäftsordnung der Tiroler Landesregierung sowie den sich aus dem Aktiengesetz ergebenden Zuständigkeiten bzw. Befugnissen bzw. Aufgaben sowie unter Berücksichtigung der Bestimmung § 31 Abs. 1 des Gesetzes über die Geschäftsordnung des Tiroler Landtages (‚jeder Abgeordnete ist berechtigt, in den Angelegenheiten der Landesverwaltung an die Mitglieder der Landesregierung schriftliche Fragen über Angelegenheiten ihres Aufgabenbereiches zu richten‘) ist eine weitergehende Behandlung dieser Anfrage nicht zulässig."

In der Landtagssitzung vom 30. Jänner 2008 wird folgende Regierungsvorlage beschlossen:
„Die Tiroler Landesregierung beschließt, dem FC Wacker Innsbruck als einmalige Sonderförderung Finanzmittel in der Gesamthöhe bis max. 1,6 Mio. in den Jahren 2007 und 2008 bereitzustellen. 2. Für die budgetäre Abwicklung werden der Abteilung Sport für die Bereitstellung des angeführten Landesbeitrages bei der V.P. 1-269005-7671 002 ‚Zuwendungen an Verbände und Vereine‘ zusätzliche Finanzmittel in der Höhe von 1.600.000,– bereitgestellt. ... Gemäß Punkt II. (6) des Beschlusses des Tiroler Landtages vom 15.12.2006 über den Landesvoranschlag 2007 wird eine Auszahlung eines Teilbetrages in der Höhe von 800.000,– vor Beschlussfassung durch den Tiroler Landtag genehmigt."

Die Diskussion zu diesem Antrag im Tiroler Landtag liest sich im Protokoll so:

Präsident Prof. Ing. Mader: „Danke, Frau Berichterstatterin. Zu Wort gemeldet ist die Frau Abg. Hörmann."

Abg. Hörmann: „Sehr geehrter Herr Präsident! Meine Damen und Herren! Wir werden diesem Antrag nicht zustimmen, und zwar ausgiebig begründet und eindeutig. Ich möchte zurückgehen in der Geschichte. Der Herr Landeshauptmann hat bei seiner Pressekonferenz am 4.12.07 gesagt, dass er das Kapitel FC Wacker Innsbruck zur Lösung bringt. Was allerdings mit diesen 1,6 Mio. Euro passiert ist, ist keine Lösung, sondern eine Verlagerung des Problems in die Zukunft und öffnet Tür und Tor für alle weiteren Begehrlichkeiten und Ansprüchlichkeiten von diversen Klubs. Zum Zweiten sagte er, die Infrastrukturkosten sollen abgedeckt werden. Das ist so, die werden auch weiterhin immer abgedeckt. Das heißt, hier fließt bereits Geld, ob von Stadt oder Land, das ist egal, es ist Steuergeld. Er sagt, dass die Entscheidung nicht einfach war, es ist Profi-Fußball. Genau dort spießt es sich auch für uns. Er kam zur Entscheidung, das zu fördern und zu unterstützen. Noch einmal: Er kam zur Entscheidung, das zu fördern und zu unterstützen. Wir kommen zur Entscheidung, das nicht zu tun, weil es Profi-Fußball ist. Es ist nicht Auftrag der Tiroler Landesregierung, einen Profi-Sportklub zu finanzieren, zu unterstützen, zu überbrücken, aus den Untiefen und irgendwelchen selbstverschuldeten Erlösen herauszuholen. Das ist nicht der Auftrag, den wir hier und den die Landesregierung umzusetzen hat. Der Landeshauptmann hat für seine Entscheidung mehrere Gründe angeführt. Der eine Grund, warum man diese 1,6 Mio. Euro – das muss man sich einmal vorstellen – 1,6 Mio. in diesen Moloch hineinstopft, ist der Klassenerhalt und die Rechtfertigung der Nachwuchsarbeit. Beide Argumente halten einer Hinterfragung nicht wirklich stand. Es ist nicht – und da spreche ich für uns Grüne – Aufgabe, dafür zu sorgen, dass ein Bundesliga-Verein in der Bundesliga bleibt. Das ist die Aufgabe der Vereinsführung. Die Vereinsführung hat sich rechtzeitig für eine eventuelle Lizenzierung oder für den Erhalt von Sponsoren zu kümmern. Es gelingt anderen Vereinen auch mit diesen Sponsoren in Verhandlung zu treten. Diese Sponsoren haben die Aufgabe, den Verein zu führen und zu stützen. Und dann bräuchten wir uns auch nicht in irgendwelche Vereinsstrukturen hineinzumischen. Das ist die eine Seite. Die zweite Seite ist: Es ist nicht Aufgabe der Landesregierung, die Zugehörigkeit zur Bundesliga für einen Verein von Tirol zu garantieren. Noch einmal: Das ist nicht die Aufgabe der Landes-regierung! Das ist die Aufgabe des Vereines. Der hat das zu tun. Und es ist nicht, so wie im Antrag formuliert, oberste Priorität. Die oberste Priorität der Landesregierung hat zu sein, dafür zu sorgen, dass der Breitensport ausgebaut wird. Auch, dass der Vereinssport ausgebaut wird, dass die Leute, die genau an der Basis arbeiten, die genau dafür zuständig sind, dass die Jugendlichen gerne und begeistert von mir aus auch Fußball spielen, Tennis spielen oder sonst irgendetwas tun. Dass sie die Anerkennung bekommen und nicht dieser Moloch, in den 1,6 Mio. Euro hineinfließen. Dort werden dann Spieler oder wer auch immer zugekauft, es gilt das Hire-and-Fire-Prinzip. Das kennen wir ja inzwischen ausgiebig von vielen Vereinen. Oder, wie es jetzt ist, der Herr Kartnig sitzt in der Karibik, lässt sich die Sonne auf den Bauch scheinen und sein Verein ist immer noch mit 10 Mio. verschuldet. Das kann es ja nicht sein, dass wir diesem Missmanagement durch eine Zusatzsubventionierung noch Vorschub leisten. Das halte ich für unerträglich, auch gegenüber dem Steuerzahler, der Steuerzahlerin nicht für vertretbar. Es ist für uns Grüne nicht nachvollziehbar, dass man ein systematisches Ausbildungskonzept damit begründet, dass 1,6 Mio. zur Entschuldung eines Vereines verwendet werden. Das ist eine unlogische Zusammenhängung von verschiedenen Umständen. Ein Ausbildungskonzept – und dafür sind wir hier zuständig, dass es gemacht wird –, hat unabhängig davon zu erfolgen, ob jetzt Wacker Innsbruck in der Bundesliga spielt oder ob Wacker Innsbruck in sonst einer Liga spielt. Wenn ich heute sage, ich knüpfe Tennisausbildung ausschließlich an Erfolg – ich kenne jetzt keine Tiroler Tennis-Spielerin –, dann halte ich das für genauso unzulässig, wie wenn ich Förderung an Wacker Innsbruck knüpfe. Das heißt, das ist eine ziemlich unverfrorene Geschichte, dafür so viel Geld in die Hand zu nehmen. Woran orientieren sich Kinder und Jugendliche? Sie orientieren sich an der Unbefangenheit, an der lässigen Art und Weise, wie ein Bode Miller ‚abitoifelt' über die Schihänge. Sie orientieren sich von mir aus an einem Totti (italienischer Fußballer), einem Kaká (brasilianischer Fußballer) oder wie sie alle heißen, spielen und die haben mit Sicherheit in ihren Vereinen kein Geld von irgendwelchen Landesregierungen bekommen. Sie haben einfach gespielt und haben sich und ihre Ziele umgesetzt. Wovon Kinder auch sehr profitieren, das ist davon, wer ‚unten im Hof' spielt und wer ‚unten im Hof' besser ferseln oder spitzeln oder wie immer das heißt, kann. Und sie lernen auch von ihren Vereinsleuten, die ihnen zeigen, was lässiger Fußball ist. Sicher ist es nicht davon abhängig, ob ich jetzt in der Bundesliga spiele oder nicht, wenn heute die Jugendlichen spielen. Es kommt noch eine andere Dimension dazu. Wenn man die Geschichte von Wacker Innsbruck sich jetzt ein bisschen näher anschaut – und das habe ich im Zuge dieser Recherchen auch getan –, dann ist es eine Richtungsänderung. In welche Richtung geht dieser Verein jetzt? Wenn man sich anschaut, mit welchem Enthusiasmus Gerhard Stocker versucht hat, diesen Verein wieder auf die Beine zu kriegen, und zwar mit einem anderen Konzept als dem jetzt gültigen, dann ist es das, was wir unter einem Fußballkonzept verstehen. Er hat einen Mitgliederverein gemacht, der die Mitglieder eingebunden hat, der die Faninitiativen eingebunden hat. Das sind demokratische Entscheidungsprozesse, die manchmal ein bisschen umständlicher und ein bisschen schwieriger sind. Aber sie werden von einer Basis getragen. Und wenn diese Basis entscheidet, wir wollen das so, dann ist es für die Basis auch in Ordnung. Es ist ganz ein anderes Konzept, wenn ich sage, das hier ist ein Ges.m.b.H.-Konzept, Beispiel dafür ist der Fan-Shop in der Landhaus-Passage, dann hat das mit einem Anspruch auf Förderung durch die Landesregierung nichts mehr zu tun. Dann sollen die Vereinsfunktionäre das machen, wie sie meinen. Nicht wir tragen in diesem Fall die Verantwortung, sondern der Verein und die Verein-Obersten und sicher nicht die Landesregierung. Es sind beide Konzepte in Ordnung, das ist unbestritten. Wir haben nicht für eine Konstruktion, die jetzt so drübergestülpt wird, und weil wir uns das so einbilden, weil wir eben heuer die EM haben, nicht eine Förderung von 1,6 Mio. Euro zu bezahlen. Wir sind der Meinung, dass Arbeit wirklich nur passieren kann, wenn sie von allen getragen wird. Wenn man sich von der Fan-Initiativen-Seite anschaut, was die Wacker-Fans für Postings machen, dann wissen wir auch, dass wir mit demokratischen Strukturen hier am richtigen Weg sind, und ein Verein nicht von einem Beirat getragen wird und nicht von Leuten, die irgendetwas über den Verein bestimmen, sondern von den Leuten, die dann hinausgehen. Die draußen eine Wertschöpfung erbringen und die draußen Spaß haben und mit Freude mitmachen." (**Abg. Pechlaner:** „Basisdemokratie bei einem Verein?") „Mitbestimmen in einer Mitgliederstruktur sehr wohl, das geht sehr gut. Das ist mit dem derzeitigen Konzept im Prinzip wieder ausgeschaltet. Es ist eine Richtungs-Definition: Wenn heute der Stronach sagt, er macht die 1,6 Mio. Euro für Wacker Innsbruck locker, dann sage ich okay, super, bärig, passt. Aber nicht, wenn das die Landesregierung macht und die Sportförderungen wirklich anders zu verwenden sind, das wissen wir alle. Da gibt es sogar einen einheitlichen Beschluss von uns allen hier, einen einstimmigen Beschluss, dass wir die Sportförderung gezielt verwenden wollen. Nämlich genau dort, wo wir sie brauchen: Für die Gesundheit, für die Bewegung, für die Freude, für alles, was Menschen brauchen in der Ausübung ihres Sportes. Übrigens noch eine interessante Geschichte im Zusammenhang mit Vereins-Führung: Man wollte, dass die Frauen- und Kindermannschaften nicht länger mitfinanziert werden. Gott sei Dank ist das aus dem neuen Sportkonzept gestrichen worden, das Wacker Innsbruck sich da verordnet hat. Es hätte auch nicht dem Gleichheitsprinzip entsprochen. Noch einmal: 1,6 Mio. Euro in einen Moloch hineinzuinvestieren, wo wir nicht wissen, wie das ausgeht, können wir nicht mittragen. Wenn ein Verein sich selbst erhält, selbst verantwortlich agiert, selber für sein Sponsoring zuständig ist, wunderbar. Aber in diesem hier vorgelegten Sinne stimmen wir diesem Konzept nicht zu." **(Beifall von GRÜNER Seite!)**

Präsident Prof. Ing. Mader: „Frau Abgeordnete, ein bisschen müssen sie diesen Verein doch mögen, da Sie in seinen Farben angetreten sind. Der Herr Abgeordnete Brugger ist als Nächster am Wort." **(Abg. Hörmann:** „Ich mag ja den Verein!")

Abg. Dr. Brugger: „Sehr geehrter Herr Präsident! Der Herr Landesrat ist jetzt auch hinausgegangen. Irgendwie denke ich mir, der ÖVP und SPÖ muss das peinlich sein, weil sich da niemand zu Wort meldet. Ich möchte anfangen: Du, Herr Präsident, hast für mich in einer sehr beeindruckenden Eröffnungsrede bei den Special Olympics gesagt, und die war für mich eine der beeindruckenste von den Eröffnungsreden, bei uns hat der Sport häufig den Sinn verloren. Ich muss dir Recht geben. Du hast auch weiter gesagt, Special Olympics ist ein Ereignis, wo wirklich noch der ganze Sinn vom Sport zum Ausdruck kommt. Wenn ich gesehen habe, wie sich die Teilnehmer dort gefreut haben, wie die gelitten haben, weil sie es doch nicht geschafft haben, wie die gejubelt haben über den vierten Platz, über den fünften Platz, dann muss ich sagen, stimmt. Gerade da habe ich mir gedacht, wenn ich mir jetzt die 1,6 Mio. anschaue für Wacker, haben wir nicht auch den Sinn für die Sportförderung verloren, wenn wir 1,6 Mio. für den FC Wacker zur Verfügung stellen? Nur als Vergleich: Der ganze Sportförderungsfonds wird gespeist von den Gemeinden insgesamt, von allen Tiroler Gemeinden nur mit 1,9 Mio. und das Land dann noch einmal 1,9 Mio., das sind 3,8 Mio., das ist ein bisschen mehr als doppelt so viel. Nur einmal ein bisschen das Verhältnis der Zahlen, die wir da haben. Vielleicht auch ein bisschen zum Verständnis: Die Zuwendungen an sonstige Sportförderungsmaßnahmen, Zuwendungen an Vereine und Verbände, unter denen das jetzt gefördert wird, die laufen mit 519.000,– Euro. Das ist für mich der nächste Punkt, warum ist das nicht im Budget drinnen, bitte. Insgesamt die Sportausgaben machen 8 Mio. aus und 1,6 Mio. tun wir jetzt einfach so irgendwie dazuschwindeln. Also das ist schon einmal ein Grund, wo ich jetzt sage, entschuldige, das ist nicht zu rechtfertigen. Noch ein weiterer Vergleich – Sportzahlen: Für die ganzen Jugend-Vereine, Jugendheim und Jugendheimorganisation haben wir 1,25 Mio. übrig im Jahr. Nur einmal als Vergleich gegenüberzustellen. Und wir haben da eine Erhöhung gefordert im Budget und wir haben heute auch schon wieder gehört: Geld ist beschränkt, wir können nicht so viel ausgeben. Warum ist es da dann kein Problem, Geld auszugeben? Mit welcher Berechtigung sagen wir, wir brauchen unbedingt so einen Verein? Wo ist die nächste Verordnung? Müssen wir dann in der ersten Division auch einen Verein haben? Haben wir momentan auch keinen. Oder wäre es vielleicht eh gescheiter, wenn der Verein absteigt, dann haben wir die ersten Divisionen, wäre auch eine Lösung." (**Abg. Gasteiger:** „Jetzt reicht es aber!") „Ist es euch eigentlich bewusst? Sie schreiben also da: ‚Die Bedeutung des Sportes wird insbesonders durch die Arbeit des Tiroler

Fußballverbandes mit ca. 30.000 Mitgliedern in 747 Vereinen, 939 Mannschaften bestätigt'. Stimmt, nur ist euch bewusst, wie viele Eltern, wie viele Betreuer ehrenamtlich zur Förderungsunterstützung der Nachwuchsarbeit unterwegs sind und froh sind, wenn sie überhaupt Jause bezahlt bekommen? Die müssen immer betteln, wenn sie nur einen oderzwei Schilling mehr kriegen. Da stimmen einfach die Verhältnisse nicht, was da gefördert wird mit 1,6 Mio. Euro. Das ist mit nichts zu rechtfertigen. Wenn sich also Stronach oder Matteschitz oder wer immer einen Fußballverein leisten wollen, sollen sie es machen. Aber es kann nicht Aufgabe des Landes sein, sich einen Profi-Klub zu halten. Danke!" (Beifall von GRÜNER Seite!)

Präsident Prof. Ing. Mader: „Ich sehe keine weitere Wortmeldung. Die Frau Berichterstatterin begehrt kein Schlusswort. Ich lasse abstimmen. Wer dem durch die Frau Berichterstatterin vorgetragenen Antrag des Finanzausschusses zur Regierungsvorlage betreffend Sonderförderung FC Wacker Innsbruck die Zustimmung erteilt, den bitte ich um ein Zeichen mit der Hand. Gegenprobe? Gegen die Stimmen der Grünen-Fraktion mehrheitlich genehmigt. Danke, Frau Berichterstatterin."

Die Geschichte des Tivoli

Bereits im Jahr 1902 wurde auf der Wiese nahe der Sill ein Gasthaus mit dem Namen „Tivoli“ errichtet. Abgeleitet wurde der Begriff von der Stadt Tivoli, östlich von Rom, die für ihre Parkanlagen und Wasserspiele bekannt war. 1904 erwarb die Stadt Innsbruck das Eigentum an den Gründen vom bisherigen Eigentümer. Das Gebiet zwischen Pradl und Amras wurde in „Gestöße“ eingeteilt. Am 13. Feber 1913 beschloss der Innsbrucker Gemeinderat die Errichtung des „Sportplatzes an der Sill“. Während des Ersten Weltkrieges war der Platz mit Baracken verbaut, nach der Sanierung wurde die Anlage im Mai 1925 feierlich eröffnet. Das Fußballspiel zwischen Salzburg und Innsbruck endete mit einem 3:1-Erfolg für Salzburg. Während des Zweiten Weltkrieges wurde der Rasenplatz durch 67 Bombentrichter verwüstet.

Torjubel beim FC Wacker Innsbruck: Perstaller, Burgic, Abraham, Schreter, Hauser, Pichler

Am 29. Juli 1947 fand das erste Fußball-Nachtspiel in Innsbruck statt. Der Innsbrucker Sportklub siegte gegen eine Schweizer Mannschaft mit 5:0. Der FC Wacker Innsbruck trug sein Jubiläumsturnier anlässlich 35 Jahre am 5. September 1948 im Tivolisportplatz aus.

Ab dem Herbst 1948 wurde an der Errichtung eines neuen Stadions gearbeitet. Das Stadion befand sich im vierten Gestöß, dem sogenannten Silbergestöß. Für die Errichtung der Tribünenkegel wurden über 15.000 m^3 Bruchmaterial aus den Bombenruinen des Hotel Tyrol aufgeschüttet. Als Besonderheit wurden erstmalig in Österreich runde Torstangen montiert. Nach 531 Arbeitstagen fand am 2. August 1953 mit einem Freundschaftsspiel zwischen Nîmes und Rapid Wien die Eröffnung statt. 16.000 Fans verfolgten dieses Spiel zwischen der Wiener Mannschaft, die nach 20 Jahren wieder in Innsbruck gastierte, und dem französischen Fußballteam. Bis zum Jahr 1955 nahmen die Franzosen in der Besatzungszeit weitreichend und positiv Einfluss auf die gesellschaftliche Entwicklung in Tirol. Offiziell wurde das Stadion als „Alpenstadion" bezeichnet. Am 10. Mai 1961 wurde nebenan das Tivoli-Freischwimmbad eröffnet.

Eine Besonderheit am Rande: Im Oktober 1953 wurde der Wackerplatz eröffnet (er war der Vorgänger der Sportanlage Wiesengasse).

Am 7. Juni 1954 traf die österreichische Nationalmannschaft auf ein Arlberg-Liga-Team. 15-mal netzte die Mannschaft, die bei der Weltmeisterschaft den dritten Platz erreichte, ein. Den Ehrentreffer erzielte Ernst Happel, als er unvermutet aus rund 40 Metern Walter Zeman überraschte.

Mit dem Start von Wacker Innsbruck in der Saison 1964/1965 folgte auch der Höhenflug des Tivoli-Stadions. Heimpremiere in der Staatsliga war am 29. August 1964 mit dem Spiel Wacker Innsbruck gegen Rapid.

Am 19. August fand das letzte Bundesligaspiel im Tivoli statt. Der FC Tirol Milch Innsbruck traf auf den

SV Wüstenrot Salzburg. Ein ausverkauftes Haus sorgte für Stimmung bei diesem Westderby in der achten Runde der Saison. Radoslav Gilewicz erzielte in der 29. Minute den Führungstreffer für den FC Tirol und Edi Glieder stellte in der 38. Minute den 2:0-Endstand im sogenannten „Tirol-Milch-Stadion im Tivoli" her. Um 21 Uhr 20 endete die Bundesligazeit für das Tivoli-Stadion. Im schwarz-grünen Bundesligadress waren Stani Tschertschessow, Walter, Kogler, Roli Kirchler, Markus Anfang, Jerzy Brzeczek, Michi Baur, Radoslav Gilewicz, Markus Scharrer, Ali Hörtnagl, Oliver Prudlo, Stefan Marasek, Edi Glieder, Zoran Barisic und Wolfi Mair im Einsatz. Auf der Ersatzbank waren Tommy Grumser, Stefan Köck, Reini Harrasser und Andi Schiener.

Ein Abschiedsgeschenk gab es vom Verein an die Fans. Die Eintrittskarten für das Spiel gegen Salzburg hatten die gleichen Preise wie vor 30 Jahren. Das bedeutete: eine Stehplatzkarte kostete 10 Schilling. Die Fans der Nordtribüne verabschiedeten sich mit einem 20 Meter langen Transparent mit der Devise „www.tivoli.ade 1953 – 2000".

Am 17. Feber 1999 erfolgte der Spatenstich für das Tivoli-Neu. Der Bau des neuen Sport- und Freizeitparks namens Tivoli wurde mit Geldern der Stadt Innsbruck, Tirol und der Republik Österreich finanziert. Bauherr war die ISpA (Innsbrucker Sportanlagen Errichtungs- und Verwertungs GmbH). Das neue Tivolistadion hatte ein Fassungsvermögen von 17.400 Plätzen inklusive überdachter Sitze und Stehtribünen. Intensiv wurde von den Vertretern der Nordtribüne der Stehplatzbereich auf der Nord eingefordert. Für die UEFA-Europameisterschaft wurde das Fassungsvermögen auf 32.000 Zuschauer erhöht, dazu wurden eigens drei zusätzliche Tribünen für dieses Turnier konstruiert, die nach den drei Spielen wieder entfernt wurden. Neben Bürobereichen, VIP-Bereich und Kabinentrakt auf der Westseite des Stadions gibt es auf der Ostseite die Kletterhalle sowie diverse Geschäfts- und Bürobereiche.

Das Tivoli-Alt wurde bis zum Abriss aber noch weiter benutzt, und die SPG Wattens/Wacker spielte das letzte Spiel gegen die SPG Rum/IAC in der Regionalliga West als Auswärtsmannschaft im Tivoli-Alt.

Die Eröffnungsfeierlichkeiten des „Tivoli-Neu“ am 8. September 2000 sorgten für den Aufmarsch zahlreicher Prominenz aus Politik und Wirtschaft und für das Schlagerspiel zwischen dem FC Tirol und dem SK Rapid Wien. Als in der 91. Minute Maxl Scharrer per Kopf das 1:0 für Innsbruck erzielte, feierte er den Torjubel mit seinem ausgezogenen Leibchen vor den 13.966 Fans. Schiedsrichter Günter Benkö verwarnte den Innsbrucker, und als Scharrer zum Wiederanpfiff des Spiels seinen Fuß im Anstoßkreis hatte, gab es Gelb-Rot vom Schiedsrichter. Überhaupt hatte Benkö an diesem Tag seine Karten locker sitzen, fünfmal gelb, zweimal Gelb-Rot und einmal direkt Rot sind die statistischen Daten dieser Partie. Das Eröffnungsspiel bestritt der FC Tirol Milch Innsbruck mit: Tschertschessow, Wazinger, Kirchler, Anfang (Brzeczek), Baur, Hörtnagl, Prudlo (Glieder), Knavs, Scharrer, Marasek, Mair (Sturm)

Der Start in die Saison 2010/2011

Sonntag, 18. Juli 2010: Um 16 Uhr pfeift Schiedsrichter Robert Schörgenhofer die tipp3-Bundesliga powered by T-Mobile für den FC Wacker Innsbruck im Tivoli an. Zu Gast ist Rekordmeister SK Rapid Wien und 13.465 Fans verfolgen den Bundesligaauftakt des FC Wacker auf dem heimischen Rasen.

In der achten Minute gibt es ein Kopfballduell zwischen Boris Prokopic und Mario Sonnleitner. Während die Fans auf den Foulpfiff des Schiedsrichters warten, springt der Ball weiter zu Marcel Schreter und die Nummer 13 übernimmt den Ball mit links und trifft in der neunten Minute zur 1:0-Führung für den FC Wacker Innsbruck. Mit diesem Ergebnis werden die Seiten gewechselt.

Alex Hauser in Schwarz-Grün: Mit 16 zog es ihn nach Schottland, jetzt spielt er wieder bei Wacker

Miran Burgic blockt in der 67. Minute Rapid-Verteidiger und Ex-Wacker-Spieler Hannes Eder. Der Wacker-Stürmer geht bis zur Grundlinie und spielt auf den mitlaufenden Fabian Koch und die Nummer elf des FC Wacker Innsbruck erzielt vor der Nordtribüne das 2:0.

In der 82. Minute wieder Jubel im Tivoli. Julius Perstaller spielt ideal auf Marcel Schreter, und der trifft ins Kreuzeck zur 3:0-Führung für den FC Wacker Innsbruck.

In der 93. Minute stellt Thomas Löffler den Endstand her. In seinem ersten Bundesligaspiel zieht er alleine aufs Tor und lässt Rapid Tormann Raimund Hedl keine Chance.

Endstand im Tivoli: FC Wacker Innsbruck gegen SK Rapid Wien 4:0.

Das Spiel in der zweiten Runde zwischen Red Bull Salzburg und dem FC Wacker Innsbruck in der Red Bull-Arena am 24. Juli muss wegen Regen und Unbespielbarkeit des neuen Rasens verschoben werden.

Am 1. August kommt es im Tivoli zum Spiel zwischen dem FC Wacker Innsbruck und SK Puntigamer Sturm Graz. In der 21. Minute bringt die Nummer 13 den FC Wacker Innsbruck vor 13.536 Fans in Führung. Ein weiter Abschlag von Pascal Grünwald wird von Fabian Koch auf Marcel Schreter gespielt. Der lässt mit seinem Schuss Sturm-Tormann Christian Gratzei keine Chance. Sturm kann aber in der 38. Minute den Ausgleich erzielen und geht in der 41. Minute mit 2:1 in Führung.

Nach dem Seitenwechsel spielt der FC Wacker Innsbruck auf die Nordtribüne und die grün-schwarzen Chancen häufen sich. In der 76. Minute geht nach einem Eckball die Hand von Sturm-Verteidiger und Ex-Wacker-Spieler Ferdinand Feldhofer zum Ball und Schiedsrichter Harald Lechner entscheidet auf Elfmeter. Marcel Schreter erzielt den 2:2-Ausgleichstreffer und den Endstand in diesem Spiel.

Am 7. August muss der FC Wacker Innsbruck erstmals auswärts antreten. Im Pappelstadion wartet der

SV Mattersburg. 3.511 Zuseher sehen eine torlose erste Halbzeit und in der 81. Minute die in Orange spielenden Innsbrucker durch Andreas Bammer mit 1:0 in Führung gehen. Marcel Schreter spielt den Ball ideal in den Lauf von Bammer und dieser lässt dem Mattersburg-Tormann Borenitsch keine Chance. Nur drei Minuten später erhöht Julius Perstaller auf 2:0. Ein Abwehrversuch per Kopfball landet bei der Nummer 22 des FC Wacker Innsbruck, der mit diesem Tor auch den 2:0-Endstand fixiert.

In der fünften Runde der Saison ist am 21. August LASK Linz zu Gast. Der FC Wacker Innsbruck ist als Tabellenzweiter gegen die punktelosen Linzer Favorit. Als Trainer beim LASK ist Helmut Kraft tätig. 11.500 Fans verfolgen das Spiel im Tivoli. Die erste Halbzeit endet torlos. In der zweiten Hälfte muss der FC Wacker Innsbruck Richtung Südtribüne spielen. In der 56. Minute flankt Boris Prokopic in den Strafraum vom LASK und Miran Burgic ist mit dem Kopf zur Stelle. Es ist dies der erste Treffer des Wacker-Stürmers mit der Rückennummer neun im Tivoli-Stadion. In der 89. Minute verwandelt Boris Prokopic einen Freistoß herrlich zum 2:0-Endstand.

Orange Leibchen, schwarze Hosen. So läuft der FC Wacker Innsbruck im Horr-Stadion gegen FK Austria Wien in der sechsten Runde am 29. August 2010 ein. Nach einer torlosen ersten Hälfte in der 68. Minute ein perfekter Konter. Abraham auf Perstaller, der zu Marcel Schreter – und es steht 1:0. In der 76. Minute: Weiter Abschlag von Pascal Grünwald, Miran Burgic setzt sich durch, Julius Perstaller verwertet den Abpraller zum 2:0. 80. Minute: Marcel Schreter erkämpft den Ball, tankt sich durch und seinen Pass verwertet Boris Prokopic zum 3:0. Der FC Wacker Innsbruck besiegt die Austria mit 3:0, der erste volle Erfolg seit dem 10. Oktober 2001.

Der Kader des FC Wacker Innsbruck 2010/2011

Im Wacker-Tor

Pascal Grünwald, Rückennummer 1, geb. 13.11.1982. Grünwald spielte für die Vereine SPG Wattens/Wacker, Red Bull Salzburg und SV Pasching, ehe er 2007 wieder zum FC Wacker Innsbruck wechselte.

Harald Planer, Rückennummer 30, geb. 24.12.1978. Von 1999 bis 2004 spielte Planer für den SV Wörgl, dann für den FC Wacker Tirol, FK Kufstein und die Red Bull Juniors Salzburg, ehe er 2008 wieder zum FC Wacker Innsbruck wechselte.

Fabian Schumacher, Rückennummer 20, geb. 16.3.1987. Schumacher spielte vor dem FC Wacker Innsbrucker

Der Teller in den Händen des FC Wacker Innsbruck: Alex Hauser mit dem Meisterteller

beim Innsbrucker AC und dem SV Hall. Schumacher kommt beim FC Wacker Innsbruck II zum Einsatz

Martin Siding, Rückennummer 27, geb. 27.10.1993, ist der vierte Tormann des FC Wacker Innsbruck und kommt beim FC Wacker Innsbruck II zum Einsatz.

Die „wackere" Verteidigung

Inaki Bea Jauregi, Rückennummer 2, geb. 27.6.1978. Der im Baskenland (Amurrio) geborene Inaki spielte für SD Amorebieta, Amurrio CF, Ciudad de Murcia, Lorca Deportiva, Real Valladolid und Real Murcia, ehe er 2010 zum FC Wacker Innsbruck wechselte.

Georg Harding, Rückennummer 4, geb. 30.8.1981. Harding spielte beim FC Kärnten, Treibach, DSV Leoben, Rapid Wien und seit 2009 für den FC Wacker Innsbruck.

Dario Dakovic, Rückennummer 5, geb. 20.4.1987. Dakovic spielte im BNZ Tirol, für den FC Wacker Innsbruck, WSG Swarovski Wattens, FC Wacker Innsbruck, SV Hall und seit 2008 wieder beim FC Wacker Innsbruck.

Alexander „Alex" Hauser, Rückennummer 7, geb. 23.6.1984. Hauser spielte beim BNZ Tirol und wechselte zu den Glasgow Rangers. Dann spielte er in Bregenz, Pasching, Schwanenstadt, Pasching, Hartberg, Kärnten, Austria Magna und wechselte 2009 zum FC Wacker Innsbruck.

Martin „Schweini" Svejnoha, Rückennummer 8. Svejnoha spielte für FC Viktoria Pilsen, Slovensky Senica, 1. FC Slovako, 1. FC Brno und seit 2009 beim FC Wacker Innsbruck.

Andreas „Andi" Schrott, Rückennummer 14, geb. 24.8.1981. Der gebürtige Haller spielte beim FC Wacker Tirol,

GAK und ist seit 2006 beim FC Wacker Innsbruck. Nach einer Leisten- und Hüftoperation hat Andi das Individualtraining abgeschlossen und steht wieder im Training.

Harald Pichler, Rückennummer 17, geb. 18.6.1987. Pichler spielte bei AKA Austria Kärnten, SV Feldkirch, Red Bull Juniors Salzburg und ist seit 2010 beim FC Wacker Innsbruck.

Marco Kofler, Rückennummer 23, geb. 8.5.1989. Kofler wechselte vom FC Wacker II zum FC Wacker Innsbruck.

Das schwarz-grüne Mittelfeld

Tomas Abraham, Rückennummer 3, geb. 18.4.1979. Abraham spielte für den 1. FC Brno, Denizlispor, Skoda Xanthi, 1. FC Slovacko und seit 2010 für den FC Wacker Innsbruck.

Bülent Kaan Bilgen, Rückennummer 6, geb. 5.4.1977. Der Doppelstaatsbürger spielte für Schwaz, Wacker Innsbruck, Kocaelispor, Belediyespor und seit 2008 für den FC Wacker Innsbruck.

Ernst Öbster, Rückennummer 10, geb. 17.3.1984. Öbster spielte für Bischofshofen, AKA Salzburg, Austria Salzburg, LASK, Red Bull Juniors Salzburg, Red Bull Salzburg, Red Bull New York und seit 2010 für den FC Wacker Innsbruck.

Fabian Koch, Rückennummer 11, geb. 24.6.1989. Koch spielte beim BNZ Tirol und kam 2008 zum FC Wacker Innsbruck.

Marco Köfler, Rückennummer 15, geb. 14.11.1990. Köfler wechselte von Waidhofen/Ybbs 2009 zum FC Wacker Innsbruck.

Boris Prokopic, Rückennummer 24, geb. 29.3.1988. Prokopic spielte bei Horn, AKA Rapid und bei den Rapid Amateuren und wechselte 2010 auf Leihvertragsbasis zum FC Wacker Innsbruck.

Thomas Löffler, Rückennummer 25, geb. 1.5.1989. Löffler spielte für Fritzens und den SV Hall und wechselte 2008 zum FC Wacker Innsbruck.

Benjamin Pranter, Rückennummer 26, geb. 22.9.1989. Pranter spielte für das BNZ Tirol und WSG Swarovski Wattens und ist seit 2009 beim FC Wacker Innsbruck.

Muhammed „Momo" Ildiz, Rückennummer 29, geb. 14.5.1991. Ildiz spielte bei Red Star Penzing, AKA Rapid, den Rapid Amateuren und ist auf Leihvertragsbasis mit Rapid Wien seit 2010 beim FC Wacker Innsbruck.

Der Wacker-Sturm

Miran Burgic, Rückennummer 9, geb. 25.9.1984. Burgic spielte für ND Hit Gorica, AIK Stockholm und seit 2010 beim FC Wacker Innsbruck.

Marcel Schreter, Rückennummer 13, geb. 29.9.1981. Der Telfer begann seine Karriere beim SV Telfs und ist seit 2002 mit SPG Wattens/Wacker durchgehend im schwarz-grünen Dress am Spielfeld.

Lukas „Hansi" Hinterseer, Rückennummer 16, geb. 28.3.1991. Hinterseer begann beim BNZ Tirol und wechselte 2009 vom FC Wacker II zum FC Wacker Innsbruck.

Andreas Bammer, Rückennummer 18, geb. 18.7.1984. Bammer spielte für SV Gmunden, Ried, Wels, Schwanenstadt und Altach. Seit 2010 ist Bammer beim FC Wacker Innsbruck.

Julius Perstaller, Rückennummer 22, geb. 8.4.1989. Perstaller spielte beim BNZ Hall, Wacker, SV Hall und seit 2008 beim FC Wacker Innsbruck.

Das Trainerteam

Walter „Kogsi“ Kogler, geb. 12.12.1967. Der Werdegang von Walter Kogler wird ausführlich bei den Trainern beschrieben

Florian „Flo“ Klausner, geb. 16.8.1981. Co-Trainer beim FC Wacker Innsbruck seit Juli 2008. Der Tiroler hat das Studium der Sportwissenschaften abgeschlossen und war ab 2004 Individualtrainer beim FC Wacker. Flo hat die A-Lizenz als Trainer und spielte unter anderem für Wörgl, Kufstein, Wattens und ISK.

Walter De Vora, geb. 17.9.1970. De Vora ist seit 2003 Tormanntrainer des FC Wacker. De Vora begann seine Karriere als Tormann beim FC Swarovski Tirol unter Trainer Ernst Happel. Beim FC Wacker Tirol war Walter auch noch als Spieler gemeldet.

Wolfgang Leitenstorfer, Professor, geb. 19.7.1952. Der Konditionstrainer ist seit 1985 durchgehend bei Schwarz-Grün für die Fitness der Mannschaft verantwortlich. Begonnen hat er als U21-Trainer, war unter Latzke Co-Trainer, 1999 bestellte Kurt Jara Wolfi zum Konditionstrainer der Mannschaft.

Stefan Rapp, geb. 10.2.1972. Der ehemalige Spieler der SPG Wattens/Wacker schlug 2008 eine Karriere als Trainer ein, u.a. war Rapp Trainer beim SV Absam und SC Schwaz. Seit 1.9.2010 ist Rapp als Individualtrainer beim FC Wacker Innsbruck.

Im Betreuerteam

Hans Fischnaller, seit 2010 Masseur;
Sascha Sonnweber, seit 2008 Zeugwart;
Simon Egger, seit 2010 Physiotherapeut.

Der Kader 2002 und wo die Spieler jetzt zu finden sind

Pascal Grünwald (kehrte 2007 zum FC Wacker Innsbruck zurück), **Helmut Bischofer** (SK Casino Seefeld), **Hannes Eder** (SK Rapid Wien), **Christoph Paris** (SV Hall), **Daniel Bierent** (beendete seine Spielerkarriere), **Alfred Hörtnagl** (SK Rapid Wien, sportlicher Direktor), **Christian Kellner** (SC Schwaz), **Dennis Mimm** (SpVgg Unteraching, D), **Harald Schroll** (SC Schwaz), **Damir Djulic** (SV Völs), **Flo Mader** (SV Ried), **Anton Gogl** (beendete seiner Spielerkarriere), **Marcus Hanikel** (Trenkwalder Admira), **Marcel Schreter** (durchgehend bei Schwarz-Grün!), **Andreas Schrott** (kehrte 2007 zum FC Wacker Innsbruck zurück), **Hannes Aigner** (SC Wiener Neustadt), **Herbert Ramsbacher** (SPG Götzens Axams), **Bernd Windisch** (FC Gratkorn), **Christoph Damm** (beendete seiner Spielerkarriere), **Matthias Riedl** (FC Dornach Axams, Obmann-Stellv.), **Stefan Rapp** (Individualtrainer beim FC Wacker Innsbruck), **Robert Wazinger** (Co-Trainer WSG Swarovski Wattens) und **Samuel Koejoe** (SV Reutte).

Die FC-Wacker-Familie

Eine Erfolgsgeschichte ist das Auftreten des FC Wacker Innsbruck 1b (FC Wacker Innsbruck II, FC Wacker Innsbruck Amateure). Mit Genehmigung des Tiroler Fußballverbandes startet der FC Wacker Innsbruck II in der Saison 2008/2009 in der UPC Tiroler Liga.

Auftakt der Saison ist am 26. Juli 2008 in Fügen. Mit dem Kader Dominik Bichler, Sebastian Siller, Alexander Götsch, Matthias Gebauer, Fabian Koch, Niklas Lercher, Patrick Kapferer, Thomas Löffler, Thomas Perstaller, Tommy Grumser, Mathias Gstrein sowie auf der Ersatzbank Nazli Önder, Mario Jankovic, Florian Topitsch, Hannes Alphons und Marco Kofler kann Wacker-Trainer Roli Ortner die ersten drei Punkte ergattern. Durch ein Eigentor sowie die Treffer von Niklas Lercher (77.), Tommy Grumser (86.)

Jubelstimmung beim FC Wacker Innsbruck: Harding, Löffler, Schreter, Schrott, Planer

und Mathias Gstrein (89.) siegt der FC Wacker Innsbruck II mit 4:1.

Am 3. August 2008 kommt es zur Heimpremiere des FC Wacker Innsbruck II im Tivoli W1. Vor 213 Zusehern spielen Dominik Bichler, Sebastian Siller, Marco Kofler, Daniel Stern, Fabian Koch, Niklas Lercher, Patrick Kapferer, Thomas Löffler, Thomas Perstaller, Tommy Grumser, Mathias Gstrein. Auf der Ersatzbank sind Harald Planer, Daniel Niederjaufner, Florian Topitsch, Hannes Alphons und Nazli Önder. Der FC Wacker Innsbruck II gewinnt gegen den SC Kirchberg mit 5:0. Mathias Gstrein mit drei Toren (9., 65. und 75. Minute) sowie Marco Kofler (73.) und Fabian Koch (76.) erzielen die Tore.

Bereits am 23. August 2008 gibt es die einzige Saisonniederlage für den FC Wacker Innsbruck II. In der fünften Runde muss Wacker in der XXWin-Arena Kundl gegen den SC Kundl antreten. 220 Zuseher sehen drei Treffer der Kundler Mannschaft und nur ein Tor von Tommy Grumser in der 19. Minute für den FC Wacker. Kundl gewinnt mit 2:1.

Am 5. Juni 2009 gibt es das letzte Heimspiel des FC Wacker Innsbruck II in der Saison gegen den SV basecamp Matrei. Vor 100 Zusehern siegt der FC Wacker am Kunstrasen Wiesengasse A mit 3:2. Benjamin Schaber (54.) und Tommy Grumser (66.) können die jeweilige Führung von Matrei ausgleichen. Simon Zangerl erzielt in der 90. Minute den 3:2-Siegestreffer für FC Wacker Innsbruck II.

Das letzte Spiel der UPC Tiroler Liga Saison 2008/2009 bestreitet der FC Wacker Innsbruck II am 12. Juni 2009 am Sportplatz Telfs gegen den SV Telfs. Simon Zangerl kann in der 75. Minute den Ausgleich für den FC Wacker Innsbruck II erzielen und Benjamin Schaber trifft in der 90. Minute zum 2:1-Siegestreffer. Wacker Trainer Roli Ortner lässt folgende Mannschaft spielen: Dominik Bichler, Daniel Stern, Sebastian Siller, Benjamin Schaber, Florian Jamnig (ab 85. Minute Harald Cihak), Nazli

Önder (ab 55. Minute Florian Toplitsch), Tommy Grumser, Mladen Kaloperovic, Simon Zangerl, Patrick Kapferer (ab 73. Minute Daniel Marasek) und Thomas Perstaller.

Mathias Gstrein ist mit 24 Toren der beste Wacker-II-Torschütze und liegt in der Torschützenliste auf dem zweiten Platz. Tommy Grumser erzielt 18 Tore. Simon Zangerl 13, Thomas Perstaller neun Treffer, Marco Kofler 7, und Lukas Hinterseer 4. Insgesamt treffen die Wacker-Spieler 95-mal in das gegnerische Gehäuse und müssen nur 19 Gegentreffer hinnehmen. Nach 30 Runden liegt der FC Wacker Innsbruck II mit 25 Siegen, vier Unentschieden und nur einer Niederlage mit 79 Punkten an der Tabellenspitze und steigt in die Regionalliga West auf.

Im TFV Kerschdorfer Tirol Cup 2008/2009 zieht der FC Wacker Innsbruck II ins Finale ein. In der ersten Runde wird in Weerberg der SV Weerberg mit 2:0 besiegt. Neben einem Eigentor trifft Sandro Samwald in der 88. Minute für den FC Wacker Innsbruck II. In Runde zwei trifft der FC Wacker in Buch auf den FC Buch. Dank Toren von Mathias Gstrein (5.), Alexander Gosch (12.), Simon Zangerl (16. ,36.), Hannes Alphons (46.) und Daniel Niederjaufner (54.) siegt der FC Wacker Innsbruck II mit 6:0. In Runde drei wartet der SK Hippach im Lindenstadion in Hippach auf den FC Wacker. Simon Zangerl in der 50. Minute und Alexander Gosch in der 71. Minute treffen zum 2:1-Erfolg für den FC Wacker. Im Achtelfinale trifft der FC Wacker am Kunstrasen Wiesengasse A auf den Sportverein Innsbruck. 125 Zuseher sehen die Treffer von Mladen Kaloperovic in der 49. Minute und Patrick Kapferer in der 83. Minute zum 2:0-Erfolg. Im Viertelfinale am 6. Mai 2009 stehen sich im Tivoli-Stadion der FC Wacker Innsbruck II und die SPG Reichenau/Union gegenüber. 241 Zuschauer sehen einen 4:0-Erfolg der Wacker-Mannschaft. Thomas Perstaller in der 12., Lukas Hinterseer in der 58., Patrick Kapferer in der 83. und Simon Zangerl in der 85. Minute treffen für den FC Wacker II. Das Halbfinale zwischen dem FC Wacker Innsbruck II und dem Innsbrucker AC geht am 13. Mai 2009 am Sportplatz Kematen über die Bühne. 150 Zuschauer sehen die Tore von Tommy Grumser in der 25. und Simon Zangerl in der 34. Minute.

Am 2. Juni 2009 findet im Parkstadion Zell/Ziller das Finale des TFV Kerschdorfer Tirol Cup 2008/2009 zwischen dem SC Schwaz und FC Wacker Innsbruck II statt. 1.000 Zuschauer sehen in der 29. Minute durch Markus Deutsch die Führung der Schwazer. Tommy Grumser gleicht in der 33. Minute zum 1:1 aus. Knapp vor Schluss erzielt Sebastian Huber (89.) den 2:1-Siegestreffer für den SC Schwaz. Wacker-Trainer Roli Ortner lässt folgende Mannschaft im Finale spielen: Fabian Schumacher, Marco Kofler, Thomas Löffler, Sebastian Siller, Simon Zangerl, Hannes Oberortner, Niklas Lercher, Tommy Grumser, Patrick Kapferer (ab 75. Minute Nazli Önder), Lukas Hinterseer und Thomas Perstaller. Auf der Ersatzbank sind Dominik Bichler, Florian Jamnig, Daniel Marasek und Mladen Kaloperovic mit dabei.

Die Saison 2009/2010 bestreitet der FC Wacker Innsbruck II in der Regionalliga West. Nach 30 Runden liegt das Team von Roli Ortner auf dem vierten Tabellenrang. 16 Siege, fünf Unentschieden und neun Niederlagen führten zu 53 Punkten in der Tabelle. Das Torverhältnis liegt bei 64:46 Treffern.

Auftakt in die Saison ist am 24. Juli 2009 mit dem Derby gegen die SPG Axams-Götzens im Ruifachstadion in Axams. Trainer Roli Ortner lässt folgendes Team auflaufen: Fabian Schumacher im Tor, Marco Kofler, Florian Jamnig (ab 79. Minute Daniel Einkemmer), Thomas Grumser, Florian Toplitsch (ab 45. Minute Benjamin Schaber), Nazli Önder (ab 60. Minute Patrick Kapferer), Simon Zangerl, Thomas Perstaller, Mathias Gstrein, Dario Dakovic und Thomas Löffler. Auf der Ersatzbank sind weiters Dominik

Bichler und Mladen Kaloperovic. Tommy Grumser bringt den FC Wacker Innsbruck II in der 17. Minute vor 400 Zusehern mit 1:0 in Führung. Flo Schwarz kann den Ausgleich erzielen, aber Mathias Gstrein trifft in der 70. Minute zum 2:1-Siegestreffer.

Die Tiroler Derbys für den FC Wacker Innsbruck II in dieser Saison enden mit einem 1:1 am 21. August 2009 in Kufstein. Am 30.8. gibt es im Tivoli W1 eine 0:1-Heimniederlage gegen die SPG Reichenau/Union. Am 23.9.2009 gibt es eine 0:2-Niederlage gegen WSG Swarovski Wattens im Alpenstadion, am 16.10.2009 einen 1:0-Erfolg gegen den SC Schwaz in Schwaz. Am 8. November 2009 wird die SPG Axams-Götzens mit 3:1 besiegt. Kufstein wird im Tivoli W1 am 3. April 2010 mit 2:0 besiegt. Auf dem Sportplatz in der Reichenau gibt es am 10. April 2010 eine 1:2-Niederlage gegen die SPG Reichenau/Union. Im Tivoli W1 wird am 2. Mai 2010 die WSG Swarovski Wattens mit 1:0 besiegt. Am 30. Mai 2010 siegt der FC Wacker Innsbruck II gegen den SC Schwaz im Tivoli W1 mit 5:0.

Das letzte Saisonspiel des FC Wacker Innsbruck II am 4. Juni 2010 endet mit einer 1:5-Heimniederlage gegen den SV Seekirchen.

Im TFV Kerschdorfer Tirol Cup startet der FC Wacker Innsbruck II am 5. August 2009 am Kunstrasenplatz Besele gegen den SK Wilten. Durch je einen Doppelpack von Florian Toplitsch und Simon Zangerl sowie Treffer von Marco Kofler und Benjamin Schaber gewinnt der FC Wacker Innsbruck II mit 6:0. In der zweiten Runde trifft die Mannschaft auf den SV Schönberg. 200 Zuschauer verfolgen das Spiel am 11. August 2009 und sehen einen 4:1-Erfolg des FC Wacker Innsbruck II. Simon Zangerl, Florian Toplitsch, Daniel Marasek und Patrick Kapferer treffen für den FC Wacker. Die dritte Runde wird am 25. August 2009 ausgetragen und der FC Wacker trifft auf den SV Neustift. Auf dem Sportplatz Kampler See siegt der FC Wacker mit 4:1.

Für die Tore sorgen Thomas Perstaller, Simon Zangerl, Benjamin Schaber und ein Eigentor. Im Achtelfinale spielt der FC Wacker Innsbruck II am 26. Oktober 2010 am Sportplatz Kitzbühel. 150 Zuschauer sehen einen 3:1-Erfolg des FC Wacker gegen den FC Kitzbühel. Simon Zangerl, ein Eigentor und Benjamin Schaber sind für die Tore verantwortlich. Im Viertelfinale kommt es am 6. April 2010 zum Schlager zwischen dem WSG Swarovski Wattens und dem FC Wacker Innsbruck II. 200 Zuschauer sind im Alpenstadion mit dabei. Tommy Grumser bringt den FC Wacker in der 15. Minute mit 1:0 in Führung. Nach Treffern von Bojan Stojadinovic und Fabian Krismer erzielt Tommy Grumser in der 43. Minute den 2:2-Ausgleich. Nach dem Seitenwechsel geht der FC Wacker durch Simon Zangerl in der 53. Minute mit 3:2 in Führung. Nur zwei Minuten später kann aber Herbert Ramsbacher den Ausgleich erzielen. In der 69. Minute ist neuerlich Tommy Grumser zur Stelle und erzielt den 4:3-Siegestreffer für den FC Wacker Innsbruck II. Im Halbfinale trifft der FC Wacker Innsbruck II im Tivoli W1 am 24. Mai 2010 auf den FC Kufstein. Rund 100 Zuschauer sehen einen klaren 3:0-Erfolg des FC Kufstein, der auch das Finale gegen die SPG Reichenau/Union am 9.6.2010 in Schwaz nach Elfmeterschießen für sich entscheiden kann.

In der Saison 2010/2011 ist der FC Wacker Innsbruck II wieder in der Regionalliga West aktiv. Mit den Vereinen des FC Wacker, der SVG Reichenau und der Union Innsbruck hat sich Innsbruck zur heimlichen Hauptstadt der Regionalliga West entwickelt.

Das erste Spiel der Saison endet mit einem 2:2-Unentschieden gegen Union Innsbruck am Sportplatz Fennerkaserne. 300 Zuseher sehen die Wacker-Treffer von Marco Köfler und Simon Zangerl. Trainer Roland Ortner spielt mit folgender Mannschaft: Fabian Schumacher, Benjamin Schaber, Marco Köfler, Harald Cihak, Hubert Ganner (ab 64. Minute Simon Nimmervoll), Lukas Hinterseer, Tommy Grumser, Mladen Kaloperovic, Simon Zangerl, Benjamin Pranter und Alxander Fröschl (ab 58. Minute Florian Toplitsch). Mit dabei außerdem: Martin Siding, Florian Jamnig, Rupert Wildauer.

Roland Ortner und Benni Beiler als Co-Trainer betreuen seit Beginn den FC Wacker Innsbruck II. Enrico Leupold als Masseur, Sascha Sonnweber als Zeugwart und Karin Angermair für die Organisation runden das Team um den FC Wacker Innsbruck II ab.

Im Damenfußball ist der FC Wacker Innsbruck mit zwei Mannschaften vertreten. Vom IAC wurde die Bundesligamannschaft übernommen und daneben gib es noch die Damen-II-Mannschaft in der Zweiten Liga Mitte-West.

Im Mai 2009 wurde in der Öffentlichkeit der Fortbestand des Damenfußballs beim FC Wacker Innsbruck diskutiert. Im Rahmen von Sparplänen wurde die Fortführung in Frage gestellt. Nach zahlreichen Aktivitäten rund um den Frauenfußball konnte der Spielbetrieb aufrecht bleiben. In einem Interview mit der Tivoli12-Online-Redaktion am 17. August 2010 zum Thema Damenabteilung meint Wacker-Vorstandsmitglied Martin Weberberger: „Und jetzt kommen wir auch hier zu einem heikleren Thema: Die nachhaltige Verwurzelung des Damenfußballs beim FC Wacker Innsbruck. Ich kann nicht sagen, was in drei Jahren ist. Ich weiß nur, dass momentan die Damen überhaupt nicht zur Disposition stehen. Ich weiß, dass sie unter finanziellem Druck stehen, dass die Budgets in diesem Bereich gekürzt werden. Aber mit Horst Braun, dem Trainer und mir schaffen wir das auch mit einem verminderten Budget. Wir gehen bei den Damen auch sehr konsequent den Tiroler Weg. Es kommen sehr viele junge Tirolerinnen zu uns. Gerade gestern ist mir ein ganz junges Mädchen aufgefallen, das ist erst 14 Jahre alt, kommt aus Angerberg und dürfte normalerweise in der ersten Mannschaft gar nicht spielen, weil man dort erst ab 15 spielen darf. ... Für unseren Obmann Kaspar Plattner ist das kein Thema und ‚kein Thema' ist positiv zu bewerten. Die Damen stehen nicht zur Disposition. Sie sind ein Teil des FC Wacker Innsbruck. Das ist wichtig! Nur, wie man in den letzten Jahren gesehen hat: Obmänner kommen und gehen, Obmänner haben verschiedene Sichtweisen, ich hoffe aber, dass die Damen so als fixer Bestandteil des Vereins implementiert sind, dass sie keiner mehr in Frage stellt. Vor allem kommt man über kurz oder lang nicht am Damenfußball vorbei. In Deutschland haben die Teams der Ersten und Zweiten Bundesliga als Lizenzierungsauflage ein Damenteam zu unterhalten. Österreich ist in vielen Dingen ein wenig hinten nach, aber das wird auch noch kommen."

Als Hauptsponsor für das FC-Wacker-Innsbruck-Damenteam tritt das deutsche Traditionsunternehmen Katjes auf.

Die ÖFB-Frauenliga wird in einer Zehnerliga ausgetragen. In der Endtabelle der Saison 2009/2010 erreicht der FC Wacker Innsbruck den zweiten Rang. Im ÖFB Ladies Cup scheidet der FC Wacker Innsbruck in der dritten Runde gegen NÖ-SV Neulengbach (dem späteren Finalsieger) auf eigener Anlage aus. Auch in der Saison 2008/2009 erreicht der FC Wacker Innsbruck den zweiten Tabellenrang, ebenso in der Saison 2007/2008.

In der ersten Runde der Saison 2010/2011 am 7. August 2010 besiegt der FC Wacker Innsbruck vor 100 Zusehern am Sportplatz Wiesengasse C das Team der Union LUV Graz mit 4:3. Melanie Fischer kann in der 37. Minute den Anschlusstreffer zu 1:2 und Kerstin Höfler in der 53. Minuten den Anschlusstreffer zu 2:3 erzielen. In der 57. Minute erzielt Cäcilia Metzler das 3:3 und in der 67. Minute fixiert Melanie Fischer den 4:3-Siegestreffer. Am Spielfeld kamen Daniela Iraschko, Cäcilia Matzler, Stefanie Eigentler, Kerstin Höfler (ab 79. Minute Sabrina Prem), Katja Gatermayer (ab 31. Minute Stefanie Waibl), Sandra Hausberger, Anna Innerhuber, Anna Mederle (ab 45. Minute Jahaj Arbresha), Katharina Schiechtl, Sonja Pfaffeneder und Melanie Fischer zum Einsatz. Auf der Ersatzbank waren: Aysel Ridvanova Ahmedova und Daniela Bucher.

Auch die Zweite Liga Mitte-West ist eine Zehnerliga. In der Saison 2009/2010 erreichen die FC-Wacker-Innsbruck-Damen II den dritten Tabellenrang. 2008/2009 sichern sich die Wacker-Damen II den überlegenen Meisterschaftstitel in der Landesliga. Ohne Niederlage und mit dem Punktemaximum sowie dem beeindruckenden Torverhältnis von 151 Toren zu sieben Gegentreffern.

In der ersten Runde trifft der FC Wacker Innsbruck II auf der Wiesengasse B auf das Team von Heeres SV Wals. Trotz einer 2:0-Führung durch Tore von Lena Stockhammer in der 46. Minute und Daniela Bucher in der 49. Minute muss sich Wacker am Ende mit 2:3 geschlagen geben. Trainerin Alxandra Hohenbruck lässt folgende Damen spielen: Aysel Ridvanova Ahmedova, Stefanie Bader, Marie Therese Eigentler, Madlen Hackl (ab 60. Minute Maria Senkowsky), Daniela Bucher, Martina Maierhofer, Theresa Mederle (ab 38. Minute Sabrina Prem), Laura Hartlieb, Nicole Billa, Vanessa Pfister und Lena Stockhammer (ab 52. Minute Kathrin Kähler). Weiters auf der Wacker-Bank: Johanna Scheiber und Jessica Färber.

Breit gefächert ist die Nachwuchsabteilung des FC Wacker Innsbruck. Über den Kindergarten, U7, U8, U9, U10, U11, U12 und U13 lautet die Devise „Der FC Wacker Innsbruck freut sich auf dich“. Nachwuchsleiter des FC Wacker Innsbruck ist Christoph Aschenwald, Turnierkoordinator ist Martin Schneebauer.

Der FC Wacker Innsbruck ist erreichbar unter:

www.FCwackerinnsbruck.at,
Mail: office@wackerinnsbruck.at,
Tel. +43 (0) 512 588877-0

oder per Post an Stadionstraße 1 b,
A-6020 Innsbruck

Statistiken rund um den FC Wacker

Titeljäger in Österreich

Verein	Meister	Cup	Supercup	Gesamt
SK Rapid Wien	32	14	3	49
FK Austria Wien	23	27	6	56
Innsbruck	**10**	**7**	**0**	**17**
FC Admira Wacker	9	6	1	16
1. Vienna FC 1984	6	3	0	9
Red Bull Salzburg	6	0	3	9
Wiener Sportclub	3	1	0	4
SK Sturm Graz	2	4	3	9
GAK	1	4	2	7

Heimspiele von Innsbruck seit 1991*

Ort	Spiele	S	U	N	Zuseher
Tivoli	564	357	129	78	7.465
Tivoli Neu	104	49	28	27	8.8183
Wattens	2	2	-	-	5.750
Salzburg-Lehen	1	1	-	-	12.000

* (ohne Saison 2010/2011)

Spielbilanz Innsbruck seit 1911

Gegner	Spiele	S	U	N	Tore
Admira Wr. N.	002	02	00	00	006 – 000
Admira	118	58	28	32	201 – 143
Austria Klg.	042	27	06	09	083 – 043
Austria Ktn.	004	01	02	01	003 – 003

Gegner	Spiele	S	U	N	Tore
Austria Lust.	012	05	07	00	019 – 008
Austria Sbg.	110	50	28	32	174 – 122
Austria Wien	134	46	34	54	167 – 195
Bischofshofen	002	02	00	00	007 – 000
DSV Alpine	018	11	04	03	047 – 013
FavAC	004	00	04	00	002 – 002
FC Dornbirn	002	02	00	00	008 – 001
GAK	102	43	27	32	153 – 107
Kapfenberg	006	02	04	00	010 – 002
Kremser SC	006	04	00	02	015 – 010
LASK	092	48	23	21	168 – 107
Mödling	012	10	02	00	036 – 009
Neusiedl	004	03	01	00	014 – 001
Radenthein	006	06	00	00	017 – 003
Rapid Wien	134	38	41	55	166 – 207
SAK	002	02	00	00	004 – 000
SC Eisenstadt	026	18	04	04	054 – 024
SC Wr. Neust.	006	04	00	02	014 – 006
Schwechat	004	02	01	01	005 – 003
SCR Altach	008	01	03	04	005 – 009
Simmering	010	09	00	01	026 – 009
Sportclub	062	28	16	18	124 – 088
St. Pölten	022	11	10	01	041 – 021
Sturm Graz	126	58	29	39	197 – 138
SV Mattersb.	016	05	05	06	026 – 032
SV Pasching	012	04	06	02	015 – 013
SV Ried	040	18	09	13	047 – 041
SV Spittal	002	01	00	01	004 – 003
SV St. Veit	002	00	02	00	003 – 003
SW Bregenz	028	22	02	04	071 – 020
Union Wels	004	02	02	00	010 – 003
Vienna	052	31	09	12	096 – 043

Gegner	Spiele	S	U	N	Tore
VOEST Linz	062	28	13	21	088 – 064
Vorwärts Steyr	032	16	11	05	067 – 039
WAC	002	00	02	00	003 – 003
Wacker Wien	010	05	03	02	013 – 008
Wattens	006	02	03	01	014 – 009

Historische Siege (Heimspiele) 1911 bis 2010

Datum	Gastverein	Tore +	Tore -
22.05.1982	Austria Salzburg	9	0
16.09.2001	GAK	7	0
26.11.1983	Neusiedl	7	0
25.04.1987	Sturm Graz	7	1
14.04.1973	DSV Alpine	7	1
01.08.2001	Admira Wacker	6	0
28.05.1994	Sportclub	6	0
21.11.1992	Sportclub	6	0
29.05.1984	Sturm Graz	6	0
04.10.1975	GAK	6	0
23.11.1974	Austria Salzburg	6	0
02.05.1971	GAK	6	0
25.09.1965	Kapfenberg SV	6	0
14.04.1990	Rapid	6	1

Historische Siege (Auswärts) 1911 bis 2010

Datum	Heimverein	Tore -	Tore +
16.03.1996	SV Ried	0	6
11.11.1973	Sportclub	0	6
26.05.1995	Mödling	1	6
08.08.1992	Mödling	0	5
26.08.1988	Vorwärts Steyr	0	5

Datum	Heimverein	Tore -	Tore +
11.03.1972	Bischofshofen	0	5
01.03.1970	FC Dornbirn	0	5
16.06.1976	Austria Klagenfurt	0	5

Finalspiele ÖFB-Cup

2001	FC Kärnten	FC Tirol	2:1 n.V.
1993	Wacker Innsbruck	SK Rapid	3:1
1989	FC Tirol	Admira	0:2, 6:2
1988	SC Krems	FC Tirol	2:0, 1:3
1987	SK Rapid	FC Tirol	2:0, 2:2
1983	SK Rapid	Wacker	3:0, 5:0
1982	Austria Wien	Wacker	1:0, 3:1
1979	Wacker	Admira	1:0, 1:1
1978	Wacker	VOEST	1:1, 2:1
1976	Rapid	Wacker	1:0, 1:2
1975	Wacker	Sturm	3:0, 0:2
1973	Wacker	Rapid	1:0, 1:2
1970	Wacker	LASK	1:0

Wacker-Bundesligaspiele

Platz	Name	Spiele
1.	Michi Streiter	405
2.	Robert Wazinger	381
3.	Michael Baur	372
4.	Alfred Hörtnagl	371
5.	Manfred Linzmaier	331
6.	Roland Kirchler	326

Wacker-Torschützen

Platz	Name	Tore
1.	Peter Pacult	105
2.	Christoph Westerthaler	85
3.	Vaclav Danek	83
4.	Alfred Roscher	75
5.	Roland Kirchler	64
6.	Kurt Welzl	63
7.	Radoslav Gilewicz	59

Ewige Torschützenliste 1974 – 2010

Platz	Name	Tore	Saisonen
1.	Hans Krankl	270	16
2.	Ivica Vastic	187	15
3.	Peter Pacult	186	14
4.	Christian Mayrleb	185	18
5.	Alfred Drabits	155	13
6.	Mario Hass	138	16
7.	Christoph Westerthaler	131	15
8.	Christian Keglevits	129	15
9.	Walter Knaller	128	11
10.	Toni Polster	122	6
11.	Gerald Haider	119	14
12.	Gernot Jurtin	117	13
	Heimo Pfeifenberger	117	15
13.	Zlatko Kranjcar	108	9
14.	Andreas Ogris	107	16
15.	Edi Glieder	104	15
16.	Radoslav Gilewicz	99	9
	Roland Kirchler	99	20
	Gerhard Steinkogler	99	17

Platz	Name	Tore	Saisonen
17.	Ronny Brunmayr	97	12
	Felix Gasselich	97	15
	Gerhard Rodax	97	11
18.	Peter Stöger	96	18
19.	Herwig Drechsel	88	14
20.	Alfred Roscher	86	10

Trainer in Innsbruck

1963	1965	Theodor Brinek sen.
1965		Luis Schrettl, W. Sommer
1965		Anton Bulla
1966	1968	Leopold Stastny
1968	1970	Branko Elsner
1971	1972	Otto Baric
1972		Richard Kirchler
1972		Branko Elsner
1972		Egon Herlan
1972		Branko Elsner
1973	1974	Robert Gebhardt
1974	1976	Branko Elsner
1976	1977	Fritz Pfister
1977	1978	Georg Keßler
1978		Johann Eigenstiller
1979		Lajos Baróti
1979	1980	Peter Velhorn
1980	1983	Franz Wolny
1983	1984	Heinz Binder
1984	1985	Cor Brom
1985		W. Schwarz, Friedl Peer
1985	1986	Felix Latzke
1986	1987	Felix Latzke

1987	1991	Ernst Happel
1992		Horst Hrubesch
1993	1994	Horst Köppel
1994		Wolfgang Schwarz
1994	1995	Johann Krankl
1995	1997	Dietmar Constantini
1997		Heinz Peischl
1997	1998	František Cipro
1999	2001	Kurt Jara
2001		Heinz Binder
2001	2002	Joachim Löw

Trainer FC Wacker Innsbruck (1986–1999)

1986	1988	Peter Letzner
1998	1992	Werner Schwarz
1992		Branko Elsner
1993		W. Skocik, W. Schwarz, F. Djulic
1993	1996	Robert Auer
1996	1997	Werner Schwarz, Robert Auer
1997	1998	Johann Trenkwalder
1998	1999	Peter Fürst

Trainer FC Wacker seit 2002

2002	2003	Michael Streiter
2003	2004	Helmut Kraft
2004	2006	Stani Tschertschessow
2006	2007 Apr.	Frantisek Straka
2007 Apr.	2007 Juli	Klaus Vogler
2007 Juli	2007 Okt.	Lars Sondergaard
2007 Okt.	2008 Apr.	Helmut Kraft
Seit Mai 2008		Walter Kogler

Der Stürmer wird gefeiert: Marcel Schreter in luftiger Höhe bei der Meisterfeier in Pasching

„Die Legende lebt“ (Liedtext, Album-Mix)

Ein Traum, ein wunderbarer Traum, der wurde tausendfach geträumt – ooh – bei uns da im Tivoli! Ein Meer, ein wunderbares Meer aus tausenden Menschen, die dort stehn – ooh – bei uns da im Tivoli!

Dort hat man so oft nur gebangt, nur gehofft, hat gelacht und geweint – doch immer wieder hat die Sonne gescheint! Ein Traum, ein wunderbarer Traum, wird immer wieder neu geträumt – ooh – bei uns da im Tivoli!

Ref.: Die Legende lebt, die Legende lebt immer wieder! Immer wieder! Die Legende lebt, die Legende lebt, unser Stern geht immer wieder auf!

Sag, weißt du, wie das Leben spielt? Das Leben spielt nicht immer fair – ooh – doch wir stehen wieder auf! Sag, weißt du, was verlieren heißt? Wenn man dich zu Boden reißt – ooh – doch wir stehen wieder auf!

Mal fehlt dir das Glück, doch dann kehrt es zurück, wenn du fällst, kommst du drauf – immer wieder fangen Freunde dich auf! Und uns're Hoffnung ist Schwarz-Grün, und fall'n wir vielleicht auch einmal hin – ooh – wir steh'n immer wieder auf!

Ref.: Die Legende lebt, die Legende lebt immer wieder! Immer wieder! Die Legende lebt, die Legende lebt, unser Stern geht immer wieder auf!

Von überall kann ma' uns kommen seh'n zum Tivoli! Ein Fahnenmeer in Schwarz-Grün! Und wieder mal sind ma' der zwölfte Mann im Tivoli! Und wieder mal kann ma' uns schrei'n hörn! Und immer wieder wird ma' uns schrei'n hör'n!

Ref.: Die Legende lebt, die Legende lebt immer wieder! Immer wieder! Die Legende lebt, die Legende lebt – unser Stern geht immer wieder auf!

Unser Stern geht immer wieder auf – die Legende lebt!

Im Gedenken

Theo Grüner wurde 1976 in Längenfeld geboren und kam über das BNZ zum FC Tirol. Mit 18 feierte Theo das Bundesligadebüt und wechselte 1997 zum SK Rapid Wien. In der Saison 2003/2004 kehrte Theo zur SPG Wattens/Wacker zurück. Er hatte maßgeblichen Anteil am Erfolgslauf der Schwarz-Grünen. Der Kapitän der Mannschaft spielte 90 Bundesliga-Einsätze bei seinem zweiten Engagement für den FC Wacker. Fünf Treffer gehen auf sein Konto. Nach der Diagnose und der Behandlung kehrte Theo als Sportdirektor zum FC Wacker zurück. Aus gesundheitlichen Gründen übergab Theo das Amt an Oliver Prudlo. Am 3. August 2010 besiegte der bösartige Tumor den kämpferischen und ewig vorbildlichen Theo.

Theo hat uns, genau wie viele andere, zu früh verlassen. Egal, ob große Spieler, wie Bruno Pezzey oder Manfred Braschler, oder Fans und Freunde des Vereines, wie Markus Dayer, der mit seinem Wacker-Archiv einen wichtigen Grundstein für die geschichtliche Aufarbeitung des Traditionsvereins geschaffen hat.

Nachwort

Ein Buch über einen Fußballverein ist wohl wie ein kleines Fotoalbum. Manche Erinnerung wird aufgefrischt, ein verklärter Blick korrigiert und das eine oder andere findet man nicht.

Dem Umfang der Geschichte Tribut zollend, sind nicht alle Bereiche in diesem Buch abgedeckt. Ein A bis Z der Wacker-Spieler oder die spannende Entwicklung der organisierten Fanszene seit Gründung der „Verrückten Köpfe“ im Jahr 1991 sind derartige Themen. Das Eintauchen in die faszinierende Welt des FC Wacker soll mit diesem Buch erleichtert werden.

Der Dank des Autors geht an die große Wacker-Familie über Spieler, Betreuer, Vorstand und die Fans, deren Wirken dieses Buch erst ermöglichte.

Über den Autor

Georg Herrmann, 1967 in Innsbruck geboren, besuchte am 31. Oktober 1975 das erste Heimspiel am „alten“ Tivoli. Gegner vom Wacker Innsbruck war Rapid Wien und Wacker siegte durch ein Tor von Werner Kriess in der 44. Minute mit 1:0. Die Osttribüne zum Tivoli-Schwimmbad bot bei langweiligen Spielszenen ein wenig Abwechslung. Zwischen Nord-, Ost- und Südtribüne konnte man sich ungehindert bewegen, da zu dieser Zeit keine abgesperrten Sektoren installiert waren.

Sein Lieblingsspiel ist der 9:0-Erfolg gegen Austria Salzburg, schlechte Spiele hat er nach Möglichkeit verdrängt.

2003 war Georg Herrmann für die tirol-tv-DVD „FC Wacker is back“ verantwortlich. Neben der Regionalligasaison 2002/2003 sind darauf Specials zu Sammy Koejoe, zur Fanszene und ein Rückblick auf den FC Tirol zu sehen.

Als Chefredakteur von tirol tv steht die Berichterstattung über den FC Wacker Innsbruck mit auf seinem Arbeitsprogramm, seine Frau Michaela und seine Tochter Raffaela besuchen die Wacker-Spiele auf der Nord.

Der Autor ist erreichbar unter wackerbuch@gmx.at

Quellen (alphabetische Sortierung)

Befund & Gutachten, Martin Kerscher u.a. 30 Ur 126/02 w, Krida Verein FC Tirol, Mag. Edgar Zach

Bericht des Masseverwalters Hauska & Matzunski, Verein „FC Tirol Innsbruck", GZ 19S92/02f

Bundesligajournal Herbst 2010, Sportverlag 2010

Echo, Chronologie einer Pleite, Echo-Dokumentation auf CD

Echo, Tirols erste Nachrichtenillustrierte, div. Ausgaben

Fanforum der Tivoli Nord und des FC Wacker Innsbruck – www.faninitiative.at

Höhepunkte des Tiroler Sports, Jahrbuch 2002, Fred Steinacher, Haymon Verlag 2002

Höhepunkte des Tiroler Sports, Jahrbuch 2003, Fred Steinacher, Haymon Verlag 2003

Höhepunkte des Tiroler Sports, Jahrbuch 2004, Fred Steinacher, Haymon Verlag 2004

Höhepunkte des Tiroler Sports, Jahrbuch 2005, Fred Steinacher, Haymon Verlag 2005

Höhepunkte des Tiroler Sports, Jahrbuch 2006, Fred Steinacher, Haymon Verlag 2006

Höhepunkte des Tiroler Sports, Jahrbuch 2007, Fred Steinacher, Haymon Verlag 2007

Landesgericht Innsbruck, Urteil 28 Hv 143/04d

Österreichische Bundesliga – www.bundesliga.at

Österreichischer Fußballbund – www.oefb.at

Sitzungsberichte des Tiroler Landtages, XI. Gesetzgebungsperiode, 3. Sitzung am 21. November 1989

Sitzungsberichte des Tiroler Landtages, XIV. Gesetzgebungsperiode, 33. Sitzung am 30. Jänner 2008

Sitzungsprotokoll des Innsbrucker Gemeinderates, 20.6.2002

Sport in Innsbruck bis 1960, Veröffentlichungen des Innsbrucker Stadtarchivs, Neue Folge, Band 32

Staatsanwaltschaft Innsbruck, Anklageschrift 7 St 40/02v

Tiroler Kronen Zeitung, div. Ausgaben

Tiroler Sportgeschichte, Karl Graf, Haymon Verlag, 1996

Tiroler Sportpolitik Info, Bernhard Künzel, http://tirolersportpolitik.info

Tiroler Tageszeitung, div. Ausgaben, Moser Holding

Zeit – Raum – Innsbruck, Stadt Vielfalten, Schriftenreihe des Innsbrucker Stadtarchivs Band 9